사회문제론

노 병 일

창지사

국립중앙도서관 출판시도서목록(CIP)

사회문제론 = Social problems / 지은이: 노병일.
– 서울: 창지사, 2013
p. ; cm

ISBN 978-89-426-2561-1 93330 : ₩18000

사회 문제[社會問題]

334-KDC5
361-DDC21 CIP2013016130

[일러두기]

본 서를 읽는 독자들이 참고하시도록, 몇 가지를 미리 일러두고자 한다.

① 본 서에서는 우리나라에서 특정 사회문제와 관련해 실시 중인 제도(프로그램)의 현황을 자세히 제시하지 않았다. 왜냐하면 관련 제도와 법령이 자주 바뀌고 있기 때문이다.
그러므로 독자들께서 특정 사회문제와 관련된 최근 제도를 알고 싶을 경우에는, 해당 부서의 홈페이지를 방문하여 신선한 자료의 향기를 직접 맡아보시기를 부탁드린다.

② 본 서에서 언급한 모든 국내 문헌과 국외 문헌(영어 문헌과 프랑스어 문헌)은 본인이 '원본'을 직접 읽고 정리한 것이다. 본인이 원본을 직접 읽지 않고 인용한 것은 '재인용'이라고 표시하였다.
독자들께서 본 서의 일부를 인용할 경우에는, 본 서를 출처로 언급해 주시기를 바란다. 특히 본 서에서 언급한 외국 학자나 기관의 주장 내용을 인용할 경우에는, 본 서에서 '재인용'하였음을 표시해 주시기를 간곡히 부탁드린다.

③ 독자들께서 본 서의 본문에 더 잘 주목하게 하기 위해, 본 서에서는 인용한 문헌의 페이지를 제시하지 않았다. 그리고 보기 편하게 하기 위해, 본 서에서 참고한 문헌의 저자가 세 명 이하일 경우에는 세 명의 이름을 다 표시하였다.

머리말

모든 사회에는 다양한 종류의 사회문제가 존재한다. 그래서 여러 사회과학 분야에서는 이런 사회문제를 해결하는 데 관심을 가져 왔다. 본 서는 우리나라의 사회문제를 이해하는 데 조금이나마 도움을 주기 위해 이 세상에 태어났다.

본 서는 크게 4부로 구성되어 있다. 각각의 부에서는 사회문제의 여러 모습을 다루고 있다.

제1부의 경우, 사회문제에 대한 이론적 측면을 다루고 있다. 구체적으로는 사회문제의 개념과 요소, 사회문제의 특성과 분석, 사회문제에 대한 접근 방식을 살펴보고 있다.

제2부의 경우, 생활 주기의 대상과 관련된 사회문제를 다루고 있다. 구체적으로 아동과 관련된 사회문제, 청소년과 관련된 사회문제, 노인과 관련된 사회문제를 살펴보고 있다.

제3부의 경우, 사회 해체와 관련된 사회문제를 다루고 있다. 구체적으로는 가족과 관련된 사회문제, 자살과 관련된 사회문제, 약물과 관련된 사회문제를 살펴보고 있다.

제4부의 경우, 권력과 자원의 불평등에 따른 사회문제를 다루고 있다. 구체적으로는 빈곤과 관련된 사회문제, 노숙과 관련된 사회문제, 여성과 관련된 사회문제, 장애인과 관련된 사회문제, 인종과 관련된 사회문제를 살펴보고 있다.

본 서의 경우, 각각의 사회문제에 대해서는 주요 용어를 정의·논의하고, 문제의 현황을 제시하고, 문제와 관련된 관점을 살펴보고, 문제를 해결하기 위한 방안을 제시하는 식으로 펼쳐나갔다. 그리고 각 사회문제의 '현황'을 제시하는 부분에서는, 비교를 위해서 일부 선진국의 현황도 함께 제시하였다. 그러나 각 사회문제의 현황에 대한 모든 자료를 구하기가 어려워서 본인이 구할 수 있었던 자료만을 제시하였다. 그래서 앞으로 추가 자료나 최신 자료를 구하면 본인의 카페('병일세상', 본 서의 맨 끝에 주소가 있음)에 올리는 방식으로 본 서의 부족함을 메워보려고 한다.

본 서에서는 모든 사회문제를 다루지는 않았다. 본 서의 지면에 제약이 있는 탓도 있고, 어떤 것이 심각한 사회문제인지에 대한 평가는 개인마다 차이가 있을 것이기 때문이다. 또한 비슷한 이유에서, 특정 사회문제를 다룰 경우에는 이와 관련된 세부적인 문제를 모두 다루지는 않았다. 본 서에서는 세부적인 문제를 세 개만 선정하여 살펴보는 방식으로 진행하였다.

그리고 본 서에 있어 어떤 문제는 여러 문제와 중복될 수 있다. 예를 들어 청소년의 약물문제는 청소년문제에도 해당되고 약물문제에도 해당된다. 본 서에서는 이런 것은 한 군데에서만 다루었고, 이와 관련된 안내는 해당되는 장의 각주에 표시하였다.

막상 본 서의 마지막 점을 너무 서둘러 찍다 보니, 기쁨보다는 부끄러움이 앞을 가린다. 더 채워야 할 부분은 나중에 개정판을 발간할 때에 보완하겠다는 속 보이는 변명을 하면서, 진한 부끄러움과 아쉬움을 살며시 감춰본다.

본 서가 세상의 빛을 보기까지에는 여러 분들의 따뜻한 도움이 있었다. 우선, 본 서를 간행해 주신 창지사의 김기섭 사장님과 본 서의 간행을 적극적으로 격려해 주시고 편집을 맡아 주신 창지사 관계자분들에게 감사의 마음을 드린다.

그리고 이 세상에 계시지 않은 부모님, 곁에서 철부지를 항상 격려하는 아내 전영신, 훌륭하게 커준 아들 지용에게 사랑과 감사의 향을 날려 보낸다.

2013년 9월

노 병 일

차 례

Chapter 12_ 장애인문제 • 279

Chapter 13_ 인종문제 • 299

P.a.r.t 01

사회문제에 대한 이론적 논의

Social Problems

- 제1장 사회문제의 개념과 요소 및 특징과 분석
- 제2장 사회문제에 대한 접근 방식

CHAPTER 01

Social Problems

사회문제의 개념과 요소 및 특징과 분석

차 례

제1절 사회문제에 대한 관심의 필요성

사람들이 살아가는 사회의 곳곳에는 문젯거리가 도사리고 있다. 따라서 사회복지사를 포함한 여러 전문가들은 여러 가지 사회문제(social problems)와 만나게 된다. 왜냐하면 이런 전문가들이 대하는 사람들 중에는 사회문제와 관련된 사람이 많기 때문이다. 이런 전문가들은 사회문제를 완화하거나 방지하기 위한 프로그램과 장소에서 활동하고 있다(Danziger & Staller, 2011). 예를 들어 사회복지사를 포함한 여러 전문가들은 빈곤한 사람, 알코올을 과다하게 사용하는 성인, 학대를 겪는 아동, 자살하려는 청소년, 외로운 노인, 갈등을 겪는 결혼이민 여성 등에게 전문적인 서비스를 제공하는 데 관여하고 있다. 그러므로 사회복지사를 포함한 여러 전문가들은 사회문제에 관심을 가지지 않을 수 없다. 사실, 사회복지 프로그램은 사회문제를 해결하기 위한 방안이라고 볼 수 있다(Chambers & Wedel, 2009).

그러나 사회복지사를 포함한 여러 전문가들만이 사회문제와 만나는 것은 아니다. 사실, 사회에 있는 거의 모든 사람들은 사회문제를 직접적으로 또는 간접적으로 경험하게 된다. 우선, 당연하게도 사회문제는 취약층의 삶에 부정적으로 영향을 미친다. 따라서 취약층은 사회문제 때문에 가장 큰 고통을 직접적으로 겪는다.

그리고 사회문제가 특정한 개인이나 집단에게 직접적으로는 영향을 미치지 않는다 한지라도, 사회문제는 이런 개인과 집단에게 간접적으로 영향을 미칠 수 있다. 예를 들어 중산층에 속하는 사람은 빈곤과는 아무런 관련이 없어 보인다. 하지만 빈곤이 사회문제가 되는 경우에는, 정부가 빈곤층을 도와주기 위한 자금을 확보하기 위해서 세금을 더 거두려고 할 수 있다. 이렇게 되면, 중산층이 납부하여야 하는 세금의 액수가 더 많아질 수 있다. 결국, 빈곤이라는 사회문제는 빈곤층뿐만 아니라 일반인에게도 영향을 미치게 된다. 따라서 일반인들도 사회문제로부터 자유로울 수 없다.

결국, 사회문제는 사회의 모든 구성원에게 여러 가지 방식으로 영향을 미치고 있다. 그러므로 사회의 모든 전문가, 취약층, 일반인은 사회문제와 직접·간접적으로 관련될 가능성이 매우 크다. 따라서 사회의 구성원 모두는 사회문제에 대해 관심을 가질 필요가 있다.

▲ 사회문제는 사회의 모든 구성원에게 영향을 미치고 있다.
그래서 선진국에서 뿐만 아니라 제3세계에서도 사회문제에 관해 연구하고 있다.
[Garcia 지음, 1994년, 필리핀의 National Book Store에서 간행]

정 리

사회문제는 모든 사회 구성원에게 여러 가지 방식으로 영향을 미친다. 그러므로 모든 사회 구성원은 사회문제에 대해 관심을 가질 필요가 있다.

제2절 사회문제의 개념

1) 사회문제에 대한 정의의 중요성

사회문제에 대해 정의하는 방식은 어떤 것을 사회문제로 볼 것인지 여부를 결정하는 데 영향을 미치고 있다.[1] 그리고 더 나아가, 사회문제에 대해 정의하는 바

는 사회문제에 대응하는 방식에도 영향을 미치고 있다(Coleman & Cressey, 1999).[2]

그러므로 사회문제에 대한 정의는 중요한 의미를 지닌다.

2) 사회문제에 대한 정의

그간의 경우, 여러 기관과 학자들은 사회문제에 대해 정의해 왔다. 하지만 사회문제가 무엇인가에 대해서는 학자들 사이에 의견이 일치되어 있지 않다.

일부 기관과 학자들이 사회문제에 대해 정의한 예를 살펴보면 다음과 같다(Barker, 2003; Eitzen, Zinn & Smith, 2011; Henslin, 2008; Mooney, Knox & Schacht, 2000; Curran & Renzetti, 2000):

① 미국의 전국사회사업가협회(NASW)에서 간행한 사전에 따르면, 사회문제는 사람들에게 다음과 같은 행동을 유발하는 상태를 말한다: ㉠ 사람들의 가치와 규범에 어긋난다. ㉡ 정서적 어려움이나 경제적 어려움을 겪는다.

② 아이첸과 진과 스미스(Eitzen, Zinn & Smith)에 따르면, 사회문제는 어느 인구층에게 심리적·물질적 어려움을 주는 사회적 상황과 사회의 규범·가치를 위반하는 행위와 상태를 말한다.

③ 헨슬린(Henslin)에 따르면, 사회문제는 사람들이 관심을 가지면서 변화되기를 바라는 사회의 측면을 말한다.

④ 무니와 낙스와 샤흐트(Mooney, Knox & Schacht)에 따르면, 사회문제는 사회의 많은 사람들이 사회 구성원에게 해로워서 개선할 필요가 있다고 보는 사회적 상태를 말한다.

⑤ 커런과 렌제티(Curran & Renzetti)에 따르면, 사회문제는 특정한 인구층이나 많은 사람들에게 체계적으로 불이익이나 해를 끼치는 사회 구조 속에 있는 요인 때문에 생긴 상황을 말한다.

---

1) 이런 것과 관련된 좋은 예는 약물문제를 다루는 장(8장)을 참조할 것.

2) 이런 것은 상호작용주의 관점에서 강력히 주장하고 있다. 상호작용주의 관점에 대해서는 접근 방식을 다루는 장(2장)에서 자세히 설명한다.

위의 정의들에서 알 수 있듯이, 사회문제에 대한 정의는 기관·학자들 사이에 다소 차이가 나고 있다. 일부 정의에서는 규범을 위반하는 측면과 어려움을 주는 사회적 상황의 측면에 주목하고 있다. 그리고 다른 일부 정의에서는 변화되거나 개선할 필요성이 있는 사회적 상황의 측면에 주목하고 있다.

그러므로 정리하건대, 사회문제는 규범을 위반하거나 여러 사람에게 어려움을 주는 탓에, 많은 사람들이 개선되기를 바라는 사회적 상황이라고 볼 수 있다.

사회문제의 형태

사회문제에 대한 정의 속에 사회문제의 형태가 간접적으로 제시된 경우도 있다. 예를 들어 아이첸과 진과 스미스(Eitzen, Zinn & Smith, 2011)의 경우, 사회문제를 다음과 같이 크게 두 가지 형태로 구분하고 있다:

① 사회의 규범과 가치에 어긋나는 행위와 상황이 있다. 이것을 규범 위반(norm violations)이라고 부를 수 있다.

② 일부 인구층에게 심리적 어려움과 물질적 어려움을 유발하는 사회적 상황이 있다. 이것을 사회적 상황(social conditions)이라고 부를 수 있다.

아이첸과 진과 스미스가 사회문제의 형태를 이렇게 구분하는 것은, 이들이 사회문제에 대해 정의한 바와 밀접하게 관련되어 있다.

정 리

- 사회문제에 대한 정의는 기관·학자들 사이에 다소 차이가 난다.
- 일반적으로 사회문제는 규범을 위반하거나 여러 사람에게 어려움을 주는 탓에, 많은 사람들이 개선되기를 바라는 사회적 상황이라고 정의할 수 있다.

제3절

사회문제의 요소와 중요도

1) 사회문제의 요소

사회문제 속에는 여러 가지 요소가 들어 있다. 사회문제가 가지고 있는 이런 요소들을 크게 객관적 요소(objective element)와 주관적 요소(subjective element)로 구분할 수 있다.

사회문제의 객관적 요소와 주관적 요소는 사회문제에 대한 정의와 밀접하게 관련된다. 즉, 사회문제의 객관적 요소와 주관적 요소를 합치게 되면, 사회문제에 대한 정의를 내릴 수 있게 된다(Mooney, Knox & Schacht, 2000; Henslin, 2008).

각 요소에 대해 좀 더 살펴보면 다음과 같다.

(1) 객관적 요소

사회문제의 객관적 요소는 사회적 상황이 존재하는 것을 말한다. 그러므로 사회문제의 객관적 요소는 객관적 상태(objective condition)를 말한다. 객관적 상태는 측정하거나 경험할 수 있는 사회의 측면을 말한다.

사회의 구성원들은 자신이 살면서 직접 경험하거나, 언론 매체를 통해 보고 듣거나, 교육을 통해서 객관적 상태가 존재한다는 사실을 알게 된다.

(2) 주관적 요소

사회문제의 주관적 요소는 주관적 관심(subjective concern)을 말한다. 주관적 관심은 많은 사람들이나 많은 중요한 사람들이 객관적 상태에 대해 가지는 관심을 말한다.

구체적으로 사회문제의 주관적 요소는 다음과 같이 믿는 것을 말한다:

① 특정한 사회적 상태는 사회 전체나 사회의 많은 사람들에게 해롭다.

② 이런 상태는 바뀌어져야 하고, 이런 상태를 바꾸는 것은 가능하다.

2) 사회문제가 되는 조건과 사회문제의 중요도

(1) 사회문제가 되는 조건

사회에 존재하는 모든 '문제'가 사회문제가 되는 것은 아니다. 예를 들어 어떤 개인이 일자리를 잃을 경우, 이것은 이 사람과 가족에게는 '개인적' 문제라고 볼 수 있다. 또한 사업장에서 만든 제품이 시장에서 팔리지 않을 경우, 이것은 '기업'의 문제라고 볼 수 있다.

하지만 모든 문제가 사회문제가 되는 것은 아니지만, 많은 문제는 사회적으로 중요하게 영향을 미치고 있다(Chambers & Wedel, 2009). 따라서 많은 문제는 사회문제로 바뀔 수 있다.

일반적으로 다음과 같은 상황에 놓일 경우에, 특정 문제는 '사회'문제가 된다(Chambers & Wedel, 2009):[3)]

① 이런 문제 때문에 많은 사람들이 크게 어려움을 겪는다.

② 권력과 부와 사회적 지위를 가진 사람들이 이런 문제가 미치는 영향에 대해 관심을 가진다.

한편, 어떤 특정한 문제 때문에 많은 사람이 어려움을 겪으면 이런 특정 문제가 사회문제가 된다고 할 경우, 특정 문제가 얼마나 많은 사람에게 영향을 미쳐야 사회문제가 되느냐와 관련된 쟁점이 등장할 수 있다. 이와 관련해, 밀스(Mills)는 중요한 점을 지적한 바 있다(Eitzen, Zinn & Smith, 2011). 예를 들어 실업과 같은 상황이 한 개인에게 문제가 되거나 따로 떨어져 있는 일부 개인들에게 문제가 될 경우에, 밀스는 실업을 '사적(private) 문제'라고 본다. 그러나 실업이 널리 퍼져 있고 지역이나 사회에서 많은 사람들에게 영향을 미칠 경우에, 밀스는 실업을 '공적

3) 사실, 이런 점은 사회문제에 대한 정의와 사회문제의 두 가지 요소를 살펴보면 알 수 있다.

(public) 문제'나 '사회문제'라고 본다.

(2) 사회문제의 중요도

특정 문제가 사회문제가 되었을 경우, 모든 사회문제가 똑같은 정도로 중요한 것은 아니다. 일반적으로 다음과 같은 요인은 사회문제가 중요한 정도에 영향을 미칠 수 있다(Chambers & Wedel, 2009):[4]

① 사회문제를 정의하고 이런 문제를 해결하기 위해 자원을 사용하라고 요구하는 사람들의 권력과 사회적 지위가 있다.

② 사회문제 때문에 어려움을 겪고 있는 사람의 수가 있다.

그러므로 사회문제 때문에 어려움을 겪는 사람의 수가 많을수록, 그리고 사회문제에 대한 해결 방안을 찾으라고 요구하는 사람들의 권력이 막강하고 지위가 높을수록, 사회문제는 더 중요해진다.

▲ 사회의 취약층을 그린 미술작품: 사회문제 때문에 어려움을 겪는 사람의 수가 많을수록, 사회문제는 더 중요해진다.

사진: 전영신 님 제공.

4) 이것도 역시, 사회문제에 대한 정의와 사회문제의 두 가지 요소를 살펴보면 알 수 있다.

정 리

- 사회문제는 객관적 요소와 주관적 요소를 가진다. 사회문제의 객관적 요소는 사회적 상황이 존재하는 것을 말하고, 사회문제의 주관적 요소는 주관적 관심을 말한다.
- 많은 문제는 사회문제로 바뀔 가능성을 가진다.
- 사회문제 때문에 어려움을 겪는 사람이 많고 또한 사회문제에 대한 해결 방안을 찾으라고 요구하는 사람들의 권력과 지위가 높을수록, 사회문제는 더 중요해지는 경향이 있다.

제 4 절 사회문제의 특성

사회문제는 여러 가지 특성을 지닌다. 사회문제가 지니는 특성을 일부 살펴보면 다음과 같다.

1) 사회성

사회문제는 인간이 만들고 인간이 유지하는 상황이다. 그러므로 사회문제는 사회적 특성을 지니게 된다(Eitzen, Zinn & Smith, 2011). 사실, 사회성은 사회문제의 너무나 당연한 특성이라고 볼 수 있다.

2) 역동성

사회가 변화함에 따라서, 사회문제의 주요한 요소도 변화한다. 그러므로 사회문제는 역동적 특성을 지니게 된다(Henslin, 2008).

3) 상대성

사람들이 사회문제라고 생각하는 것은 사람들이 지니는 가치에 달려 있다. 그러므로 사회문제는 상대적 특성을 지니게 된다.

따라서 어떤 사람에게는 사회문제인 것이, 다른 사람에게는 사회문제에 대한 해결 방안으로 인식될 수 있다(Henslin, 2008). 예를 들어 마약을 만드는 조직이나 관련자들은 마약을 사회문제로 보는 것이 아니라, 자기들이 사회에서 생계를 해결하는 수단으로 볼 수 있다.

4) 시대성[5)]

어떤 것을 사회문제로 볼 것인지는 시대에 따라 달라질 수 있다. 따라서 어느 시대에는 사회문제가 아니었던 것이 오늘날에는 사회문제가 될 수 있다. 그리고 반대로, 어느 시대에는 사회문제였던 것이 오늘날에는 사회문제가 되지 않을 수 있다. 그러므로 사회문제는 시대적 특성을 지니게 된다.

이런 예를 살펴보면 다음과 같다(Coleman & Cressey, 1999):

① 미국에서는 19세기에 아편을 의약품으로 정의한 경우가 많았다. 그리고 그 당시에 아편을 널리 사용하였음에도 불구하고, 아편을 사용하는 것을 사회문제로 보지 않았다. 그러다가 인기를 얻고자 하는 언론이 아편을 피우는 것을 그 당시에 미국에 살던 중국인과 연관시키기 시작함에 따라서,[6)] 미국인의 태도가 변하였다. 그 결과 아편을 의약품이 아니라 마약으로 인식하게 되어 아편 사용을 금지하였다. 이에 따라 아편 사용은 사회문제가 되었다.

② 예전에는 흡연을 매력이 있고 섹시한 것이라고 보았는데, 이제는 흡연을 약물 의존이라고 보는 경우가 점점 많아지고 있다. 이에 따라 현재에는 흡연이

---

5) 사실, 시대성은 상대성에 포함된다고 볼 수 있다. 왜냐하면 시대성은 시간적 상대성 또는 역사적 상대성을 의미한다고 볼 수 있기 때문이다.

6) 그 당시에 미국인은 이런 중국인을 싫어하였다.

사회문제가 되는 경향을 보이고 있다.

5) 연계성

사회문제에는 여러 가지가 있는데, 개별적인 사회문제는 다른 사회문제와 관련되어 있다. 즉, 특정한 사회문제는 그 원인이나 결과에 있어서 다른 사회문제와 관련되고 있다. 그러므로 사회문제는 연계적 특성을 지니게 된다.

예를 들어 미국에서 1960년대와 1970년대에 실시한 대규모의 중앙정부 프로그램에서는, 빈곤한 소수민족이 사는 지역사회를 발달시키는 데 관심을 많이 가져왔다. 이 당시에 미국 정부는, 빈곤한 소수민족이 사는 지역사회를 변화시키기 위해서는 열악한 주거, 실업, 건강 악화와 같은 한 가지 문제에만 주목하지 말아야 한다는 점을 잘 인식하고 있었다. 왜냐하면 주거문제, 건강문제, 실업문제는 서로 밀접하게 관련되어 있기 때문이고, 또한 한 가지 문제가 악화되면 다른 문제도 반드시 악화되기 때문이다(Solomon, 1985). 이런 점은 사회문제가 연계적 특성을 지닌다는 점을 잘 보여 준다.

정 리

사회문제는 여러 가지 특성을 지닌다. 사회문제가 지니는 특성의 예로 사회성, 역동성, 상대성, 시대성, 연계성이 있다.

제 5 절 사회문제와 사회정책 및 사회문제의 분석

1) 사회문제와 사회정책

사회문제를 연구할 경우에는 정치적 측면에도 주목할 필요가 있다. 왜냐하면 사회문제가 나타나는 사회제도는 우연히 등장하는 것이 아니기 때문이다. 구체적으로 사회의 권력층은 주어진 역사적 상황과 재정적 여건 속에서 자신의 목적을 이루는 정책을 추진하는 경향이 있다(Eitzen, Zinn & Smith, 2011).

그러므로 사회정책은 사회문제와 관련이 된다. 일반적으로 사회정책을 결정하는 여러 단계들 중, 첫째 단계에서 정책과 관련된 사회문제를 파악하는 경향이 있다(노병일, 2011). 이런 단계에서는 다음과 같은 활동을 하는 경우가 많다(Dye, 2008):

① 사회문제를 널리 알린다.

② 정부가 해당 사회문제에 대해 행동할 것을 요구한다.

2) 사회문제의 분석

(1) 사회문제의 분석 차원

사회문제를 분석할 경우에 주목할 차원에는 여러 가지가 있을 수 있다. 이 중에서 챔버스와 웨델(Chambers & Wedel, 2009)은, 사회문제를 분석하는 데 있어 고려하여야 할 차원으로 다음과 같은 네 가지를 제시한 바 있다:

① 문제 정의(problem definition)의 차원이 있다. 이것은 문제가 정의되는 방식을 파악하는 것을 일컫는다.

② 원인과 결과(causes and consequences)의 차원이 있다. 이것은 문제를 유발하는 원인을 파악하고 문제가 가장 심각하게 미치는 영향을 파악하는 것을 일컫는다.

③ 이데올로기와 가치(ideology and values)의 차원이 있다. 이것은 관심을 가지는 사건을 문제로 정하는 데 영향을 미친 이데올로기와 가치를 파악하는 것을 일컫는다.

④ 이득·손해를 보는 측(gainers and losers)의 차원이 있다. 이것은 문제가 존재할 경우에 누가 이득을 보고 누가 손해를 보는지를 파악하는 것을 일컫는다.

그러나 사회문제를 분석할 경우에는, 위에서 제시한 네 가지 차원 이외의 다른 차원도 고려할 필요가 있다. 이런 차원의 예로 문제의 역사, 문제의 법적 상태와 같은 것이 있다.

(2) 유의점

사회문제로 인정되거나 정의되는 사건이 같을지라도, 이런 사건을 해석하는 방식에서는 상당한 차이가 있을 수 있다. 즉, 모든 사람이 어떤 사건을 사회문제라고 볼지라도, 이런 사건을 해석하는 방식은 사람에 따라 매우 다를 수 있다. 그리고 사회문제가 존재하는 원인에 대해서는 사람마다 다른 의견을 제시할 수 있다.

그러므로 사회문제를 분석할 경우에는 도덕적인 판단을 하지 말아야 한다. 그 대신, 사회문제를 분석하는 데 있어 우선적으로 해야 할 것은, 사회문제를 바라보는 사람의 관점은 무엇이고 이런 관점이 다른 사람의 관점과 어떻게 다른지를 파악하는 것이다(Chambers & Wedel, 2009).[7]

정 리

- 사회정책은 사회문제와 관련된다. 일반적으로 정책 결정의 첫째 단계에서 사회문제를 파악하는 경향이 있다.
- 사회문제를 분석할 때 고려하여야 할 주요한 차원으로 문제 정의의 차원, 원인·결과의 차원, 이데올로기·가치의 차원, 이득·손해를 보는 측의 차원이 있다.
- 사회문제를 분석할 경우에는 관점을 파악하는 데 우선적으로 주목하여야 한다.

7) 사회문제의 관점에 대해서는 다음 장(2장)에서 자세히 다룬다.

CHAPTER 02

사회문제에 대한 접근 방식

Social Problems

차 례

제1절 사회문제에 대한 접근 방식의 중요성

사회문제에 대해서는 여러 가지 접근 방식이 오랫동안 제시되어 왔다. 일반적으로 사회문제를 연구하는 학자들은 사회문제에 대한 접근 방식(approach)을 관점(perspective)이나 모형(모델, model)이라는 용어를 사용하면서 여러 가지로 분류해 왔다.[8)]

사회문제에 대한 접근 방식은 사회문제를 보는 시각을 제공한다. 즉, 사회문제에 대한 접근 방식은 사회문제를 보는 눈에 해당된다. 따라서 사회문제를 보는

8) 따라서 본 장에서는 '접근 방식'이라는 용어와 '관점'이라는 용어를 섞어서 사용한다.

접근 방식이 다르면, 동일한 현상에 대한 원인을 전혀 다른 곳에서 찾을 수 있다. 또한 당연하게도, 사회문제에 대한 접근 방식이 다르면, 사회문제를 해결하는 방안도 달라질 가능성이 크다. 그러므로 사회문제에 대한 접근 방식은 사회문제를 이해하고 사회문제를 해결하는 것과 관련해 매우 중요한 의의를 지니고 있다.

그리고 사회문제를 이해하는 방식은 사람에 따라 매우 달라질 수 있다.[9] 그러므로 사회문제에 대한 접근 방식은 매우 주관적이다. 따라서 사회문제에 접근하는 방식에는 '옳은' 접근 방식이나 '유일하게 진리인(only true)' 접근 방식은 없다(Chambers & Wedel, 2009).

그러므로 특정한 사회문제를 분석할 경우에 어떤 접근 방식이 다른 접근 방식보다 더 효과적임은 분명하지만, 여러 가지 접근 방식들 중에서 어느 것도 옳거나 그르다고 말할 수는 없다. 예를 들어 어떤 사회문제를 분석하는 데 있어서는 특정한 접근 방식이 더 유리하지만, 다른 어떤 사회문제를 다루는 데 있어서는 이와는 다른 접근 방식이 더 유리할 수 있다(Coleman & Cressey, 1999).

정 리

- 그간의 경우, 사회문제에 대한 접근 방식은 관점이나 모형이라는 용어를 사용하면서 여러 가지로 분류해 왔다.
- 사회문제에 대한 접근 방식은 사회문제를 보는 시각을 제공한다. 따라서 접근 방식이 다르면, 사회문제에 대한 원인과 해결 방안을 다르게 제시할 수 있다.
- 사회문제에 접근하는 방식에 절대로 '옳은' 접근 방식은 존재하지 않는다.

9) 이것은 1장에서 이미 설명하였다.

제2절

사회문제에 대한 접근 방식의 분류

사회문제에 대한 접근 방식에는 다양한 형태가 있다. 그동안 학자들이 사회문제에 대한 접근 방식을 분류한 예를 몇 가지 살펴보면 다음과 같다.

1) 사회학 이론에 근거한 접근 방식

(1) 접근 방식의 분류

사회문제에 대한 접근 방식을 분류하는 것은 사회학 이론에 토대를 두는 경우가 많다. 왜냐하면 사회학은 오랫동안 사회문제에 대해 관심을 가져왔기 때문이다.

사회학 이론에는 여러 가지가 있는데, 이 중에서 많이 제시되는 것은 기능주의(또는 구조 기능주의, structural functionalism), 갈등주의(conflict theory), 상호작용주의(또는 상징적 상호작용주의, symbolic interactionism)이다. 그리고 근래에 들어서 여성주의(feminism)도 많이 제시되는 경향을 보이고 있다. 따라서 사회학 이론을 적용할 경우, 사회문제에 접근하는 방식을 기능주의 관점, 갈등주의 관점, 여성주의 관점, 상호작용주의 관점으로 구분할 수 있다.

실제로 우리나라와 외국의 많은 학자들은 사회문제에 대한 접근 방식을 이런 식으로 구분하고 있다.

(2) 각 접근 방식의 특징

사회문제에 대한 접근 방식을 위와 같이 사회학 이론에 근거해 구분하는 학자의 예로 콜먼과 크레시(Coleman & Cressey)가 있다. 콜먼과 크레시(Coleman & Cressey, 1999)의 경우, 사회문제에 대한 주요한 관점을 기능주의 관점(functionalist perspective), 갈등주의 관점(conflict perspective), 여성주의 관점(feminist perspective), 상호작용주의 관점(interactionist perspective)으로 구분하고 있다.

콜먼과 크레시가 각 관점에 대해 설명하는 바를 간단히 살펴보면 다음과 같다 (Coleman & Cressey, 1999).

▲ 사회문제를 다룬 책의 표지: 많은 학자들은 사회문제에 대한 접근 방식을 사회학 이론에 근거해 구분하고 있다.

[왼쪽 위에서 시계 방향으로, Coleman & Cressey 지음, 1999년, Longman에서 간행; Mooney, Knox & Schacht 지음, 2000년, Wadsworth에서 간행; Curran & Renzetti 지음, 2000년, Allyn and Bacon에서 간행]

(가) 기능주의 관점

기능주의 관점을 취한 초기 학자들 중에는 사회가 살아 있는 생물과 같다고 인식한 학자가 많다. 따라서 기능주의 관점의 경우, 인간이 심장, 근육, 피, 뇌 등을 가지고 있는 것처럼, 사회도 경제제도, 정치제도, 사회제도, 종교제도, 교육제도, 가족제도를 가지고 있다고 보고 있다.

그리고 기능주의 관점에 따르면, 사회에 있는 다양한 제도들이 모여서 균형이 잡힌 전체를 구성한다. 따라서 사회의 한 제도에서 변화가 일어날 경우에는, 사회에 있는 다른 제도에서도 변화가 일어날 수 있다. 그러므로 기능주의 관점에서는, 사회에 있는 모든 제도는 사회를 유지하려는 공동의 목적을 달성하기 위해서 함께 활동한다고 보고 있다.

기능주의 관점의 경우, 공통적인 규범과 가치가 집단과 제도와 전체 사회를 함께 묶는 끈의 역할을 한다고 주장하고 있다.

그런데 사회의 규모가 더 커지고 더 복잡해짐에 따라서, 모든 사람들이 기본적인 규범과 가치에 대해 같은 의견을 가지기가 점점 어렵게 된다. 그러므로 기능주의 관점의 경우, 현대 사회에서 사회문제가 발생하는 중요한 원인은 기본적인 규범과 가치에 대해 사회가 의견을 통일하지 못하는 데 있다고 보고 있다. 즉, 기능주의 관점에서는, 사회문제가 생기는 주요한 이유는 사회가 해체되기 때문이라고 보는 것이다. 기능주의 관점에 따르면, 현대 사회에서는 사회가 빠르게 변하기 때문에 사회가 해체되는 경우가 많다.

한편, 기능주의 관점은 오랫동안 사회문제에 대해서 기본적인 접근 방식으로서의 역할을 해 왔다. 그러나 기능주의 관점은 여러 가지로 비판을 받아 왔다. 기능주의 관점에 대한 비판에는 다음과 같은 것이 포함된다:

① 기능주의 관점은 정치적으로 보수적인 견해라고 비판을 받는 경우가 많다. 즉, 기능주의 관점에서는 사회를 좋은 것으로 보고 있고, 이에 따라 사회를 크게 변화시킴이 없이 유지하여야 한다고 보는 경우가 많다는 것이다.

② 기능주의 관점은 특정한 사회 현상이 사회 전체에 좋게 기능하는지를 판단하기 어렵다는 점을 무시한다는 비판을 받고 있다. 즉, 기능주의 관점은 특정한 사회 현상은 집단에 따라 미치는 영향이 다르다는 점을 무시하는 경우가 많다는 것이다. 예를 들어 공공건물의 로비에서 잠자는 것을 금지한 법을 시행할 경우, 이런 건물의 로비에서 잠자는 행동을 불편해하는 부유층은 이득을 볼 수 있지만, 갈 곳이 없는 노숙인은 어려운 상황에 놓일 수 있다는 것이다.

(나) 갈등주의 관점

갈등주의 관점은 여러 면에서 기능주의 관점과 대조가 된다. 갈등주의 관점의 경우, 사회는 부(wealth), 권력, 권위를 얻기 위해 서로 경쟁하는 여러 사회 집단들이 모인 곳이라고 보고 있다. 따라서 갈등주의 관점에서는 권력이나 권위와 같은 것이 사회를 함께 묶는다고 보고 있다.

그러므로 갈등주의 관점은 사회를 좀 더 역동적으로 보고 있다. 갈등주의 관점에 따르면, 사람들이 권력을 얻으려고 서로 끊임없이 경쟁하기 때문에 변화가 생길 수밖에 없다. 따라서 갈등주의 관점에서는, 사회문제가 생기는 주요한 이유는 권력을 가진 일부 집단이 권력이 없는 집단을 착취하고 억압하기 때문이라고 보고 있다.

갈등주의 관점을 따르는 여러 이론들 중에서 크게 논쟁거리가 되는 주제는, 현대 사회에서 가장 중요하다고 보는 갈등의 형태이다. 갈등주의 관점에 대해 이론적 토대를 마련한 마르크스(Marx)는 계급투쟁을 주로 강조하였다. 따라서 갈등주의 관점을 따르는 학자나 활동가들 중에는 계급 갈등에 주목하는 경우가 많다. 하지만 갈등주의 관점을 따르는 일부 학자나 활동가들은 계급에 따른 갈등보다는 다른 것에 근거한 갈등을 더 강조하고 있다. 예를 들어 갈등주의 관점을 따르면서 여성주의의 영향을 받은 학자나 활동가들은, 성 측면과 성에 근거한 불평등 측면을 더 강조하고 있다.

권력 불평등과 사회문제

지배집단은 권력에 근거해 부(wealth)를 얻는다. 그러나 모든 사회의 경우, 정치제도와 경제제도를 통제하는 지배집단은 자신이 가진 권력과 부를 다른 집단과 동등하게 나누어 가지기를 원치 않는 경향이 있다. 이에 따라 지배집단은 권력이 더 적은 집단을 지배하고, 그 결과로 사회에는 불평등 체계가 등장한다. 그리고 이런 불평등 체계를 유지하기 위해서 지배집단은 권력을 사용한다(Zastrow, 2008; Eitzen, Zinn & Smith, 2011).

이런 불평등은 많은 사회문제의 뿌리가 된다. 예컨대 여성과 관련된 사회문제, 인종과 관련된 사회문제, 빈곤문제 등의 바탕에는 불평등이 자리를 잡고 있다.

한편, 갈등주의 관점은 다음과 같은 측면에서 비판을 받고 있다:

① 갈등주의 관점은 너무 급진적이라는 비판을 받고 있다. 구체적으로 갈등주의 관점은 갈등이 수행하는 역할을 너무 강조하고 있다는 비판을 받고 있다.

예를 들어 갈등주의 관점에서 주장한 것처럼 갈등이 이렇게 많았더라면 사회가 오래 전에 붕괴되었을 터인데, 사실은 그렇지 않다는 것이다.

② 갈등주의 관점은 자본주의의 나쁜 측면만을 본다는 비판을 받고 있다.

▲ 마르크스의 동상: 갈등주의 관점의 이론적 토대를 마련한 사람은 마르크스이다.
사진: 러시아에서 저자 찍음.

(다) 여성주의 관점

여성주의 관점은 남성 중심적으로 이루어진 관점에 대해 반대하며 등장한 관점이다. 여성주의 관점의 경우, 성은 현대 사회를 기본적으로 조직하는 주요한 요인이라고 보고 있다. 따라서 여성주의 관점에서는 여성의 시각을 사용하여 여성이 세상에서 놓인 위치를 살펴보고 있다.

여성주의 관점에서는 여성의 삶은 남성의 삶과 크게 다르다는 점을 강조하고 있다. 왜냐하면 아동을 부양하고 기타 가족 구성원의 정서적 욕구와 신체적 욕구를 충족시키는 책임을 여성이 주로 맡기 때문이다.

그러나 여성주의 관점의 경우, 여성의 사회적 위치는 남성의 사회적 위치와 다를 뿐만 아니라, 여성과 남성은 여러 측면에서 서로 불평등하다고 주장하고 있다. 예를 들어 남성에 비해서 여성은 소득·재산이 더 적고 권력이 더 적고 권위가 더 적은 경우가 많다는 것이다. 따라서 여성주의 관점에 따르면, 현대 사회는 가부장적 사회이다. 가부장적 사회는 남성이 지배하고 남성의 이해를 위해서 움직이는 사회이다. 그러므로 여성주의 관점에서는, 현대 사회에서 사회문제가 생기는 주요한 이유는 남성이 여성을 착취하기 때문이라고 보고 있다.

(라) 상호작용주의 관점

상호작용주의 관점의 경우, 현실은 사회적으로 이룩한 합의인데, 이런 합의는 사회 집단에 속한 사람들이 노력해서 만들어진다고 보고 있다. 그리고 상호작용주의 관점에서는, 사람들이 자신을 정의하고 자기 주변의 세상을 정의하려고 노력함에 따라서 의미가 생겨난다고 보고 있다. 상호작용주의 관점에 따르면, 사람들은 이런 의미를 다른 사람과 함께 나눈다.

상호작용주의 관점의 토대가 되는 것은 미드(Mead)가 제시한 이론이다. 미드에 따르면, 인간이 다른 동물과 구분되는 중요한 특징은 상징으로 의사소통을 하는 능력이다. 여기서 상징은 단어나, 단어가 합쳐진 것을 가리키는 경우가 많다. 따라서 상호작용주의 관점에 따르면, 인간의 행동은 상징과 공통된 의미를 토대로 삼고 있다. 이 경우, 공통된 의미는 학습을 통해 얻어지고, 이런 학습은 개인, 다른 사람, 집단 사이에 상호작용을 통해서 생긴다. 그러므로 상호작용주의 관점에서는, 사회문제가 생기는 주요한 이유는 인간이 자신을 정의하고 또한 자신이 놓인 사회적 상황을 정의하는 방식 때문이라고 보고 있다.

2) 루빙턴과 와인버그가 제시하는 접근 방식

(1) 접근 방식의 분류

루빙턴과 와인버그(Rubington & Weinberg, 1995)의 경우, 사회문제를 이해하기 위해 취해온 관점을 사회 병리(social pathology) 관점, 사회 해체(social disorganization) 관점, 가치 갈등(value conflict) 관점, 일탈 행동(deviant behavior) 관점, 낙인(labeling) 관점,

비판(critical) 관점, 사회 구성주의(social construction) 관점으로 구분하고 있다.

▲ 루빙턴과 와인버그는 사회문제를 이해하기 위해
그간 취해 온 여러 관점을 설명하고 있다.
[해당 저서(Rubington & Weinberg 지음, 1995년, Oxford University Press에서 간행)의 표지(일부).]

(2) 각 접근 방식의 특징

루빙턴과 와인버그가 각 관점에 대해 설명하는 바를 간단히 살펴보면 다음과 같다(Rubington & Weinberg, 1995).

(가) 사회 병리 관점

사회 병리 관점은 사회문제를 이해하는 데 있어 병리적 측면에 주목하는 관점이다. 이 경우, 전통적인 사회 병리 관점은 의료적 모델에 바탕을 두고 있다. 따라서 전통적인 사회 병리 관점의 경우, 사회문제는 아픈(sick) 사람의 활동이라고 보고 있다. 여기서 아픈 사람은 결함이 있거나 사회의 규범에 어긋나는 행동(비행)을 하거나 의존적인 사람을 말한다.

그러나 현대의 사회 병리 관점에서는 제도적 장치에 훨씬 더 많이 관심을 가지고 있다. 따라서 현대에 들어 나타난 사회 병리 관점의 경우, 사회와 제도가 '아프다'고 보고 있다. 그리고 현대의 사회 병리 관점에서는, 사회문제를 해결하기 위해서는 개인들을 더 교육시켜야 한다고 주장하고 있다. 그러므로 사회 병리 관점에서는 개인(persons)에 주목하고 있다.

(나) 사회 해체 관점

사회 해체 관점은 사회문제를 이해하는 데 있어 사회가 해체되는 측면에 주목하는 관점이다. 따라서 사회 해체 관점의 경우, 매우 다양한 사회문제가 생기는 이유는 전통이 붕괴하거나, 규정들 사이에 갈등이 있거나, 규정이 없거나 부적절하기 때문이라고 보고 있다. 그러므로 사회 해체 관점에서는 규정(rules)에 주목하고 있다.

(다) 가치 갈등 관점

가치 갈등 관점은 사회문제를 이해하는 데 있어 가치의 갈등적 측면에 주목하는 관점이다. 가치 갈등 관점의 경우, 사람들이 가지는 가치가 서로 다르거나 사람들이 자기 나름의 이해관계를 추구한다는 데 관심을 가지고 있다. 그리고 가치 갈등 관점에서는, 가치와 이해관계가 다르기 때문에 사람들이 사회정책에 대해 동의하지 못하게 되고, 그 결과로 사회문제가 어쩔 수 없이 나타난다고 보고 있다. 그러므로 가치 갈등 관점에서는 가치와 이해관계(values and interests)에 주목하고 있다.

(라) 일탈 행동 관점

일탈 행동 관점은 사회문제를 이해하는 데 있어 사회의 주류 규범에 어긋나는 행동을 하는 측면에 주목하는 관점이다.[10] 구체적으로 일탈 행동 관점의 경우, 사회문제는 규범에서 기대하는 바에 객관적으로 어긋나는 것이라고 정의하고 있다. 그러므로 일탈 행동 관점에서는 역할(roles)에 주목하고 있다.

10) 일탈 행동은 규범에서 기대하는 것을 어기는 행동을 말한다. 여기서 규범은 사회의 구성원이 관습적으로 지키는 규정과 같은 것을 일컫는다(Wikipedia, 2013c).

(마) 낙인 관점

낙인 관점은 사회문제를 이해하는 데 있어 낙인을 가하는 측면에 주목하는 관점이다. 낙인 관점은 일탈 행동 관점으로는 이해하기 어려운 부분에 주목하면서 등장하였다.

위에서 본 바와 같이, 일탈 행동 관점에서는 사회문제는 규범에서 기대하는 바를 '객관적으로' 어긋나는 것이라고 본다. 그러나 낙인 관점에서는 사회문제는 '주관적으로' 구성된다고 보고 있다. 따라서 낙인 관점에 따르면, 사람들이 사회문제라고 말하는 것은 어느 것이든 사회문제가 된다. 그러므로 낙인 관점에서는 사회관계(social relations)에 주목하고 있다.

(바) 비판 관점

비판 관점은 사회문제를 이해하는 데 있어 계급적 측면에 주목하는 관점이다. 이 비판 관점은 사회문제는 지배계급 때문에 생긴다는 점에 주목하면서 등장하였다.

비판 관점에 따르면, 경제 영역에서 유리한 위치에 있는 사람들은 동일한 이해관계와 가치를 가지게 된다. 이 경우, 이들은 자신들의 이해관계를 유지하고 보호하고 늘이려고 하기 때문에 계급투쟁이 나타나게 된다. 비판 관점에 따르면, 이런 계급투쟁은 사회문제의 기본적인 원인이 된다. 그러나 궁극적으로 볼 때, 이런 계급투쟁은 사회문제를 해결하는 방안이기도 하다. 그러므로 비판 관점에서는 계급관계(class relations)에 주목하고 있다.

(사) 사회 구성주의 관점

사회 구성주의 관점은 사회문제에 대한 그간의 관점을 비판하면서 등장한 관점이다. 사회 구성주의 관점에서는 사회문제는 사회적 과정이라고 보고 있다. 구체적으로 사회 구성주의 관점의 경우, 다음과 같은 두 가지 조건이 모두 있어야 사회문제가 존재한다고 보고 있다:

① 사회문제를 주관적으로 정의한다.

② 권리를 주장하는 사람들이 자신의 상황을 정의하는 것에 대해서 다른 사람들이 행동을 취한다.

그러므로 사회 구성주의 관점에서는 권리를 주장하는 과정(claims-making process)에 주목하고 있다.

(3) 정리

위에서 제시한 여러 관점은 나름의 장단점이 있다. 따라서 각 관점은 특정한 형태의 사회문제를 설명하는 데에는 특히 더 유용할 수 있다. 그러므로 각 관점은 특정한 영역의 사회문제를 설명하고 이에 대한 해결 방안을 제시하는 데 유용하게 적용될 수 있다.

루빙턴과 와인버그(Rubington & Weinberg, 1995)의 경우, 학문의 주요한 관심 영역이 변하고 사회가 변함에 따라서 사회문제에 대한 관점도 변한다고 보고 있다.

3) 아이첸과 진과 스미스가 제시하는 접근 방식

(1) 접근 방식의 분류

아이첸과 진과 스미스(Eitzen, Zinn & Smith, 2011)는 사회문제를 규범을 위반하는 상황과 심리적·물질적 어려움을 유발하는 사회적 상황으로 구분하고 있다.[11] 이에 근거하여, 이들은 사회문제가 개인의 병리 때문에 생기는 것인지, 아니면 개인이 놓인 사회적 상황 때문에 생기는 것인지에 주목하고 있다. 따라서 아이첸과 진과 스미스는 사회문제에 대한 접근 방식을 개인(피해자) 비난하기(person-blaming) 접근 방식과 제도 비난하기(system-blaming) 접근 방식으로 구분하고 있다.

(2) 각 접근 방식의 특징

아이첸과 진과 스미스가 각 접근 방식에 대해 설명하는 바를 간단히 살펴보면 다음과 같다(Eitzen, Zinn & Smith, 2011).

11) 이것은 1장에서 설명한 바 있다.

▲ 아이첸과 진과 스미스는 사회문제에 대한 접근 방식을
개인 비난하기 접근 방식과 제도 비난하기 접근 방식으로 구분하고 있다.
[해당 저서(Eitzen, Zinn & Smith 지음, 2011년, Allyn and Bacon에서 간행)의 표지(일부)]

(가) 개인(피해자) 비난하기 접근 방식

개인(피해자) 비난하기 접근 방식은 사회문제가 개인의 병리 때문에 생긴다고 가정하는 접근 방식을 말한다.

(나) 제도 비난하기 접근 방식

제도 비난하기 접근 방식은 사회문제가 사회적 상황 때문에 생긴다고 가정하는 접근 방식을 말한다. 따라서 제도 비난하기 접근 방식에서 관심을 가지는 사회문제는 일부 범주의 사람들에게 정신적 어려움과 물질적 어려움을 유발하는 상황이다. 이 경우에 제도 비난하기 접근 방식에서 주목하는 것은 다음과 같은 것이다:

① 사회가 돌아가는 방식에 대해 관심을 가진다.

② 기존 체제에서 누가 이득을 보고 누가 손해를 보는지에 대해 관심을 가진다.

제도 비난하기 접근 방식은 개인 비난하기 접근 방식에 반대하고 있다. 제도 비난하기 접근 방식에서 볼 경우, 규범을 위반하는 사람들은 사회에서 실패한 것을 보여 주는 것이 아니라 사회문제의 증상을 보여 주는 것이다. 따라서 제도 비난하기 접근 방식에 따르면, 규범을 위반하는 사람들은 사회 체제의 피해자인 경우가 많다. 그러므로 제도 비난하기 접근 방식의 경우, 사회는 규범을 위반하는 사람이 규범을 지키지 못하는 것에 대해 비난하지 말아야 한다고 주장하고 있다. 즉, 제도 비난하기 접근 방식에서는, 규범을 위반하는 사람들이 살고 있는 제도를 오히려 비난하여야 한다는 입장을 취하고 있다. 따라서 제도 비난하기 접근 방식에 따르면, 규범을 위반하는 사람들에게 영향을 미치는 상황을 살펴볼 경우, 일부 범주의 사람들이 규범에 어긋나는 행동을 상대적으로 더 많이 하는 이유를 알 수 있다.

제도 비난하기 접근 방식의 경우, 문제가 있는 개인보다는 사회의 구조에 주목하고 있다. 제도 비난하기 접근 방식에 따르면, 문제를 가진 개인은 사회가 이들의 욕구를 충족시키지 못함을 보여 주는 것이다. 제도 비난하기 접근 방식은, 사회는 사회문제를 유발하는 주요한 뿌리이기 때문에, 사회문제를 해결하기 위해서는 규범에 어긋나는 행동을 하는 개인을 바꿀 것이 아니라 사회의 구조를 다시 바꾸어야 한다고 주장하고 있다.

제도 비난하기 접근 방식은 사회 구성원이 어떤 것은 사회문제이고 어떤 것은 사회문제가 아닌지를 결정한다고 본다. 제도 비난하기 접근 방식에서는 가장 권력을 가진 사람이나 집단이 어떤 것은 사회문제이고 어떤 것은 사회문제가 아닌지를 결정하는 데 특히 영향을 미친다고 보고 있다. 그러므로 제도 비난하기 접근 방식에서는, 사회에서 권력이 어떻게 분배되어 있는지에 특히 주목하고 있다.

이 접근 방식에 따르면, 다음과 같은 방식을 통해서, 권력을 가진 집단은 누가 문제를 가진 사람이고 누구를 통제하여야 하는지를 결정한다:

① 관습을 재차 확인함으로써 공공정책에 영향을 미친다.

② 법을 만들고 법을 시행함으로써 공공정책에 영향을 미친다.

■■■ 빈곤문화 이론과 피해자 비난하기 접근 방식 ■■■

빈곤문화 관점은 빈곤에 대한 책임을 개인에게 돌리는 관점이다(노병일, 2013). 라이언(Ryan)의 경우, 빈곤문화 관점은 '피해자 비난하기(blaming the victim)' 접근 방식을 보여 주는 대표적인 예라고 비판하고 있다. 라이언에 따르면, 빈곤 상태에 있는 책임이 빈곤층에게 있다고 비난하는 것은, 빈곤을 없애는 데 필요한 프로그램과 정책을 제시하는 것을 거부하기 위한 편리한 변명일 뿐이다.

그러므로 라이언에 따르면, 빈곤에 대한 진짜 책임은 빈곤이 존재하는 것을 허용하는 사회제도에 있다. 구체적으로 라이언의 경우, 빈곤층은 자신이 가진 문화 때문에 빈곤한 것이 아니라, 돈을 충분히 가지고 있지 않기 때문에 빈곤하다고 주장하고 있다(Zastrow, 2008).

4) 니스벳이 제시하는 접근 방식

(1) 접근 방식의 분류

니스벳(Nisbet, 1971)의 경우, 사회문제에 접근하는 방식으로 사회학적(학문적) 접근 방식, 종교적(religion) 접근 방식, 법적(law) 접근 방식, 언론적(journalism) 접근 방식, 예술적(art) 접근 방식을 제시하고 있다. 니스벳은 이중에서 사회문제를 사회학적으로 접근하는 방식이 가장 독특한 접근 방식이라고 보고 있다.

(2) 각 접근 방식의 특징

니스벳이 각 접근 방식에 대해 설명하는 바를 간단히 살펴보면 다음과 같다(Nisbet, 1971).

(가) 종교적 접근 방식

사회문제에 대한 종교적 접근 방식에서는, 사회문제는 신이 정한 도덕적 질서를 깨뜨리는 것으로 보는 경우가 많다. 따라서 종교적 접근 방식에서는 사회문제를 악(즉, 원죄)을 보여 주는 것으로 인식하는 경우가 많다.

그러므로 종교적 접근 방식에서는 사회문제를 궁극적으로 해결하는 방안을 종교적 행위에서 찾을 가능성이 크다. 예를 들어 종교적 접근 방식을 따르는 사람들은, 기도와 참회를 함으로써 일부 사회문제를 궁극적으로 해결할 수 있다고 보는 경향이 있다.

▲ 터키의 술탄 아흐멧 사원(Sultan Ahmet Mosque, 일명 Blue Mosque)과 마카오의 세인트 폴(St. Paul) 대성당: 종교적 접근 방식을 따르는 사람들은 기도와 참회를 함으로써, 일부 사회문제를 궁극적으로 해결할 수 있다고 보는 경향이 있다.

사진: 터키와 마카오에서 저자 찍음.

(나) 법적 접근 방식

사회문제에 대한 법적 접근 방식에서는 사람을 죽이는 것이나 훔치는 것과 같은 행위는 규범적 질서를 위반하는 것이라고 보고 있다. 이 경우, 규범적 질서는 사회에서 정당하게 제정되어 실행되고 있는 법을 말한다. 그러므로 법적 접근 방식에 따르면, 사회문제는 법에 어긋나는 행동을 하는 것이다.

현대에 들어서, 법과 관련된 문제가 처벌보다는 치료하는 방향으로 결정되는 경우도 있다. 그러나 궁극적으로 볼 때, 법적 접근 방식에서 목표로 삼는 것은, 법을 실행하고 필요한 경우에는 처벌하는 것이다.

(다) 언론적 접근 방식

역사적으로 볼 때, 사회문제에 대한 언론적 접근 방식은 많이 사용되어 왔다. 예를 들어 18세기 이후에, 신문과 잡지는 사회에서 벌어지는 착취와 부패를 폭로하고 항의해 왔다. 특히 미국의 경우, 20세기 초에 미국인에게 처음으로 사회문제를 알려 준 것은 머크레이커(Muckrakers)라고 불리는 사람들의 작품 활동이었다.[12)] 현대에 들어서도, 신문과 잡지를 포함한 여러 언론 매체는 빈곤, 약물, 비행 등을 포함한 여러 가지 사회문제에 대해 독자들이 반응하도록 깨우쳐주는 중요한 수단이 되고 있다.

그러나 언론의 일차적인 목적은 폭로하는 데 있다. 따라서 언론에서의 이해, 예방, 치료, 처벌과 같은 것은 이차적인 목적에 해당된다. 그러므로 사회문제에 대한 언론적 접근에서는 맥락을 따지지 않는 경향이 있다.

(라) 예술적 접근 방식

사회문제에 대한 예술적 접근 방식은 모든 예술 영역에서 사용되고 있다. 예를 들어 미술, 연극, 소설, 시와 같은 분야에서 예술적 접근 방식을 사용할 수 있다. 그러나 사회문제와 관련해 예술적 접근 방식을 가장 많이 사용하는 분야는 사회소설(social novel)이다. 실제로 19세기에 빈곤, 불공평, 불평등문제에 비판적이었던 작가들은 오늘날에도 유명한 문학작품을 발표한 바 있다. 예를 들어 『정글』, 『분노의 포도』, 『황금 팔을 가진 사나이』를 포함한 여러 소설은 매춘, 빈곤, 범죄, 실업, 가족의 불안정, 청소년의 비행, 알코올 중독, 마약, 인종 갈등 등과 같은 사회문제를 부각시키는 데에도 크게 영향을 미쳐 왔다.

그리고 그간의 경우, 전 세계의 작곡자들은 억압을 당하는 층과 생활이 어려운 층이 겪는 고통을 곡으로 표현한 바 있다. 현대에 들어서도, 음악은 사회문제를 인식하고 사회문제를 해결하기 위한 행동을 추구하는 가장 중요한 수단의 하나가 되고 있다. 예를 들어 사이먼(Simon)과 가펑클(Garfunkel)이 작곡한 '복서(The Boxer)'

12) 머크레이커의 사전적 의미는 추한 면을 폭로하는 사람이다. 그러나 이 당시에, 머크레이커는 용기가 있고 사려가 깊은 언론인 집단을 말한다.

는 아름답고 감동을 주는 음악이다. 이 음악은 취약층이 사는 세계를 잘 보여 주고 있다.

■■■ 소설과 사회문제 ■■■

밀러(Miller)의 『세일즈맨의 죽음』에서는 주인공의 장례식장에서 주인공의 친구가 주인공의 첫째 아들에게 근로자의 어려움을 얘기하는데, 이런 장면에서 감정 노동(emotional labor)에 종사하는 근로자가 겪는 스트레스와 어려움을 잘 떠올릴 수 있다.

> "자넨 잘 모를 걸세. 자네 부친을 비난할 사람은 아무도 없다네. 자네 부친은 외판원이었다구. 외판원에게 인생에서 맨 밑바닥이란 건 있을 수 없어. 외판원은 직공처럼 너트에 볼트를 끼울 줄도 모르고, 법률가처럼 법을 말할 줄도, 약사처럼 약을 지어 줄 줄도 몰라. 자네 부친 같은 외판원은 반짝거리는 구두를 신고, 미소 지으며 달리시며, 푸른 하늘 저 아래로 나아가는 사람일세. 그런데, 세상 사람들이 웃음으로 반겨주지 않는다면, 그건 지진이 생긴 것처럼 큰일이야. 그리고, 외판원은 모자에 얼룩점이 몇 개만 있어도 끝장나는 거야. 아무도 아버질 비난하는 사람은 없을 걸세. 외판원은 꿈을 가져야 하는 거야."

출처: 노병일(2013: 86-87).

(마) 사회학적(학문적) 접근 방식

사회문제에 대해 사회학적(학문적)으로 접근하는 방식은 위에서 제시한 여러 접근 방식과는 매우 다르다. 왜냐하면 사회문제에 대한 학문적 접근 방식의 주요한 목적은 사회문제를 폭로하거나 비난하는 데 있는 것이 아니라, 사회문제의 원인을 밝혀내는 데 있기 때문이다. 그러므로 사회문제에 대한 학문적 접근 방식에서는 사회문제를 결정하는 맥락을 파악하고, 또한 사회문제가 다른 영역과 어떻게 관계되는지를 파악하는 데 주목하고 있다.

정 리

- 사회문제에 대한 접근 방식에는 다양한 형태가 있다. 이 중에서 가장 많이 사용되는 접근 방식은 사회학 이론에 근거한 접근 방식이다. 사회학 이론을 적용할 경우, 사회문제에 접근하는 방식을 기능주의 관점, 갈등주의 관점, 여성주의 관점, 상호작용주의 관점으로 구분할 수 있다. 기능주의 관점에서는, 사회문제가 생기는 주요한 이유를 사회가 해체되기 때문이라고 본다. 갈등주의 관점에서는, 사회문제가 생기는 주요한 이유를 권력을 가진 일부 집단이 권력이 없는 집단을 착취·억압하기 때문이라고 본다. 여성주의 관점에서는, 사회문제가 생기는 주요한 이유를 남성이 여성을 착취하기 때문이라고 본다. 상호작용주의 관점에서는, 사회문제가 생기는 주요한 이유를 인간이 자신과 사회적 상황을 정의하는 방식 때문이라고 본다.
- 루빙턴과 와인버그는 사회문제를 이해하기 위한 관점을 사회 병리 관점, 사회 해체 관점, 가치 갈등 관점, 일탈 행동 관점, 낙인 관점, 비판 관점, 사회 구성주의 관점으로 구분한다. 사회 병리 관점에서는 개인에 주목하고, 사회 해체 관점에서는 규정에 주목하고, 가치 갈등 관점에서는 가치와 이해관계에 주목하고, 일탈 행동 관점에서는 역할에 주목하고, 낙인 관점에서는 사회관계에 주목하고, 비판 관점에서는 계급 관계에 주목하고, 사회 구성주의 관점에서는 권리를 주장하는 과정에 주목한다.
- 아이첸과 진과 스미스는 사회문제에 대한 접근 방식을 개인(피해자) 비난하기 접근 방식과 제도 비난하기 접근 방식으로 구분한다. 개인 비난하기 접근 방식에서는 사회문제가 개인의 병리 때문에 생긴다고 가정하고, 제도 비난하기 접근 방식에서는 사회문제가 사회적 상황 때문에 생긴다고 가정한다. 따라서 제도 비난하기 접근 방식에서는 문제가 있는 개인보다는 사회의 구조에 주목한다.
- 니스벳은 사회문제에 대한 접근 방식을 사회학적(학문적) 접근 방식, 종교적 접근 방식, 법적 접근 방식, 언론적 접근 방식, 예술적 접근 방식으로 구분한다. 니스벳은 이 중에서 사회학적(학문적) 접근 방식이 가장 독특한 접근 방식이라고 본다.

제3절 사회문제의 분석 수준에 근거한 접근 방식

1) 사회문제의 분석 수준

사회문제의 분석 수준은 사회문제를 분석하는 단위와 관련되어 있다. 사회문제를 분석하는 단위는 학자들 사이에 끊임없는 논쟁거리가 되고 있다. 즉, 일부 학자는 사회문제를 분석하는 단위가 '개인(individual)'이라고 보고 있고, 일부 학자는 사회문제를 분석하는 단위가 '사회제도(social system)'라고 보고 있다(Eitzen, Zinn & Smith, 2011).

그간 여러 학자들이 사회문제에 대해서 제시한 접근 방식은 사회문제를 분석하는 수준과 관련되고 있다. 일반적으로 학자들은 사회문제를 더 잘 이해하기 위해서 미시적 수준(micro-level)과 거시적 수준(macro-level)에서 접근하고 있다(Cortese, 2004).

각 수준에 대해 좀 더 살펴보면 다음과 같다.

(1) 미시적 수준에서의 접근 방식

미시적 수준의 접근 방식은 사회문제를 미시적 수준에서 접근하는 것을 말한다. 따라서 미시적 수준의 접근 방식에서는 개인의 태도와 같은 것을 변화시키는 데 주목하고 있다. 예를 들어 미시적 수준에서 접근하는 방식의 경우, 성 차별을 줄이거나 없애기 위해 성 차별에 대한 태도를 바꾸는 데 주목하고 있다.

그러므로 미시적 수준의 접근 방식은, 사회문제를 살펴보고 또한 이런 사회문제 때문에 어려움을 겪는 개인들을 조사하기 위해 현미경을 사용하는 방식이라고 비유할 수 있다(Eitzen, Zinn & Smith, 2011; Cortese, 2004).

미시적 수준의 접근 방식: 사회문제에 대한 유전적 관점

일부 학자들의 경우, 사회문제가 나타나는 원인으로 유전적(genetic) 특성을 꼽은 바 있다. 예를 들어, 19세기 말에 일부 학자들은 사회문제가 정신장애 때문에 생긴다고 인식한 바 있다. 이런 학자들은 범죄, 부도덕한 행위, 음주는 정신장애 때문에 발생한다고 보았다.

그리고 빈곤이라는 사회문제와 관련해서도 '유전적' 관점이 등장하였다. 빈곤에 대한 유전적 관점은, 사회에서 보상하는 구조는 개인의 타고난 능력이나 물려받은 행동을 어느 정도 반영한다고 보는 관점을 말한다(Spicker, Leguizam n & Gordon, 2007).

(2) 거시적 수준에서의 접근 방식

거시적 수준의 접근 방식은 사회문제를 거시적 수준에서 접근하는 것을 말한다. 따라서 거시적 수준의 접근 방식에서는 사회 전체에 주목하고 있다. 그리고 당연히 사회문제의 맥락에도 주목하고 있다.

그 결과 거시적 수준의 접근 방식에서는 사회의 구조를 변화시키는 데 주목하고 있다. 예를 들어 거시적 수준에서 접근하는 방식의 경우, 소득이나 교육 영역에서 기회를 평등하게 제공하기 위해서 사회의 구조를 바꾸는 데 주목하고 있다. 따라서 거시적 수준의 접근 방식은 사회문제를 본질적으로 해결하는 방안에 대한 틀을 제공한다.

거시적 수준의 접근 방식은 큰 그림을 보는 접근 방식이다. 따라서 거시적 수준의 접근 방식은 사회문제를 살펴보기 위해 넓은 각을 가진 렌즈(광각 렌즈)를 사용하는 방식이라고 비유할 수 있다(Eitzen, Zinn & Smith, 2011; Cortese, 2004).

2) 사례 및 유의점

(1) 사례

각각의 접근 방식에서 빈곤문제를 살펴보는 예를 들면 다음과 같다.

(가) 미시적 수준의 접근 방식

빈곤문제를 미시적 수준에서 접근하는 방식에서는 다음과 같은 것에 주목하는 경향이 있다(Cortese, 2004):

① 빈곤이 개인과 가족에게 어떻게 영향을 미치는지를 살펴본다.

② 개인적 특성과 빈곤층의 특성이 개인과 빈곤층의 빈곤에 어떻게 영향을 미치는지를 살펴본다.

(나) 거시적 수준에서의 접근 방식

빈곤문제를 거시적 수준에서 접근하는 방식에서는 다음과 같은 것에 주목하는

경향이 있다(Cortese, 2004):

① 빈곤이 더 큰 사회 체계에 미치는 영향을 살펴본다.

② 큰 사회 체계를 구성하는 사회제도에 빈곤이 미치는 영향을 살펴본다. 예를 들어 빈곤이 경제제도나 정치제도에 미치는 영향을 살펴볼 수 있다.

(2) 유의점

위에서 제시한 여러 가지 접근 방식(관점)은 미시적 수준 및 거시적 수준과 관련되고 있다. 예를 들어 기능주의 관점과 갈등주의 관점은 사회문제를 거시적 수준에서 접근하는 관점이다. 이에 비해서, 상호작용 관점은 사회문제를 미시적 수준에서 접근하는 관점이다. 그리고 여성주의 관점은 사회문제를 미시적 수준과 거시적 수준 모두에서 접근하는 관점이다(Curran & Renzetti, 2000; Coleman & Cressey, 1999).

하지만 사회문제를 매우 세세하게 이해하고 또한 사회문제를 크게 파악하기 위해서는 미시적 수준의 접근 방식과 거시적 수준의 접근 방식이 모두 필요하다(Cortese, 2004).

정 리

- 일반적으로 학자들은 사회문제를 더 잘 이해하기 위해서 미시적 수준과 거시적 수준에서 접근한다. 미시적 수준의 접근 방식에서는 개인의 태도와 같은 것을 변화시키는 데 주목하고, 거시적 수준의 접근 방식에서는 사회 전체에 주목한다.
- 사회문제에 대한 여러 가지 접근 방식(관점)은 미시적·거시적 수준과 관련된다. 하지만 사회문제를 세세하게 이해하고 크게 파악하기 위해서는 미시적·거시적 수준의 접근 방식이 모두 필요하다.

Part 02

생활 주기의 대상과 관련된 사회문제

Social Problems

CHAPTER 03

Social Problems

아동문제

차 례

제 1 절 아동과 사회문제

인간이 태어나서 맨 처음에 겪는 시기는 아동기(childhood)이다. 일반적으로 아동기는 인간의 생활 주기에서 초기에 있는 단계를 일컫는다(노병일, 2012). 아동기는 신체적·정신적으로 완전히 성숙되지 않은 시기이고, 또한 아동기는 물리적 힘과 경제적 힘이 부족한 시기이다. 따라서 아동기에는 아동이 자신의 욕구를 스스로 충족하기 어렵기 때문에, 아동의 부모와 가족과 사회는 아동을 끊임없이 보살피면서 아동이 가진 여러 가지 욕구를 충족시켜 주어야 한다. 아동이 자신의 욕구를 잘 충족하면서 성장할 경우, 아동은 나중에 사회 구성원으로서의 역할을 적절히 수행할 수 있게 된다.

그러나 부모와 가족과 사회가 아동의 욕구를 제대로 충족시켜 주지 못하는 경우도 많다. 이런 경우에 아동은 개인적으로 크나큰 어려움을 겪게 된다. 아동은 나중에 그 사회의 미래를 짊어지는 집단이기 때문에, 아동이 겪는 어려움은 사회 전체에게도 부정적으로 영향을 미친다. 그러므로 많은 아동이 겪는 어려움은 사회문제가 될 가능성이 크다.

아동과 관련된 사회문제가 존재한다는 것은 아동이 건전하고 행복하게 성장할 수 있는 권리를 누리지 못한다는 것을 의미한다. 따라서 아동과 관련된 사회문제는 아동권리를 실현하는 데 걸림돌로 작용한다.

▲ 북유럽의 편안한 아동: 아동과 관련된 사회문제는 아동권리를 실현하는 데 걸림돌로 작용한다.
사진: 노르웨이에서 저자 찍음.

현대에 들어서 전 세계적으로 아동복지와 관련된 영역에서 여러 가지 사회문제가 등장하고 있다. 우선, 아동은 힘이 없기 때문에 학대의 대상이 되고 있다. 아동학대는 성인과 아동 사이의 권력에 차이가 나기 때문에 발생하는 문제이기도 하다.

또한 아동이 경제적으로 어려운 상황에서 생활하는 사례도 적지 않다. 따라서 선진국에서 아동빈곤은 크게 관심을 가지는 사회문제에 속하고 있다(Bastos, 2008).

그리고 아동들 중에는 질이 좋은 보육 서비스를 받지 못하는 아동도 있다. 일하는 여성이 많아짐에 따라서 보육은 특히 중요한 관심거리가 되고 있다.

그러므로 우리나라에서 아동복지와 관련된 주요한 사회문제의 예로 아동학대와 관련된 문제, 아동이 빈곤 상태에서 사는 것과 관련된 문제, 아동을 보육시설(어린이집)에서 보살피는 것과 관련된 문제를 들 수 있다.

정 리

- 아동기에는 아동의 부모·가족·사회가 아동의 욕구를 충족시켜 주어야 하나, 그렇게 하지 못하는 경우도 많다. 이런 경우에, 아동과 사회가 겪는 어려움은 사회문제가 될 가능성이 크다.
- 아동복지와 관련된 주요한 사회문제의 예로 아동학대, 아동빈곤, 보육문제를 들 수 있다.

제 2 절 주요 용어와 논의

1) 기본 용어와 논의

(1) 아동

일반적으로 아동에 대한 정의는 통일되어 있지 않은 편이다(Kutcher, Hampton & Wilson, 2010). 하지만 아동을 나이나 성숙의 측면에서 정의하는 경우가 많다(노병일, 2012).

아동에 대한 정의를 몇 가지 살펴보면 다음과 같다(Barker, 2003; 국가법령정보센

터, 2013):

① 유엔(UN)에서 제정한 '아동권리협약'에 따르면, 아동은 "18세 미만의 모든 사람"을 가리킨다.

② 우리나라의 '아동복지법'과 '입양특례법'에 따르면, 아동은 18세 미만의 사람을 가리킨다.

③ 미국의 전국사회사업가협회에서 간행한 사전에 따르면, 아동은 자신에 대해 책임지는 법정 나이나 부모 간섭으로부터 벗어나는 법정 나이보다 어린 성인을 가리킨다. 이 사전에 따르면, 대부분의 국가에서는 아동인지 여부를 결정하는 법정 나이를 18세로 보고 있다.

그러므로 정리하건대, 아동은 18세 미만의 사람을 일컫는다고 볼 수 있다.

하지만 우리나라에서 아동에 대한 나이는 법에 따라 차이가 나고 있다(노병일, 2012). 그러므로 장기적으로 볼 때, 우리나라에서는 아동에 대한 정의를 통일시킬 필요가 있다(유엔아동권리협약 한국 NPO연대, 2010).

(2) 아동권리

아동권리(children's rights)는 아동이 가지는 권리를 말한다. 아동권리는 다음과 같은 두 가지 측면에서의 권리를 의미한다(Staller, 2011):

① 도덕적(moral) 권리를 의미한다. 도덕적 권리는 나이와는 상관이 없는 기본적인 인권을 말한다.

② 법적(legal) 권리를 의미한다. 법적 권리는 특정 나이나 특정한 성숙 단계에 이르렀기 때문에 누리는 권리를 말한다.

그러나 일반적으로 아동권리는 아동의 인권을 말한다. 대개의 경우, 아동권리에서는 아동이 특별히 보호되고 보살핌을 받을 권리에 주목한다(Wikipedia, 2013b).

한편, 아동권리와 밀접한 관련이 있는 것이 1989년에 유엔(UN) 총회가 채택한 아동권리협약(Convention on the Rights of the Child)이다. 유엔 아동권리협약은 국제적인 인권조약이다. 유엔 아동권리협약은 전 세계에 걸쳐서 국가의 아동정책뿐만 아니라 아동과 그 가족의 생활에도 크게 영향을 미치고 있다(노병일, 2012).

유엔 아동권리협약에서는 모든 아동의 권리와 기타에 대해 자세히 설명하고 있다. 구체적으로 유엔 아동권리협약에서는 건강에 대한 권리, 교육에 대한 권리, 적절한 생활 수준에 대한 권리, 여가와 놀이에 대한 권리, 착취로부터 보호받는 것에 대한 권리, 자기 의견을 표현할 권리를 밝히고 있다(UNICEF, 2007).

2) 아동학대와 관련된 용어와 논의

(1) 아동학대의 개념

일반적으로 아동학대는 아동에게 해를 주는 것을 말한다. 일부 기관이 아동학대에 대해 정의한 것을 몇 가지 살펴보면 다음과 같다(UNICEF, 2006; Afifi, 2011; Gustavsson & Segal, 1994; 국가법령정보센터, 2013):

① 유니세프(UNICEF)의 경우, 아동학대와 관련해 아동에 대한 폭력(violence against children)이라는 용어를 사용하고 있다. 유니세프에 따르면, 아동에 대한 폭력에는 다음과 같은 것이 포함된다: ㉠ 아동을 신체적·정신적으로 학대하고 아동에게 해를 끼친다. ㉡ 아동을 방임하거나 소홀하게 대한다. ㉢ 아동을 착취한다. ㉣ 아동을 성적으로 학대한다.

② 세계보건기구(WHO)의 경우, 아동학대는 신체적 학대, 정서적 학대, 성적 학대, 방임, 아동을 소홀히 다루는 것, 아동을 착취하는 것이라고 정의하고 있다.

③ 우리나라의 아동복지법의 경우, 아동학대는 “보호자를 포함한 성인이 아동의 건강 또는 복지를 해치거나 정상적 발달을 저해할 수 있는 신체적·정신적·성적 폭력이나 가혹행위를 하는 것과 아동의 보호자가 아동을 유기하거나 방임하는 것”이라고 정의하고 있다. 따라서 우리나라의 아동복지법에서는, 아동학대에 아동에게 적극적으로 해를 주는 행위뿐만 아니라 소극적 의

미의 방임 행위도 포함시키고 있다.

그러므로 정리하건대, 아동학대는 보호자나 성인이 아동의 복리에 해로운 신체적·정신적·성적 행위, 방임, 기타 부당한 행위를 하는 것이라고 볼 수 있다(노병일, 2012).

그러나 아동학대의 범위를 더 넓게 하는 식으로 아동학대를 정의할 수도 있다. 예를 들어 일부 학자의 경우, 아동학대에 아동이 가정폭력을 목격하는 것도 포함하는 식으로, 아동학대에 대한 정의를 확대할 필요가 있다고 주장하고 있다(Afifi, 2011).

(2) 아동학대의 형태

아동학대에는 여러 가지 형태가 있을 수 있다. 이러한 아동학대의 형태를 다음과 같이 구분하는 경우가 많다(노병일, 2012):

① 신체적 학대(physical abuse)가 있다. 아동에 대한 신체적 학대는 보호자를 포함한 성인이 아동에게 신체적 해악을 준 행위와 신체적 해악을 입도록 방치한 우발적인 사고를 포함한 모든 행위를 일컫는다.

② 정서적 학대(emotional abuse)가 있다. 아동에 대한 정서적 학대는 아동에게 가해지는 언어적 위협과 정신적 위협, 억압, 감금, 기타의 모든 가학적인 행위를 일컫는다.

③ 성적 학대(sexual abuse)가 있다. 아동에 대한 성적 학대는 아동이 꼬임이나 힘에 의해서, 자기보다 나이가 많은 사람의 성적 욕구를 충족하도록 강요되는 것을 일컫는다.

④ 방임(neglect)이 있다. 아동에 대한 방임은 아동을 보호할 책임이 있는 사람이 아동이 건전하게 신체적·정서적·사회적으로 발달하는 데 필요한 자원을 제공하지 않는 것을 일컫는다.

그런데 아동학대의 형태는 서로 중복되는 경우가 많다. 즉, 아동은 두 가지 이상의 학대 형태를 경험하는 경우가 많다(Afifi, 2011).

(3) 아동학대의 발생 장소와 발생 계층

아동학대는 아무 장소에서나 발생할 수 있다. 예를 들어 아동학대는 가정, 학교, 복지시설, 길거리 등에서 발생할 수 있다. 그리고 아동학대는 모든 계층에서 나타날 수 있다(노병일, 2012).

(4) 아동학대가 미치는 영향

(가) 아동에게 미치는 영향

아동학대는 성인에 대한 학대보다 훨씬 더 위험하다. 왜냐하면 학대를 겪는 아동은 나이가 너무 어려서 자신을 보호하기 위한 조처를 취할 수 없기 때문이다(Coleman & Cressey, 1999). 따라서 아동이 학대를 당한 경험은 나중에 아동의 성장과 발달에 매우 부정적으로 영향을 미칠 가능성이 크다(노병일, 2012).

무엇보다도 아동학대 때문에 생기는 결과는 '폭력은 폭력을 낳는다.'라는 표현으로 요약될 수 있다. 이론적으로 볼 때, 학대를 경험하는 아동은 적대감을 매우 크게 갖는다. 그리고 이런 적대감은 나중에 폭력으로 발산될 수 있다. 성폭력을 한 사람, 살인자, 강도, 배우자를 학대하는 사람들 중에는 어린 시절에 학대를 경험한 사람이 많다(Zastrow, 2008). 따라서 아동학대는 반복되는 경우가 많다.

이외에도 아동학대는 여러 영역에서 부정적으로 영향을 미친다. 유니세프(UNICEF, 2006)에 따르면, 아동학대는 아동에게 다음과 같은 영향을 미칠 수 있다:

① 아동의 신체적 건강과 정신건강에 부정적으로 영향을 미친다.
② 아동이 배우는 능력과 교류하는 능력에 부정적으로 영향을 미친다.
③ 아동이 나중에 성인으로 잘 성장하고 좋은 부모가 되는 데 부정적으로 영향을 미친다.
④ 매우 심각한 경우에는, 아동학대 때문에 아동이 사망할 수 있다.

구체적으로, 학대를 경험한 아동은 심리적으로 다음과 같은 상황에 있는 경우가 많다(Redden, 2013):

① 자아존중감이 낮다.

② 우울하다.

③ 스트레스에 따른 장애를 겪는다.

④ 충동을 적절히 통제하지 못한다.

⑤ 무력감을 느낀다.

⑥ 두려움을 느낀다.

또한 학대를 경험한 아동은 다음과 같은 행동을 취할 가능성이 크다(Straussner & Isralowitz, 2011; Redden, 2013; Keith & van Heeringen, 2009):

① 나중에 알코올이나 기타 약물을 남용한다.

② 가출한다.

③ 고립되어 지낸다.

④ 자살한다. 즉, 아동기의 학대 경험은 나중에 아동이 성장하여 청소년이나 성인이 되었을 때 자살을 유발하는 요인으로 작용할 수도 있다.[13)]

그리고 아동이 두 가지 이상의 학대 형태를 겪을 경우에, 아동의 정신건강 상태는 더 열악해진다(Afifi, 2011). 결국, 아동학대는 나중에 또 다른 사회문제를 유발하는 요인이 될 가능성이 크다.

(나) 사회와 국가에 미치는 영향

아동학대 때문에, 사회와 국가는 비용을 크게 부담하게 된다. 실제로 여러 연구의 결과, 아동학대는 아동의 일생에 걸쳐서 정부에게 엄청난 비용을 부담지우는 것으로 밝혀지고 있다(Snyder & Medeiros, 2013).

13) 이에 대해서는 자살문제를 다루는 장(7장)에서 자세히 논의한다.

3) 아동빈곤과 관련된 용어와 논의

(1) 아동빈곤의 개념

아동빈곤(child poverty)은 성인의 빈곤과 대비되는 용어이다. 유니세프(UNICEF)의 경우, 빈곤아동은 생존하고 발달하고 성장하는 데 필요한 물질적·영적·정서적 자원이 부족한 아동이라고 정의하고 있다(Spicker, Leguizamón & Gordon, 2007). 그러므로 아동빈곤은 아동이 생존하고 발달하고 성장하는 데 필요한 물질적·영적·정서적 자원이 부족한 상태에 있는 것이라고 정의할 수 있다.

그러나 일반적으로 아동빈곤은 아동이 빈곤 상태에서 생활하는 것을 말한다. 대개의 경우, 아동빈곤은 아동이 속한 가족이 빈곤 상태에서 사는 것을 말한다. 따라서 아동빈곤은 가족의 빈곤과 밀접하게 관련되어 있다.

(2) 아동빈곤의 영향

아동빈곤은 아동과 관련된 여러 영역에서 영향을 미친다. 빈곤은 다양한 차원(영역)과 관련되는 특성을 지니기 때문이다. 그러므로 아동빈곤은 아동의 신체적·정서적·인지적·사회적 복리를 낮추는 요인으로 작용한다(Brooks-Gunn, 1995; 노병일, 2013).

빈곤아동이 빈곤 때문에 겪는 어려움을 영역별로 살펴보면 다음과 같다(노병일, 2012):

① 빈곤아동은 적절한 의료를 이용하지 못하고, 적절한 영양을 얻지 못하고, 생활환경이 안전하지 못할 가능성이 크다. 그리고 이런 불리함은 빈곤아동의 건강에 전 생애에 걸쳐서 부정적으로 영향을 미칠 가능성이 크다.

② 빈곤아동은 정신건강과 관련된 문제를 겪을 가능성이 크다. 그리고 이런 정서적 불리함 때문에, 빈곤아동은 비행과 같은 행위에 가담할 가능성이 크다.

③ 빈곤아동은 인지적 능력과 학업 성취에서 불리할 가능성이 크다.

결국, 아동빈곤은 나중에 또 다른 사회문제를 유발하는 요인이 될 가능성이 크다.

▲ 라오스의 탁밧행렬과 빈곤아동: 아동빈곤은 여러 영역에서 영향을 미친다.
사진: 라오스 루앙프라방에서 저자 찍음.

4) 보육과 관련된 용어와 논의

(1) 보육의 개념

보육은 아동을 보살피는 것이다. 보육에 대해 정의한 것을 몇 가지 살펴보면 다음과 같다(Barker, 2003; Robinson, 1985; 국가법령정보센터, 2013):

① 미국의 전국사회사업가협회에서 간행한 사전에 따르면, 보육은 부모나 보호자가 아동을 보살피기 어려울 경우에 이런 아동을 보살펴 주는 시설과 프로그램을 의미한다.

② 미국 정부에 따르면, 보육 서비스는 어린 아동이나 취학 전 아동을 아동의 가정 내부 또는 가정 밖에서 하루의 일정 시간 동안 직접 보살피거나 또는 이들에게 보호를 제공하기 위한 포괄적이고 통합된 일단의 활동을 의미한다.

③ 우리나라의 영유아보육법에 따르면, 보육은 "영유아를 건강하고 안전하게 보호·양육하고 영유아의 발달 특성에 맞는 교육을 제공하는 어린이집 및 가정양육 지원에 관한 사회복지 서비스"를 의미한다.

그러므로 정리하건대, 보육은 부모가 아동을 보살피고 양육하는 것을 보충하는 전문적인 조치라고 볼 수 있다(노병일, 2012).

(2) 보육의 의의

보육은 여러 가지 의의를 지니고 있다. 그중에서 보육은 다음과 같은 의의가 있다(노병일, 2012):

① 노동시장에 참여하는 부모의 욕구를 충족한다.
② 아동이 더 잘 발달하게 한다.
③ 취약한 아동을 교육적으로 자극한다.
④ 부모에게 휴식할 수 있는 기회를 제공한다.
⑤ 경제 영역에 직접·간접적으로 도움을 준다.

(3) 보육의 영향[14)]

보육은 여러 가지 영역에서 아동발달에 유리하게 작용하는 것으로 알려져 있다. 일반적으로 보육은 아동에게 다음과 같이 긍정적으로 영향을 미친다(노병일, 2012):

① 아동이 더 잘 발달할 수 있다. 좋은 보육을 제공할 경우, 아동은 안전하고 건전하고 자극을 주는 환경에서 성인과 잘 상호작용 할 수 있다. 그리고 좋은 보육 환경에서는 학습 기회와 신뢰하는 관계가 합쳐져서, 아동이 신체적·정서적·사회적·지적으로 더 잘 발달할 수 있다.
② 아동은 이웃에서보다도 더 광범위한 친구관계를 형성할 수 있다.
③ 아동은 부모 이외의 다른 성인과도 어울려 지내는 방법을 배울 수 있다.
④ 아동은 보육교사가 지도하는 활동에 참가할 수 있고, 이에 따라 아동은 새로운 경험을 하는 기회를 가질 수 있다. 이것은 장애를 가진 아동이나 친구를 사귀기 어려운 아동에게 특히 그렇다.

14) 보육의 영향은 위에서 제시한 '보육의 의의'와 일부 중복된다.

결국, 보육은 나중에 또 다른 사회문제가 발생하는 것을 방지하는 요인으로 작용할 가능성이 크다.

▲ 자녀를 아침에 유치원에 데려다주는 중국 부모들: 보육은 아동이 잘 발달하게 한다.
사진: 중국에서 저자 찍음.

정 리

- 일반적으로 아동은 18세 미만의 사람을 일컫는다. 하지만 우리나라에서 아동에 대한 나이는 법에 따라 차이가 난다.
- 일반적으로 아동권리는 아동의 인권을 말한다. 아동권리와 밀접한 관련이 있는 것이 유엔 아동권리협약인데, 이 협약은 전 세계에서 국가의 아동정책과 아동·가족의 생활에 영향을 미치고 있다.
- 아동학대는 보호자·성인이 아동의 복리에 해로운 신체적·정신적·성적 행위, 방임, 기타 부당한 행위를 하는 것을 말한다. 아동학대의 형태를 신체적 학대, 정서적 학대, 성적 학대, 방임으로 구분하는 경우가 많다. 아동학대는 아동발달에 매우 부정적으로 영향을 미친다.
- 일반적으로 아동빈곤은 아동이 빈곤 상태에서 생활하는 것을 말한다. 아동빈곤은 아동의 신체적·정서적·인지적·사회적 복리를 낮추는 요인으로 작용한다.
- 보육은 부모가 아동을 보살피고 양육하는 것을 보충하는 전문적인 조치를 말한다. 보육은 여러 영역에서 아동발달에 유리하게 작용한다.

제 3 절

주요 아동문제의 현황

1) 일반적 현황

현대의 아동이 실제로 살고 있는 현실은 밝은 편이 아니다. 이런 예를 몇 가지 살펴보면 다음과 같다(Hill & Tisdall, 1997; Wise, 2001; Sarri, 1996; 김미숙, 2011):

① 우리나라의 경우, 아동복지에 대한 지출은 적은 편이다. 예를 들어 우리나라의 경우, 아동 1인당 복지비는 노인이나 장애인 1인당 복지비에 비해서 매우 적은 실정이다. 그리고 우리나라는 경제협력개발기구(OECD)에 속한 국가들 중에서 아동 및 가족과 관련된 복지 영역에 지출하는 수준이 가장 낮은 것으로 조사된 바 있다.

② 미국의 경우, 사회가 아동 중심적이라고 말하고 있지만, 실제로 사회는 이런 방향으로 나가고 있지 않다는 비판을 받고 있다.

③ 영국의 경우, 아동에게 다양하게 기회를 제공하고 있지만, 이에 못지않게 아동에게 여러 가지 문제점과 제약도 나타나고 있다.

④ 호주의 경우, 어떤 기준을 두고 보아도 아동이 겪는 문제는 심각하며, 이런 문제는 개선될 조짐이 보이지 않는다고 지적된 바 있다.

대개의 경우, 현대에 들어서 아동문제는 더 심각해지는 방향으로 나가고 있다.

2) 주요 아동문제의 현황

(1) 아동학대

아동학대가 실제로 어느 정도 발생하는지에 대해서는 확실하게 알려져 있지 않다.

(가) 우리나라의 현황

우리나라의 경우, 한국이웃사랑회가 1990년대 후반부에 초등학생 4,298명을 조사한 바에 따르면, 응답자의 31.9%는 심한 구타를 당하였고, 응답자의 10.4%는 묶이고 흉기로 위협받는 등의 심한 학대를 당하였다. 또한 2002년의 경우, 우리나라에서 아동학대로 신고된 전체 사례는 6,507건이었다.

한국보건사회연구원에서 2007년에 전국적으로 실시한 조사에 따르면, 우리나라에서 아동학대가 발생하는 비율은 약 67%였다. 즉, 이 당시에 우리나라에서는 아동 10명당 6.7명 정도가 아동학대를 경험한 것으로 나타났다.

또한 우리나라의 중앙아동보호전문기관이 조사한 바에 따르면, 우리나라에서 2010년에 아동학대로 신고된 사례는 5,657건이었다(노병일, 2012).

(나) 선진국의 현황

일부 선진국에서 아동이 학대를 경험하는 상황을 살펴보면 다음과 같다(노병일, 2012; National Center for Injury Prevention and Control, 2013):

① 미국의 경우, 아동학대는 널리 나타나는 문제이다. 일반적으로 미국에서는 아동학대로 신고되는 사례가 매년 3백만 건이 넘는다. 이렇게 신고된 사례들 중에서, 1백만 건은 나중에 사실인 것으로 드러나고 있다. 그리고 미국의 경우, 아동학대 때문에 사망하는 아동이 매년 2천 명 정도에 이르는 것으로 추정되고 있다. 이것은 하루에 5명의 아동이 아동학대와 관련해 사망하는 셈이다. 어떤 전문가들은 매년 5천 명이 아동학대와 관련해 사망한다고 추정하기도 한다.

미국의 아동보호국(Child Protective Service)에 소속된 기관의 자료에서는, 2010년에 69만 5천 명이 아동학대를 겪은 것으로 나타난 바 있다. 그리고 이에 추가해서 미국에서는 아동학대 때문에 2010년에 1,560명의 아동이 사망한 것으로 밝혀진 바 있다.

② 영국의 경우, 아동학대를 좁게 정의한다 해도, 학대를 경험할 가능성이 있는 아동의 수가 매년 1백만 명에 이를 것이라고 예상된 바 있다. 또한 영국의

경우, 아동학대가 직접적인 원인이 되어 한 주에 적어도 한 명의 아동이 사망한다고 조사된 바 있다(노병일, 2012).

아동학대 통계 관련 유의점

아동학대에 관한 통계 자료에 나타난 것은 실제로 신고된 사례이다. 그리고 아동학대의 모든 사례를 전문가가 접할 수 있는 것은 아니다. 왜냐하면 아동학대의 사례는 신고되지 않을 가능성이 있고, 또한 실제로 아동학대는 잘 신고되지 않는 경향이 있기 때문이다. 이것은 성적 학대의 경우에 더욱 그렇다.

그러므로 아동학대가 실제로 발생하는 비율은 신고된 비율보다 더 높을 가능성이 크다. 우리나라의 경우, 아동학대로 추정되는 사례의 수에 비해서 실제로 신고되는 사례의 수는 매우 적은 편이다(Rae, McKenzie & Murray, 2010; 김혜영·석말숙, 2002).

(2) 아동빈곤

아동빈곤의 현황을 일부 살펴보면 다음과 같다.

(가) 우리나라의 현황

우리나라의 경우, 빈곤아동의 수는 많은 것으로 추정되고 있다. 우리나라에서는 2000년대 초에 아동빈곤율을 15% 정도로 추정한 바 있다(노병일, 2013).

(나) 선진국의 현황

선진국에서 아동이 빈곤 상태에 있는 현황을 살펴보면 다음과 같다(노병일, 2013; Bastos, 2008; Caritas Europa, 2010, 노병일, 2013):

① 유니세프(UNICEF)에서 조사한 바에 따르면, 1990년대 초 이후부터 선진국의 아동빈곤율은 높아지고 있다.

② 미국은 전 세계에서 가장 잘 사는 국가에 속한다. 그러나 미국은 빈곤문제가 매우 심각한 국가이기도 하다. 이것은 빈곤 상태에서 살고 있는 아동의 경우

에 특히 그렇다. 실제로 미국에서는 빈곤 상태에서 살고 있는 아동의 수가 계속해서 증가하고 있다.

③ 유럽연합의 경우, 2000년대 초에 약 20%의 아동이 빈곤 상태에서 생활하고 있는 것으로 밝혀진 바 있다. 그리고 대부분의 유럽 국가에서도 아동빈곤이 더 심각해지고 있다.

(3) 보육

우리나라의 경우, 보육시설(어린이집)의 수는 매년 증가하고 있다.[15] 예를 들어 우리나라에서 1997년과 2011년 사이에, 전체 어린이집의 수는 2.6배 증가하였다.

그러나 전체 어린이집들 중에서 국공립 어린이집이 차지하는 비율은 매우 낮은 편이다. 예를 들어 2011년의 경우, 전체 어린이집들 중에서 국공립 어린이집이 차지하는 비율은 약 5%밖에 되지 않았다(보건복지부, 2012).

우리나라의 경우, 어린이집을 이용하는 아동의 수는 매년 증가하고 있다. 예를 들어 우리나라에서 1997년과 2011년 사이에, 어린이집을 이용하는 아동의 수는 2배 이상 증가하였다.

그러나 우리나라에서는 국공립 어린이집의 수가 적기 때문에, 어린이집을 이용하는 전체 아동들 중에서 국공립 어린이집을 이용하는 아동이 차지하는 비율은 매우 낮은 편이다. 예를 들어 2011년의 경우, 어린이집을 이용하는 전체 아동들 중에서 국공립 어린이집을 이용하는 아동이 차지하는 비율은 약 11%밖에 되지 않았다(보건복지부, 2012).

한편, 우리나라에서 노동시장에 참여하고 있는 여성의 비율은 높아지고 있다. 이에 따라 우리나라에서 보육에 대한 수요는 계속해서 증가할 것으로 보인다(노병일, 2012).

---

15) 우리나라의 영유아보육법에서는 보육시설을 '어린이집'이라고 부르고 있다.

정 리

- 현대의 아동이 실제로 살고 있는 현실은 밝은 편이 아니다.
- 아동학대가 실제로 어느 정도 발생하는지에 대해서는 정확히 알려져 있지 않다. 그러나 우리나라와 선진국에서 학대를 경험하는 아동의 수는 많은 것으로 추정된다.
- 우리나라와 선진국에서 아동빈곤율은 높은 편이다.
- 우리나라에서는 국공립 어린이집이 차지하는 비율이 낮은 편이다.

제 4 절 아동문제와 관련된 관점

아동과 관련된 사회문제는 기능주의 관점, 갈등주의 관점, 여성주의 관점에서 분석할 수 있다. 이를 구체적으로 살펴보면 다음과 같다.

1) 기능주의 관점

현대에 들어서, 불안정한 가족이나 갈등을 겪는 가족에게서 자라는 아동이 점점 많아지고 있다. 그 결과 많은 아동이 심각한 문제를 겪고 있다. 그러나 기능주의 관점에서는, 아동이 가진 특별한 욕구를 충족시켜 줄 것으로 기대되는 제도와 기관이 혼란을 많이 겪고 있다고 보고 있다(Coleman & Cressey, 1999).

예를 들어 현대에 들어서 예전에 가족이 수행하였던 기능의 일부를 학교 및 사법제도와 같은 기관이 수행하고 있다. 그러나 이런 기관들은 가족이 예전에 제공하던 지지적인 환경을 제대로 제공하지 못하고 있다. 더구나 현대의 경우, 아동을 위해 자금을 더 지출하고 심리적으로 더 관여할 의지가 부족한 것처럼 보인다.

그러므로 기능주의 관점에서 볼 경우, 아동을 전통적으로 보살펴 온 사회제도를 재조직하는 작업이 필요하고, 또는 이런 것을 더 효과적으로 실행에 옮길 수 있는 새로운 기관을 만드는 작업이 필요하다(Coleman & Cressey, 1999).

2) 갈등주의 관점

갈등주의 관점에서는, 정부가 아동문제에 관심을 가지지 않는 이유는 계급 갈등 때문이라고 보는 경우가 많다. 갈등주의 관점에 따르면, 부유층과 권력층은 정부가 아동을 돕고자 노력하는 것을 막아 왔다. 왜냐하면 부유층은 자신의 아동을 보살피기 위해서 정부의 도움이 필요하지 않기 때문이다.

갈등주의 관점에서 볼 경우, 생활 주기와 관련된 문제에 대해 가장 효과적으로 대처하는 것은 정치적 행동이다. 그러나 아동은 다른 층에 비해서 힘이 훨씬 약하다. 즉, 아동은 정치적 경험이 부족하고, 자금이 거의 없고, 투표할 수 없다. 그러므로 갈등주의 관점에서는, 아동이 정치적으로 관여하기 위해서는 아동의 이해관계를 위해서 투쟁하려는 성인층이 있어야 한다고 보고 있다(Coleman & Cressey, 1999).

3) 여성주의 관점

여성주의 관점의 경우, 아동이 겪는 문제에서 여성은 중요한 역할을 한다고 보고 있다. 또한 여성주의 관점의 경우, 여성은 아동문제와 관련해 남성보다 더 많이 책임을 지고 있다고 보고 있다.

그러므로 여성주의 관점에서는 정부가 더 나설 것을 강조하고 있다. 여성주의 관점에 따르면, 정부는 아동이 있는 빈곤가족에게는 금전적으로 더 많이 지원할 수 있고, 또한 아동을 보살피는 사람에게는 세금과 관련된 혜택을 더 많이 줄 수 있다(Coleman & Cressey, 1999).

정 리

- 기능주의 관점에서는, 아동의 특별한 욕구를 충족시켜 줄 것으로 기대되는 제도·기관이 혼란을 많이 겪고 있다고 본다. 그러므로 기능주의 관점에 따르면, 아동을 전통적으로 보살펴 온 사회제도를 재조직하거나 또는 이런 것을 더 효과적으로 실행에 옮길 수 있는 새로운 기관을 구축할 필요가 있다.
- 갈등주의 관점에서는, 아동은 다른 층에 비해 정치적 힘이 훨씬 약하다고 본다. 그러므로 갈등주의 관점에 따르면, 아동의 이해관계를 위해 투쟁하는 성인층이 많을 필요가 있다.
- 여성주의 관점에서는, 아동문제에서 여성은 중요한 역할을 하고 있고 남성보다 더 많은 책임을 진다고 본다. 그러므로 여성주의 관점에 따르면, 정부가 더 나설 필요가 있다.

제 5 절 아동문제의 해결 방안

아동과 관련된 사회문제에 대해 앞에서 제시한 논의와 현황 및 관점에 근거해, 아동문제를 퇴치하거나 완화하기 위한 방안을 몇 가지 제시하면 다음과 같다.

1) 전반적 방안

아동은 권력을 가지고 있지 않기 때문에, 정책을 결정하는 과정에서 가장 적은 목소리를 낼 수밖에 없다. 실제로 아동은 힘이 가장 약한 집단에 속한다(노병일, 2012). 그 결과 아동과 관련된 사회문제는 쉽게 해결되지 않는 경향이 있다.

그러므로 아동과 관련된 사회문제를 퇴치하기 위해서는 아동권리가 제대로 실현되는 방향으로 나가게 할 필요가 있다. 그리고 이를 위해서는 사회 구성원에게 아동권리를 더 잘 이해시키는 조치를 취할 필요가 있다.

2) 영역별 방안

(1) 아동학대와 관련된 방안

(가) 예방적 접근

아동학대를 퇴치하는 가장 좋은 방법은 일차 예방이다. 더구나 아동학대를 예방하는 것은 아동학대를 치료하는 것보다 훨씬 더 효과적이다(노병일, 2012). 그러므로 아동학대를 예방하는 데 주목하는 조치를 취할 필요가 있다.

(나) 아동보호적 환경의 구축

아동학대는 개인의 힘만으로 퇴치하기 어렵다. 따라서 사회 전체가 아동을 보호하는 환경이 구축되어야 한다. 그러므로 국가와 사회와 가족이 모두 나서서, 아동을 보호하는 환경을 만들 필요가 있다.

유니세프(UNICEF)가 제시하는 방안

유니세프(UNICEF, 2006)는 아동을 보호하는 환경을 구축하기 위해서는 다음과 같은 측면에 관심을 가져야 한다고 주장한 바 있다:

① 정부가 관여한다.
② 아동학대를 방지하는 법을 제정하고 시행한다.
③ 아동학대에 대한 태도와 관습과 관행을 바꾼다.
④ 아동학대에 대해 공개적으로 논의한다. 즉, 아동에 대한 학대는 사적인 문제가 아니므로 공적으로 관심을 가진다.
⑤ 아동에게 학대 상황을 피하는 방법, 아동권리와 관련된 지식, 아동학대에 대처하는 방법을 교육한다.
⑥ 아동학대에 대해 가족과 지역사회가 관여한다.
⑦ 아동학대와 관련된 중요한 서비스를 제공한다.
⑧ 아동학대에 대해 체계적으로 감시하고 신고하고 감독한다.

(2) 아동빈곤과 관련된 방안

(가) 정서적·사회적 서비스의 제공

아동이 빈곤 상태에 놓이면 물질적 어려움이 당연히 따르지만, 동시에 정서적·사회적 영역에서의 어려움도 따르게 된다. 따라서 빈곤아동과 그 가족을 위한 효과적인 방안에서는 소득을 증대하는 측면뿐만 아니라 서비스 측면도 고려하여야 한다(Chafel & Hadley, 2001). 그러므로 빈곤아동과 그 가족에게는 여러 가지 정서적·사회적 서비스를 제공할 필요가 있다.

(나) 조기개입 프로그램의 실시

빈곤아동은 여러 영역에서 취약하다. 빈곤아동의 이런 취약성은 빈곤이 대물림되는 상황을 유발할 수 있다. 그러므로 빈곤한 취학 전 아동에게 조기에 개입하는 프로그램을 실시할 필요가 있다.

이 경우, 조기개입 프로그램에서는 학업 측면에 특히 관심을 가질 필요가 있다. 왜냐하면 조기개입 프로그램을 통해서 빈곤아동에게 어린 시기에 학업과 관련된 인지 능력을 향상시켜 줄 경우, 빈곤아동이 나중에 일자리를 얻을 가능성이 커지기 때문이다(McLoyd, 2000).

(3) 보육과 관련된 방안

(가) 보육의 질의 증진

보육에서 질적 요인은 보육의 효과에 영향을 미치고 있다. 실제로 경제협력개발기구(OECD)가 조사한 자료에 따르면, 보육시설(어린이집)의 양적 측면 못지않게, 보육시설(어린이집)의 질적 측면도 중요하다(노병일, 2012). 그러므로 보육시설(어린이집)을 더 적극적으로 지원하여 보육의 질적 수준을 높이는 조치를 취할 필요가 있다.

(나) 공보육의 증진

보육이 공적 성격을 더 가지게 되면, 보육은 질적으로 더 향상될 가능성이 크다. 그러나 우리나라에서는 민간 보육시설(어린이집)이 공공 보육시설(어린이집)에 비해 상대적으로 많이 발달되어 있는 편이다. 보육이 민간 영역에 크게 의존하면 시장경제의 논리가 크게 작용하여 보육의 공공성이 약화될 가능성이 있다(노병일, 2012). 그러므로 보육의 공공성을 증진하는 조치를 취할 필요가 있다.

정 리

- 아동과 관련된 사회문제를 퇴치하기 위해서는 아동권리가 제대로 실현되는 방향으로 나가게 할 필요가 있다.
- 아동학대를 퇴치하기 위해서는 예방에 주목하는 조치를 취하고, 사회 전체가 아동을 보호하는 환경을 만들 필요가 있다.
- 아동빈곤을 퇴치·완화하기 위해서는 빈곤아동에게 정서적·사회적 서비스를 제공하고, 조기 개입 프로그램을 실시할 필요가 있다.
- 보육의 효과를 증진하기 위해서는 보육의 질적 수준을 높이고, 보육의 공공성을 증진시킬 필요가 있다.

CHAPTER 04

청소년문제

Social Problems

차 례

제1절 청소년과 사회문제

청소년기(adolescence)는 인간의 삶에서 아동기와 성인기의 중간에 있는 시기이다. 그러므로 청소년기는 신체적·사회적·정서적으로 아동기에서 성인기로 변하는 시기이다(de Anda & Franke, 2011; Hussey, 2011).

그러나 청소년기는 빠르고 극적으로 변화하는 시기이다. 그리고 청소년기에는 신체적으로 성숙하지만, 청소년은 여기에 걸맞은 판단력이나 사고를 가지지 못하는 경우가 많다. 이와 관련해 홀(Hall)은[16] 청소년기의 주요한 세 가지 특징으로 기분이 불안정한 점, 부모와 갈등하는 관계에 있는 점, 위험한 행동을 하는 점을 제시한 바 있다. 그리고 홀은 청소년기가 이런 세 가지 특성을 가진다는 점을 보여 주기 위해서 '질풍노도(폭풍과 시련, storm and stress)'라는 용어를 사용하였다(Hussey, 2011).

따라서 청소년은 사회에서 청소년에게 기대하는 바와는 다른 행동을 할 가능성이 상대적으로 큰 집단이다. 그 결과 현대 사회에서는 청소년과 관련해 많은 사회문제가 나타날 가능성이 있다.

예를 들어 청소년은 학교를 특별한 대책이 없이 그만둘 수 있다. 청소년기는 학업이 주요 활동이 되는 시기이다. 따라서 청소년의 많은 활동은 학교 및 학업과 관련되고 있다. 그렇지만 학교 생활이나 학업은 즐거운 일이 아닐 수도 있다. 이런 경우에 청소년은 학교를 자퇴할 수 있다. 그러나 학업은 청소년이 성인이 되어 사회에서 나름의 역할을 하기 위한 토대가 된다. 따라서 청소년이 특별한 대책이 없이 학업을 중단하는 것은 청소년의 미래에 매우 부정적으로 영향을 미칠 가능성이 크다. 무엇보다도 자본주의 사회에서 교육 수준은 소득 수준과 밀접히 관련되기 때문에, 청소년의 자퇴는 성인기에 경제적 어려움을 유발하는 요인으로 작용할 가능성이 있다. 또한 학교는 청소년이 친구나 교사와 관계를 맺음으로써 사회 생활을 미리 배우고 경험하는 공간이다. 따라서 청소년의 자퇴는 이런 공간을 떠나 새로운 세계에서 사회 생활을 배우는 길이 된다. 그러나 이런 새로운 세계는 청소년에게 새로운 문제를 유발할 수도 있다. 그러므로 청소년의 자퇴는 단지 학교를 그만둔다는 것만을 의미하는 것이 아니다.

그리고 청소년은 가족의 상황이 자신을 지지하는 상황이 아닐 경우에, 가출하는 방식으로 문제를 해결하려고 할 수 있다. 예를 들어 청소년의 가족 구조가 불안정하거나 가정에서 부모나 기타 가족 구성원과 자주 마찰을 일으킬 경우, 청소년은 자신의 집을 나오는 방식을 선택할 수 있다. 청소년이 가출하는 행위는 청소

16) 홀은 '청소년기'라는 용어를 처음으로 사용한 사람이다(여기에 대해서는 뒤에서 설명한다).

년이 문제 상황을 벗어나는 길이 될 수도 있다. 하지만 청소년 가출은 그나마 존재하던 보호망에서 벗어나서 매우 위험한 세계로 들어가는 식으로 작용할 가능성이 매우 크다. 더불어 청소년 가출은 청소년에게 많은 문제들을 새롭게 유발하는 요인이 될 가능성이 크다.

또한 청소년이 약물을 사용하는 사례도 많아지고 있다. 우선, 일부 청소년의 경우, 알코올이나 담배를 사용하고 있다. 이외에도 일부 청소년은 쉽게 구할 수 있는 환각성 물질(예컨대 본드)을 사용하고 있다. 본드와 같은 것은 불법 약물은 아니다. 그러나 청소년이 물질을 본래 의도하지 않은 목적으로 사용하는 것은 청소년 개인의 건강에 크게 부정적 영향을 미친다.

위에서 제시한 여러 행위들은 청소년 개인뿐만 아니라, 청소년의 가족, 또래, 지역사회, 전체 사회에도 크게 영향을 미친다. 이런 까닭에, 이런 행위들은 사회적 성격을 지닌다. 그리고 이런 행위들이 현재 당장은 영향을 미치지 않을지라도, 한참의 시간이 흐른 후에 여러 수준에서 심각하게 영향을 미칠 수 있다. 따라서 단기적으로 보거나 장기적으로 볼 때, 위에서 제시한 행위들은 사회가 크게 주목하여야 할 문제들이다.

우리나라에서 청소년복지와 관련된 주요한 사회문제의 예로 청소년이 특별한 대책이 없이 학교를 자퇴하는 것과 관련된 문제, 청소년이 가출하는 것과 관련된 문제, 청소년이 약물을 사용하는 것과 관련된 문제를 들 수 있다.[17)]

정 리

- 청소년기는 빠르고 극적으로 변화하는 시기이므로, 청소년은 사회에서 기대하는 바와는 다른 행동을 할 가능성이 상대적으로 크다.
- 청소년복지와 관련된 주요한 사회문제의 예로 청소년의 자퇴, 청소년의 가출, 청소년의 약물 사용을 들 수 있다.

17) 청소년의 자살과 관련된 문제는 자살문제를 다루는 장(7장)에서 설명한다.

제 2 절

주요 용어와 논의

1) 기본 용어와 논의

(1) 청소년과 청소년기

(가) 청소년

청소년은 청소년기에 있는 사람을 말한다. 청소년에 대한 정의는 나이로 정하는 경우가 많다. 따라서 청소년에 대한 정의는 청소년기의 시기와 밀접하게 관련되어 있다.

청소년기(청소년)에 대한 규정은 기관이나 국가에 따라 차이가 난다. 이런 예를 몇 가지 살펴보면 다음과 같다(Hussey, 2011; de Anda & Franke, 2011; 국가법령정보센터, 2013):

① 세계보건기구(WHO)에 따르면, 청소년기는 10~19세의 인생 시기를 말한다.

② 우리나라의 법에서는 청소년에 대한 정의가 일치되어 있지 않다. 예를 들어 우리나라의 청소년기본법에서는, 청소년은 9세 이상 24세 이하의 사람이라고 정의하고 있다. 그러나 우리나라의 청소년보호법에서는, 청소년은 19세 미만의 사람이라고 정의하고 있다.

③ 미국에서는 청소년기가 약 12~13세에 시작한다고 보는 경우가 많다.

④ 홀(Hall)에 따르면, 청소년기는 12세에 시작해서 22~25세까지 계속되는 시기를 말한다.

그러므로 청소년이 시작되고 끝나는 나이에 대해서는 학자나 기관들 사이에 의견이 통일되어 있지 않다.

(나) 청소년기

청소년기라는 개념은 20세기 초에 홀(Hall)이 처음으로 제시하였다. 따라서 청소년기는 후기 산업사회에 들어서 나타난 현상인 것으로 보인다. 하지만 위에서 보았듯이, 청소년기를 명확하게 정하는 것은 쉬운 일이 아니다.

여성의 경우에는, 생리가 처음으로 시작되는 것을 청소년기로 들어섬을 비교적 분명하게 보여 주는 생물학적 기준으로 삼을 수 있다. 그러나 남성의 경우에는 청소년기로 들어가는 것을 보여 주는 분명한 생물학적 기준이 없다. 그리고 청소년기가 언제 끝나는지를 보여 주는 기준은 더욱 분명하지 않다(de Anda & Franke, 2011).

(다) 사춘기

청소년기의 경우, 사춘기(puberty)가 시작함과 더불어 청소년이 가지는 특성이 잘 나타난다. 모든 문화에서는 사춘기를 공식적으로 또는 비공식적으로 인정해 왔다.

사춘기는 성적 성숙과 관련된 생물학적 변화와 심리적 변화가 나타나는 시기를 말한다(de Anda & Franke, 2011). 우선, 사춘기는 아동에게 2차적인 성적 특징이 발달하는 단계이다. 사춘기에는 호르몬이 변화하고, 그 결과로 생식 기관이 빠르게 성숙한다.

그러나 사춘기에 호르몬이 증가하지만, 뇌는 이에 걸맞게 발달하지 못하는 경우가 많다. 그 결과 사춘기에는 다음과 같은 상황에 놓이는 경우가 많다(Hussey, 2011):

① 청소년은 겉으로 보기에는 신체적으로 성숙한 성인처럼 보일 수 있다. 그러나 청소년은 완전히 성숙한 성인처럼 생각하고 행동하지 못할 수 있다.

② 청소년은 건강 상태가 좋고 민첩하고 어려움에 잘 대처한다. 그러나 청소년기에는 사망률도 높은 편이다.[18] 그러므로 청소년기는 모순적인 측면을 지니고 있다.

(2) 청소년의 발달

청소년 시기에 대해서는 통일이 되어 있지 않지만, 청소년이 발달하는 단계는 비슷하다. 대개의 경우, 청소년기를 청소년기 이전 시기, 초기 청소년기, 중간 청소년

18) 청소년기에 사망하는 것은 행동과 감정을 통제하는 문제와 관련되는 경우가 많다.

기(엄격한 의미의 청소년기), 후기 청소년기로 구분하고 있다(de Anda & Franke, 2011).

한편, 1980년대 중반 이후부터 자연과학에서 실시한 아동 발달에 대한 연구에서는 뇌에 주목하는 경우가 많아 왔다. 이런 연구에서는 뇌의 내부 구조와 뇌가 중요한 환경적 영향에 반응하는 것에 주목하는 경우가 많다.

이에 비해서 사회과학에서는 청소년 발달의 사회정서적 맥락을 밝히는 데 주목하는 경우가 많아 왔다. 이 경우에는 청소년을 지지하는 환경에서 청소년의 장점과 능력을 지속적으로 발달시키는 것을 강조하고 있다(Hussey, 2011).

이것은 '천성(nature)'과 '환경(nurture)' 사이의 역동적인 상호작용을 보여 준다. 즉, 이것은 뇌의 발달과 사회정서적 발달 사이의 역동적인 관계를 보여 준다. 천성과 환경 사이의 이런 상호작용은, 청소년문제를 효과적으로 예방하고 관련 서비스를 제공하는 것과 관련해 매우 중요한 의미를 지닌다(Hussey, 2011).

2) 청소년 자퇴와 관련된 용어와 논의

(1) 청소년 자퇴의 개념

위키피디어(Wikipedia, 2013d) 백과사전에 따르면, 자퇴(dropout, dropping out)는 현실적인 이유가 있거나 또는 자신이 속한 제도에 환멸을 느껴서 학교나 집단을 떠나는 것을 말한다. 그러나 자퇴라는 표현은 학생이 학교 다니기를 중간에 그만두는 것을 의미하는 식으로 사용되는 경우가 많다. 따라서 청소년 자퇴는 청소년이 학교를 중도에 그만두는 것을 가리킨다고 볼 수 있다.

▲ 통근기차를 기다리는 청소년들: 청소년 자퇴는 청소년이 학교를 중도에 그만두는 것을 말한다.
사진: 대만(Taiwan)에서 저자 찍음.

(2) 청소년 자퇴의 이유

청소년이 한 가지 이유만으로 자퇴하는 경우는 드물다. 따라서 청소년이 자퇴하는 이유에는 여러 가지가 있다. 일반적으로 청소년이 자퇴하는 이유에는 학교와 관련된 이유도 있고 학교와 관련되지 않은 이유도 있다. 이 경우, 학교와 관련된 이유로 다음과 같은 것이 있다(Bridgeland, DiIulio & Morison, 2006; Franke & de Anda, 2011; Wikipedia, 2013d):

① 학교의 교과 과정이 자신과 관련이 없다고 생각하기 때문이다. 예를 들어 학교에서 배우는 내용이 자기가 바라는 직업과는 관련이 없는 탓에, 수업이 지루하다고 느끼기 때문이다.

② 학교나 공부에 관심이 적기 때문이다. 예를 들어 공부하려는 동기가 부족하기 때문이다.

③ 교사에 대해 불만을 가지기 때문이다.

④ 제대로 적응하지 못할 것을 두려워하기 때문이다.

⑤ 학교가 안전하지 않다고 생각하며 두려워하기 때문이다. 예를 들어 학교에서의 폭력이나 괴롭힘을 피하려고 하기 때문이다.

⑥ 학교의 엄한 분위기가 싫기 때문이다.

⑦ 성적이 나쁘기 때문이다.

학교와 관련되지 않은 이유로는 다음과 같은 것이 있다(Bridgeland, DiIulio & Morison, 2006; Franke & de Anda, 2011; Wikipedia, 2013d):

① 재정적으로 어렵기 때문이다. 예를 들어 일자리를 구하려고 하기 때문이다.

② 가족이 문제가 있기 때문이다. 예를 들어 가족 구성원을 돌보아야 하기 때문이다.

③ 약물을 남용하기 때문이다.

④ 우울하거나 정신건강과 관련해 문제가 있기 때문이다.

⑤ 임신하여 결혼하여야 하기 때문이다.

⑥ 가족이 매우 어려운 상황에 있기 때문이다.

(3) 청소년 자퇴의 과정

청소년이 자퇴를 결정하는 것은 갑자기 진행되는 것이 아닌 것으로 밝혀지고 있다. 즉, 대부분의 청소년은 학교를 갑자기 그만두지 않는다는 것이다. 따라서 청소년의 자퇴는 서서히 진행되는 과정을 거친다(Bridgeland, DiIulio & Morison, 2006).

예를 들어 미국의 전국 자퇴방지센터(National Dropout Prevention Center)가 실시한 조사에 따르면, 자퇴는 오랜 기간의 과정을 통해서 발생한다. 그리고 어느 경우에는 자퇴가 아동이 유치원이나 어린이집에 등록하기 전에 시작되기도 한다. 그러므로 어느 보고서에서는 고등학생의 자퇴를 '조용한 전염병(silent epidemic)'이라고 부르고 있다.

일반적으로 학교에 출석하는 형태는 청소년이 자퇴할지를 초기에 분명하게 보여 주는 징후라고 볼 수 있다(Hammond et al., 2007; Bridgeland, DiIulio & Morison, 2006).

(4) 청소년 자퇴가 미치는 영향

청소년 자퇴는 여러 수준에서 부정적으로 영향을 미친다. 그리고 장기적으로 볼 때, 청소년 자퇴는 경제적·사회적으로도 영향을 미칠 수 있다(Wikipedia, 2013d). 청소년 자퇴가 미치는 영향을 몇 가지 살펴보면 다음과 같다.

우선, 학교를 그만두는 것은 자퇴하는 청소년 개인에게 매우 부정적으로 영향을 미친다. 이것은 현대와 같이 기술이 발달한 시대의 경우에 특히 그렇다. 왜냐하면 후기 산업사회에서 노동시장에 제대로 참여하기 위해서는 적어도 기본적인 교육이 필요하기 때문이다.

일반적으로 학업을 마친 청소년에 비해서 자퇴 청소년은 나중에 다음과 같은 상황에 놓일 가능성이 훨씬 더 크다(Bridgeland, DiIulio & Morison, 2006):

① 실업 상태에 있다.
② 빈곤 상태에 있다.
③ 교도소에 수감된다.
④ 사망한다.
⑤ 건강이 열악하다.
⑥ 이혼한다.
⑦ 한부모가 된다. 이 경우 자신의 자녀도 자퇴할 가능성이 매우 크다.

그리고 자퇴 청소년의 비율이 높은 것은 개인뿐만 아니라 지역사회와 국가에도 크게 부정적으로 영향을 미친다. 이런 예를 구체적으로 들면 다음과 같다(Bridgeland, DiIulio & Morison, 2006):

① 생산성이 있는 노동력을 잃는다.
② 이들에게는 의료 서비스와 사회 서비스가 더 많이 필요하기 때문에, 지역사회와 국가는 비용을 더 많이 부담하여야 한다.

3) 청소년 가출과 관련된 용어와 논의

(1) 청소년 가출의 개념

미국의 보건·인적서비스부(Department of Health and Human Services)에 따르면, 가출 청소년(runaway youth)은 18세 미만의 사람으로서 부모나 보호자의 허락 없이 적어도 하루 밤을 집에서 나온 사람을 말한다(Franke & de Anda, 2011). 그러므로 청소년 가출은 청소년이 부모나 보호자의 허락 없이 적어도 하루 밤을 집에서 나오는 것을 말한다.

(2) 가출 청소년의 분류

가출 청소년을 이해하기 위해서 여러 가지 분류 방법이 제시되고 있다. 가출 청소년을 분류하는 방법의 하나로, 가출 청소년을 다음과 같이 구분하는 것이 있다(Franke & de Anda, 2011):

① 모험이나 자극적인 것을 찾아서 가출한 청소년이 있다. 이런 청소년은 비교적 안정된 가족에서 살다 가출한 경우가 많다.

② 제대로 기능하지 못하는 가족에서 가출한 청소년이 있다. 이런 가족의 예로 부모가 약물을 남용하는 가족, 신체적으로 학대하거나 성적으로 학대하는 가족이 있다. 가출한 청소년들 중에는 이런 형태의 청소년이 상대적으로 더 많다.

③ 가족으로부터 버림을 받아 가출한 청소년이 있다. 이런 청소년은 가족과 갈등을 겪고 나서 가출하거나 학교와 지역사회에서 문제를 겪은 후에 가출한 경우가 많다.

그러나 일부 학자의 경우, 위와 같은 세 가지 형태에 '버려진(forsaken)' 가출 청소년을 추가하고 있다. 이런 청소년은 가족이 계속해서 도움을 줄 수 없기 때문에 스스로 살아갈 길을 찾으라고 버려진 청소년을 말한다. 이런 청소년은 자아존중감이 낮고 사회적으로 고립된 경우가 많다.

(3) 가출 청소년의 욕구

가출 청소년은 위험한 상태에서 생활할 가능성이 특히 크다(Franke & de Anda, 2011). 그러므로 가출 청소년은 여러 가지 욕구를 가지고 있다.

4) 청소년의 약물 사용과 관련된 용어와 논의

(1) 약물의 개념

일반적으로 약물은 뇌 체계와 신경 체계에 직접적으로 영향을 미치는 습관성 물질을 말한다.[19] 청소년과 크게 관련되는 약물로 알코올, 담배, 불법 약물(마약)이 있다.

(2) 청소년의 약물 사용 이유

(가) 일반적 이유

청소년은 여러 가지 이유 때문에 약물을 사용하거나 남용한다. 청소년이 약물을 시작하는 이유로 다음과 같은 점을 들 수 있다(마약류대책협의회, 2013d):

① 청소년기에는 또래의 영향력이 크기 때문이다. 청소년기에는 소속하고 싶은 욕구가 크기 때문에, 청소년은 약물을 사용하라는 또래의 압력에 영향을 받을 가능성이 매우 크다.

② 청소년은 기성세대에 반항하는 경향이 있기 때문이다. 청소년은 기성세대의 권위에 도전하기 위해 약물을 사용할 수 있다.

③ 청소년은 자신에게 상처를 주었다고 생각하는 사람에게 앙갚음을 하려는 성향이 있기 때문이다. 예를 들어 청소년은 자신의 부모가 자기에게 상처를 주

19) 약물과 관련된 용어에 대해서는 약물문제를 다루는 장(8장)에서 자세히 설명한다.

었다고 생각하고, 이에 대한 앙갚음으로 약물을 사용할 수 있다.

④ 자아존중감이 낮기 때문이다. 자아존중감이 낮은 청소년은 긍정적인 방법을 사용하여 성공하는 길을 택하기보다는 자신에게 부닥친 도전을 피하는 길을 택할 수 있다. 이 경우, 도전을 피하는 길의 하나가 약물을 사용하는 것이다.

그리고 청소년의 정서적 특성은 청소년에게 약물 남용을 유발하는 요인인 것으로 알려져 있다. 구체적으로, 행동 장애를 겪거나 주의집중 문제를 겪는 사람은 청소년기에 약물을 남용할 가능성이 더 크다(Palmer et al., 2013).

(나) 청소년이 흡연하는 이유

흡연이 건강에 나쁘다고 경고함에도 불구하고, 많은 청소년이 흡연을 시작하고 있다. 청소년이 흡연하는 이유에는 다음과 같은 것이 포함될 것으로 보인다(Coleman & Cressey, 1999):

① 흡연이 젊은 층의 반항적 특성을 보여 준다고 인식하기 때문이다.

② 흡연이 청소년의 멋을 보여 준다고 인식하기 때문이다.

(3) 약물 사용이 청소년에게 미치는 영향

(가) 알코올 사용의 영향

알코올 사용은 청소년에게 부정적으로 영향을 미친다. 알코올을 사용하는 것이 청소년에게 미치는 영향을 몇 가지 살펴보면 다음과 같다(Franke & de Anda, 2011):

① 뇌가 손상되고 지적 발달이 늦어질 수 있다. 이 경우 뇌가 영원히 손상될 수 있다.

② 사고, 살인, 자살을 유발할 수 있다. 따라서 알코올은 청소년에게 사망을 유발하는 요인이 된다.

그리고 청소년 시기에 일찍 알코올을 사용하는 것은 나중에 위험하게 알코올을 사용하는 습관을 가져올 수 있다. 따라서 청소년기에 알코올을 사용하는 것은 건강에 좋지 않은 결과를 가져올 수 있다. 특히 청소년이 알코올을 많이 사용하는 것은 다른 약물을 사용하는 '통로(gateway)'로 작용하는 경우가 많다(Hagger-Johnson et al., 2013; Straussner & Isralowitz, 2011).

(나) 마약의 영향

마약이 성인에게 미치는 영향은 청소년에게도 거의 그대로 적용된다.[20] 특히 마약이나 불법 약물을 사용하는 청소년은 다음과 같은 상황에 놓일 가능성이 상대적으로 더 크다(Straussner & Isralowitz, 2011):

① 학교에서 어려움을 겪는다.
② 다른 사람들과의 관계에서 어려움을 겪는다.
③ 정신건강과 신체적 건강이 좋지 않다.

그러므로 마약은 청소년의 건강을 해치고 더 나아가서 청소년의 미래를 해친다.

정 리

- 청소년이 시작되고 끝나는 나이에 대해서는 학자·기관들 사이에 의견 차이가 있다. 사춘기는 성적 성숙과 관련된 생물학적·심리적 변화가 나타나는 시기를 말하는데, 사춘기에는 청소년의 특성이 잘 나타난다. 천성과 환경 사이의 상호작용은 청소년문제를 효과적으로 예방하고 서비스를 제공하는 데 있어 중요한 의미를 가진다.
- 청소년 자퇴는 청소년이 학교를 중도에 그만두는 것을 말한다. 청소년이 자퇴하는 이유에는 여러 가지가 있다. 청소년 자퇴는 서서히 진행되는 과정을 거친다. 청소년 자퇴는 여러 수준에서 부정적으로 영향을 미친다.
- 청소년 가출은 부모나 보호자의 허락 없이 적어도 하루 밤을 집에서 나오는 것을 말한다. 가출 청소년은 여러 욕구를 가진다.
- 청소년은 여러 이유 때문에 약물을 사용한다. 약물을 사용하는 것은 청소년에게 부정적으로 영향을 미친다.

20) 마약이 성인에게 미치는 영향에 대해서는 약물문제를 다루는 장(8장)에서 설명한다.

제3절

주요 청소년문제의 현황

1) 청소년 자퇴

(1) 우리나라의 현황

우리나라의 정부 기관이 파악한 결과, 학업을 중단하는 청소년의 수는 매년 약 6~7만 명인 것으로 나타난 바 있다.[21] 그리고 우리나라에서 학업을 중단하였다가 복귀하는 비율은 약 14%인 것으로 알려져 있다(이진희 · 권영은, 2012).

(2) 선진국의 현황

미국의 경우, 고등학생이 자퇴하는 비율이 1972년에는 6.1%였으나, 2005년에는 3.8%로 나타났다. 그러므로 미국에서 고등학생의 자퇴율은 줄어드는 경향을 보이고 있다. 또한 미국의 고등학교에서 자퇴하는 학생의 수가 매년 120만 명에 이르는 것으로 추정된 바 있다(Franke & de Anda, 2011; Wikipedia, 2013d).

한편, 미국의 경우, 부유층에 속하는 청소년의 자퇴율은 약 2.5%이고, 중산층에 속하는 청소년의 자퇴율은 약 5%인 반면, 소득이 적은 층에 속하는 청소년의 자퇴율은 10%인 것으로 조사되었다. 따라서 소득이 적은 층에 속하는 청소년의 자퇴율은 중산층에 속하는 청소년의 자퇴율보다 2배가 더 높고, 부유층에 속하는 청소년의 자퇴율보다 4배가 더 높은 셈이다(Franke & de Anda, 2011).

2) 청소년 가출

(1) 우리나라의 현황

우리나라의 경우, 예전에는 청소년이 단순한 탈선으로 가출하는 경우가 많았다.

21) 이 수치는 이민이나 유학 때문에 우리나라에서 학업을 중단하는 사례는 제외된 수치이다.

그러나 근래에 들어서는 생존의 문제로 가출하는 청소년의 수가 크게 늘어나고 있다(이진희 · 권영은, 2012).

2011년의 경찰 통계에 따르면, 우리나라에서 가출한 청소년은 약 2만 9,300명에 이르고 있다. 그러나 이 수치는 부모나 친권자가 신고한 경우이다. 하지만 가출 청소년은 부모의 학대와 무관심 속에 거리를 떠도는 경우가 많다(이진희 · 권영은, 2012). 그러므로 실제로 가출하는 청소년의 수는 이보다 더 많을 것으로 추정되고 있다.

청소년 쉼터를 15년 이상 운영해 본 어느 실무자에 의하면, 우리나라 가출 청소년의 수가 적게는 10만 명이고 많게는 20만 명에 이를 것이라고 추정하고 있다(이진희 · 권영은, 2012).

(2) 선진국의 현황

미국의 경우, 1990년대 이후부터 가출 청소년의 수가 크게 증가하고 있다. 예를 들어 미국에서는 가출하는 청소년의 수가 1990년대에는 매년 130~150만 명이었으나, 2000년대 초에는 280만 명으로 늘어난 것으로 추정되고 있다(Franke & de Anda, 2011).

3) 청소년의 약물 사용

(1) 알코올

(가) 우리나라의 현황

우리나라에서 2013년에 발표한 청소년 통계에 따르면, 우리나라의 중 · 고등학생의 현재 음주율은 19.4%였다. 우리나라 중 · 고등학생 10명 중에서 2명은 음주를 하고 있다고 볼 수 있는 것이다. 그러나 우리나라의 경우, 중 · 고등학생의 현재 음주율은 2006년 이후부터 낮아지는 경향을 보이고 있다(통계청 · 여성가족부, 2013).

그리고 우리나라에서 발표한 청소년 통계에 따르면, 우리나라의 청소년이 음주를 처음으로 시작하게 된 계기는 호기심이 가장 많았고, 그 다음으로는 가족·친척의 권유 때문이었다(통계청·여성가족부, 2013).

(나) 선진국의 현황

미국에서 2000년대 초에 실시한 조사에서는, 알코올을 사용해 본 적이 있는 청소년의 비율이 고등학교 3학년의 경우 72.7%, 고등학교 1학년의 경우 61.5%, 중학교 2학년의 경우 40.5%로 나타났다. 그리고 미국의 12~17세 청소년이 현재 알코올을 사용하는 비율이 2002년에는 17.6%였으나, 2005년에는 16.5%로 나타난 바 있다. 그러므로 미국의 청소년이 알코올을 사용하는 비율은 다소 낮아지는 경향을 보이고 있다.

그러나 청소년들 중에서 알코올을 매우 많이 사용하는 청소년이 차지하는 비율은, 2002년에는 2.5%였으나 2005년에는 2.4%인 것으로 나타났다(Franke & de Anda, 2011). 그러므로 알코올을 과다하게 사용하는 청소년의 비율은 크게 낮아지지 않음을 알 수 있다.

그리고 미국에서 12~17세 청소년들 중에서, 알코올을 현재 사용하는 비율은 2002년에는 남성과 여성 사이에 크게 차이가 나지 않은 것으로 밝혀진 바 있다. 그러나 2005년에는 이 비율이 여성은 17.2%이고 남성은 15.9%로 나타났다. 그러므로 알코올을 사용하는 청소년의 비율은 남성보다 여성이 더 높아지는 경향을 보이고 있다(Franke & de Anda, 2011).

한편, 미국의 연구기관에서 조사한 결과, 15세 이전에 알코올을 사용한 청소년들 중에서 약 66%는 다음과 같은 상황에 있는 것으로 밝혀진 바 있다(Franke & de Anda, 2011):

① 알코올을 사용한 적이 없는 청소년에 비해서, 불법 약물을 사용할 가능성이 7.5배 더 크다.

② 알코올을 사용한 적이 없는 청소년에 비해서, 마리화나를 사용할 가능성이 22배 더 크다.

③ 알코올을 사용한 적이 없는 청소년에 비해서, 코카인을 사용할 가능성이 50

배 더 크다.

그리고 영국에서 학교에 다니는 청소년들을 조사한 결과, 13~14세에 알코올을 사용하는 청소년의 비율은 약 20%이고, 16~17세에 알코올을 사용하는 청소년의 비율은 약 61%인 것으로 나타난 바 있다. 그리고 부모의 사회경제적 지위가 낮은 청소년은 그렇지 않은 청소년보다 더 위험한 알코올을 사용하는 것으로 나타났다 (Hagger-Johnson et al., 2013).

(2) 흡연

(가) 우리나라의 현황

우리나라에서 2013년에 발표한 청소년 통계에 따르면, 우리나라 중·고등학생의 현재 흡연율은 11.4%였다. 따라서 우리나라의 중·고등학생 10명 중에서 1명은 흡연을 하고 있다고 볼 수 있다. 그러나 우리나라 중·고등학생의 현재 흡연율은 2007년 이후부터 낮아지는 경향을 보이고 있다.

그리고 우리나라에서 발표한 자료에 따르면, 우리나라의 청소년이 흡연을 처음으로 시작하게 된 계기는 호기심이 가장 많았고, 그 다음으로는 친구나 선후배의 권유 때문이었다(통계청·여성가족부, 2013).

(나) 선진국의 현황

영국에서 학교에 다니는 청소년들을 조사한 결과, 13~14세에 담배를 피우는 학생의 비율은 약 10%이고, 15~16세에 담배를 피우는 학생의 비율은 약 24%인 것으로 나타났다. 그리고 영국에서 조사한 결과, 부모의 사회경제적 지위가 낮은 청소년은 그렇지 않은 청소년보다 담배를 더 일찍 배우는 것으로 나타났다(Hagger-Johnson et al., 2013).

청소년의 알코올 사용과 흡연의 관련성

영국에서 학교에 다니는 청소년들을 조사한 결과, 흡연과 음주는 14세에 이미 서로 관련되는 것으로 밝혀진 바 있다. 또한 영국에서 조사한 결과, 청소년 시기에는 흡연을 하면 음주를 하게 되고 음주를 하면 흡연을 하게 되는 경향이 있는 것으로 밝혀졌다.

그리고 영국에서 실시한 연구에서는, 부모의 사회경제적 지위가 높은 청소년은 그렇지 않은 청소년보다 알코올을 더 사용하는 경향이 있고, 부모의 사회경제적 지위가 낮은 청소년은 그렇지 않은 청소년보다 흡연을 더 하는 경향이 있는 것으로 나타났다 (Hagger-Johnson et al., 2013).

(3) 마약

(가) 우리나라의 현황

우리나라의 경우, 유해 약물에 노출되는 청소년의 수가 늘어나고 있다. 이와 관련해 우리나라의 여성가족부는 우리나라의 청소년이 본드나 부탄가스와 같은 환각성 물질을 사용한 실태를 조사한 바 있다. 그 결과 소년원이나 보호시설과 같은 특수 시설에 있는 청소년의 경우, 환각성 물질을 사용한 청소년의 비율이 2009년에는 5.6%였으나, 2010년에는 7.6%로 나타났다. 2010년의 수치는 2009년의 수치보다 36%나 증가한 수치이다. 그리고 범죄 경력이 전혀 없는 일반 청소년의 경우, 환각성 물질을 사용한 청소년의 비율이 2009년에는 1.6%이었으나, 2010년에는 2.7%로 나타났다. 2010년의 수치는 2009년의 수치보다 69%나 증가한 수치이다(조동찬, 2012).

한편, 우리나라에서 발표한 청소년 통계에 따르면, 우리나라의 청소년이 환각성 물질을 처음으로 사용하게 된 계기는 호기심이 가장 많았고, 그 다음으로는 가족·친척의 권유 때문이었다(통계청·여성가족부, 2013).

(나) 선진국의 현황

미국의 경우, 1960년대와 1970년대에는 청소년이 불법 약물을 비교적 많이 사용하였다. 그러나 그 이후에로 고등학생과 대학생이 불법 약물을 사용하는 비율은 크게 낮아지고 있다(Straussner & Isralowitz, 2011).

정 리

- 우리나라와 선진국에서 수만~수백만 명의 청소년이 자퇴한다.
- 우리나라와 선진국에서 일부 청소년은 가출하고 있다.
- 우리나라와 선진국에서 일부 청소년은 약물을 사용한다. 특히 우리나라에서는 유해 약물을 사용하는 청소년이 많아지고 있다.

제 4 절 청소년문제와 관련된 관점

청소년과 관련된 사회문제는 비행(deviance)과 관련되는 경우가 많다. 그런데 일반적으로 비행에 대한 관점은 범죄에 대한 관점에 근거하고 있다. 그간의 경우, 범죄에 대한 관점으로 여러 가지 관점을 제시해 왔다. 이 중에서 청소년의 비행과 관련이 큰 관점을 몇 가지 살펴보면 다음과 같다.

1) 차별 접촉 관점

차별 접촉(differential association) 관점의 경우, 범죄 행위는 소규모의 치밀한 집단에서 주로 발생하는 학습 과정의 결과라고 주장하고 있다. 즉, 차별 접촉 관점에 따르면, 범죄 행위는 가족, 이웃의 또래 집단, 친구 집단 등에서 나타나는 학습 과정 때문에 생긴다. 구체적으로 차별 접촉 관점에 따르면, 사람이 비행을 저지르는 이유는 법을 위반하는 것을 좋지 않게 보는 경우보다는 법을 위반하는 것을 좋게 보는 경우가 더 많기 때문이다.

차별 접촉 관점의 경우, 어떤 개인이 범죄 행위를 할지 여부는, 이 사람이 현재와 과거에 자신에게 중요한 사람과 가진 접촉의 성격에 따라 결정된다고 본다. 왜냐하면 사람은 자신의 주위에 있는 문화가 가진 가치를 내면에 간직하기 때문이다. 따라서 자신의 주위 환경에 범죄와 관련된 요소가 많을 경우에, 이 사람은 비행이나 범죄 활동에 가담할 가능성이 있다(Zastrow, 2008).

그러므로 차별 접촉 관점에 따르면, 자신에게 개인적으로 친근한 집단에서 과거와 현재에 학습한 경험은, 이 사람이 법을 위반할지 여부에 크게 영향을 미친다. 그리고 범죄를 저지르기로 결정한 사람의 경우, 학습 경험에는 다음과 같은 것도 포함된다(Zastrow, 2008):

① 가담할 범죄 행위를 선택하는 것이 있다.
② 이런 범죄를 저지를 경우에 사용할 기술이 있다.
③ 이런 범죄를 저지르는 것과 관련된 태도와 이런 범죄를 저지르는 것을 합리화하는 것이 있다.

2) 아노미 이론

아노미(anomie) 관점의 경우, 개인이 사회에서 높은 목표를 달성할 수 없을 때에 범죄 행위가 나타난다고 보고 있다. 머튼(Merton)의 경우,[22] 모든 사회에는 허용되는 목표와 이런 목표를 달성하기 위해 허용되는 수단이 있다고 보고 있다. 허용되는 목표의 예로 많은 돈을 벌고 물질을 많이 소유하는 것이 있다(Zastrow, 2008).

아노미 관점에 따르면, 어떤 사람이 이런 목표를 추구하려고 하지만 이런 목표를 달성하기 위한 허용된 수단을 충분히 이용할 수 없을 경우에는, 아노미가 나타나게 된다.[23] 아노미 관점에서는 이런 경우에 범죄 행위를 한다고 본다. 즉, 사회에서 합법적인 통로를 통해 목표를 달성할 수 없는 사람들은, 불법적인 수단을 통해서 목표를 달성하려고 한다는 것이다.

---

22) 머튼은 아노미 이론을 범죄에 적용한 학자이다.
23) 여기서 아노미(anomie)는 사회에서 허용된 생활 방식을 받아들이기 어려운 상태를 말한다.

머튼의 경우, 차별을 받고 있는 집단은 범죄율이 더 높을 가능성이 있다고 주장하고 있다. 이런 집단의 예로 빈곤층과 소수민족 집단이 있다.

3) 비행 하위문화 관점

비행 하위문화(deviant subcultures) 관점의 경우, 일부 집단은 범죄 활동에 대해 거부감을 크게 가지지 않는 태도, 가치, 관점을 가지게 된다고 주장하고 있다(Zastrow, 2008).

4) 사회 통제 관점

사회 통제(societal control) 관점은 사람들이 범죄를 저지르지 않는 이유에 대해 주목하면서 등장한 이론이다. 왜냐하면 사회 통제 관점에서는 모든 사람은 범죄를 저지르려는 성향을 '자연스럽게' 가지고 있다고 가정하기 때문이다. 따라서 사회 통제 관점에서는 인간의 기본적인 성격은 반사회적이거나 악하다고 가정하고 있다.

사회 통제 관점의 경우, 사람들이 범죄를 꺼리게 만드는 요인으로 다음과 같은 것을 제시하고 있다(Zastrow, 2008):

① 사회화 과정을 통해서 생기는 내부 통제(internal controls)가 있다. 예를 들어 강한 양심과 도덕성을 가진 사람들은 법을 위반하지 않는다.

② 소규모의 사회 집단에 강력하게 애착을 갖는 것이 있다. 이 경우 소규모의 사회 집단의 예로 가족이 있다. 이런 강력한 애착은 사람이 법을 위반하는 것을 방지하는 역할을 한다. 왜냐하면 사람은 자신에게 중요한 사람들로부터 거부되고 이런 사람들에게서 인정을 받지 못하는 것을 두려워하기 때문이다.

③ 감금을 당하는 것에 대한 두려움이 있다. 예를 들어 사람들은 구속되어 감금되는 것을 두려워하기 때문에 법을 위반하지 않는다.

5) 낙인 관점

낙인(labelling) 관점의 경우, 범죄자들은 법을 위반하는 것을 '배운다'고 주장하고 있다. 구체적으로 낙인 관점에서는 다음과 같은 측면에 주목하고 있다(Zastrow, 2008):

① 사람을 범죄자라고 낙인을 가하는 과정에 주목한다.

② 이렇게 낙인을 가하는 것이 미치는 영향에 주목한다.

낙인 관점의 경우, 비행을 저지른 사람이나 범죄자로 낙인을 가하는 것은 범죄 행위를 꺼리게 하는 것이 아니라 범죄 행위를 장려하는 것이라고 주장하고 있다.

다른 관점과의 관련성

위에서 제시한 관점들은 앞에서 설명한 기능주의 관점, 갈등주의, 상호작용주의 관점과도 관련된다. 예를 들어 아노미 관점, 비행 하위문화 관점, 사회 통제 관점은 기능주의 관점에서 범죄와 비행을 살펴보고 있고, 차별 접촉 관점과 낙인 관점은 상호작용주의 관점에서 범죄와 비행을 살펴보고 있다(Mooney, Knox & Schacht, 2000).

정 리

- 청소년문제는 비행과 관련되는 경우가 많은데, 비행 관점은 범죄 관점에 근거한다.
- 차별 접촉 관점에서는 범죄 행위는 소규모의 치밀한 집단에서 주로 발생하는 학습 과정의 결과로 본다. 아노미 관점에서는 개인이 사회에서 높은 목표를 달성할 수 없을 때에 범죄 행위가 나타난다고 본다. 비행 하위문화 관점에서는 일부 집단은 범죄 활동을 크게 거부하지 않는 태도·가치·관점을 발전시킨다고 본다. 사회 통제 관점에서는 인간의 기본적 성격은 반사회적이거나 악하다고 가정한다. 낙인 관점에서는 범죄자들은 법 위반을 배운다고 본다.

제5절 청소년문제의 해결 방안

청소년과 관련된 사회문제에 대해 앞에서 제시한 논의와 현황 및 관점에 근거해, 청소년문제를 퇴치하거나 완화하기 위한 방안을 몇 가지 제시하면 다음과 같다.

1) 전반적 방안

(1) 다차원적 접근

청소년이 겪는 문제를 유발하는 요인들은 복잡하고 또한 청소년문제들은 서로 연관되는 경우가 많다. 그러므로 청소년이 가진 욕구를 충족시켜 주기 위해서는, 청소년과 관련된 전문가들과 정책 결정자들은 다차원적 접근 방식을 취할 필요가 있다(Franke & de Anda, 2011).

▲ 청소년에 대한 관심을 장려하는 현수막: 사회는 청소년을 지지하는 환경을 만드는 데 관심을 가져야 한다.
사진: 대전에서 저자 찍음.

(2) 지지적 환경의 구축

청소년이 자신의 잠재력을 발휘하도록 도와주는 것은 청소년이 위험한 행동에 관여하지 않게 하는 가장 좋은 방법이다(Hussey, 2011). 그러므로 청소년을 여러 수준에서 지지해 주는 환경을 만드는 데 관심을 가질 필요가 있다.

2) 영역별 방안

(1) 청소년 자퇴와 관련된 방안

(가) 장기적 관심

자퇴는 갑자기 진행되는 것이 아니라 오랜 기간에 걸쳐서 서서히 진행되는 것으로 밝혀지고 있다. 그러므로 자퇴를 방지하기 위해서는 자퇴할 가능성이 있는 청소년을 조기에 파악하여 장기적으로 관심을 가지고 개입할 필요가 있다.

(나) 부모와 학교의 교류 증진

많은 청소년들은 학교를 계속 다니게 하는 데 도움이 되는 중요한 요인으로, 부모와 학교가 더 나은 방식으로 교류하는 것을 지적한 바 있다(Bridgeland, DiIulio & Morison, 2006). 그러므로 청소년 자퇴를 줄이기 위해서는 학교와 부모 사이에 더 많은 교류를 해야 할 필요가 있다.

(다) 부모의 자녀 교육 관여 증진

학교를 자퇴한 학생의 부모는 자녀 교육에 적극적으로 관여하는 정도가 낮은 경향이 있다. 실제로 많은 청소년들은 학교를 계속 다니게 하는 데 도움이 되는 중요한 요인으로, 부모가 자녀 교육에 더 많이 관여하는 것을 지적한 바 있다(Bridgeland, DiIulio & Morison, 2006). 그러므로 부모가 자녀 교육에 더 많은 관심을 가지고 더 관여하는 데 도움을 주는 프로그램을 실시할 필요가 있다.

(2) 청소년 가출과 관련된 방안

(가) 기본적 욕구의 충족

가출 청소년은 다양한 욕구를 가진다. 그러나 가출 청소년은 매우 취약한 상태에서 지낼 가능성이 크다. 그러므로 가출 청소년의 기본적인 욕구를 충족시켜 주는 다양한 물품과 서비스를 제공할 필요가 있다.

(나) 안전한 주거 공간의 제공

가출 청소년의 거처지가 안전하지 않을 경우에는 더 큰 문제가 발생할 수 있다. 그러므로 가출 청소년이 안전하게 지낼 수 있는 주거 공간을 제공하는 데 관심을 가질 필요가 있다. 이것은 특히 여성 청소년의 경우에 해당된다.

(다) 범죄 행위 가담의 차단

가출 청소년은 먹고 살기 위해서 범죄로 빠져드는 경우가 많다(이진희·권영은, 2012). 그러므로 가출 청소년이 범죄 행위에 가담하지 않도록 하는 데 관심을 가질 필요가 있다. 이것은 특히 남성 청소년의 경우에 해당된다.

(3) 청소년의 약물 사용과 관련된 방안

(가) 조기 개입

어린 시기에 약물을 사용하면, 나중에 약물문제를 겪을 가능성이 커진다. 그러므로 청소년이 약물을 처음으로 사용하는 나이를 늦추는 데 주목하는 예방 프로그램을 적극적으로 실시할 필요가 있다.

특히 청소년이 약물을 사용하면 건강뿐만 아니라 학교 생활이나 인간관계에서도 어려움을 더 겪게 된다. 그러므로 가급적 이른 시기에 약물에 관한 교육을 실시할 필요가 있다.

(나) 청소년의 알코올 구입의 제약

청소년이 알코올을 쉽게 구입할 수 있는 경우가 많다. 그러므로 청소년이 알코올을 구입하는 것을 더 강력하게 막고 제재할 필요가 있다.

(다) 담배 광고 방식에 대한 규제

담배를 제조하는 기업이 세련되고 교묘하게 광고하는 것은 청소년이 담배를 피우는 데 영향을 미칠 수 있다. 그러므로 기업이 담배를 광고하는 방식을 크게 제약함으로써, 청소년이 흡연을 꺼리게 할 필요가 있다(Zastrow, 2008).

(라) 마약 관련 교육의 실시

마약은 청소년의 학교 생활과 인간관계에 영향을 미쳐 청소년의 미래를 파괴하는 약물이다. 그러나 청소년은 마약이 장기적으로 심각하게 부정적으로 영향을 미친다는 사실을 잘 모르기 때문에 마약에 빠져들 수 있다. 그러므로 마약의 심각한 영향을 알려 주는 교육 프로그램을 청소년에게 자주 실시할 필요가 있다(Straussner & Isralowitz, 2011).

정 리

- 청소년과 관련된 사회문제를 퇴치하기 위해서는 다차원적인 접근 방식을 취하고, 지지적 환경을 구축할 필요가 있다.
- 청소년 자퇴를 줄이기 위해서는 장기적으로 관심을 가지고 개입하고, 부모와 학교 사이에 더 자주 교류하고, 부모가 자녀 교육에 더 관여할 필요가 있다.
- 청소년 가출을 줄이기 위해서는 기본적 욕구를 충족시키고, 안전한 주거 공간을 제공하고, 범죄 행위에 가담하지 않도록 조치할 필요가 있다.
- 청소년의 약물 사용을 퇴치하기 위해서는 조기에 개입하고, 알코올 구입을 제한하고, 담배 광고 방식을 규제하고, 마약 교육을 실시할 필요가 있다.

CHAPTER 05

Social Problems

노인문제

차 례

제1절 노인과 사회문제

노년기는 인간의 삶에서 마지막에 위치한 시기이다. 예전의 경우, 노인은 사회와 가정에서 위엄이 있고 자산이 있고 힘이 있었다. 따라서 예전의 노인은 존경을 받는 존재였다. 그리고 예전에는 인간의 수명이 길지 않았다. 그러므로 예전에는 노인문제가 특별히 두드러지게 나타나지 않았다. 그러나 현대에 이르러 노인의 상황은 이전과는 매우 다르게 변하고 있다.

우선, 노년기에 이르러 건강이 열악하거나 퇴직하기 때문에 일하지 못하게 됨에 따라, 노인은 경제 영역에서 어려움을 더 겪고 있다. 그 결과 노년기를 빈곤 상태에서 생활하는 노인의 수가 많아지고 있다. 따라서 인간의 수명이 늘어나고 인구층이 고령화됨에 따라서 노인의 경제적 안정이 더 중요해지고 있다. 그러므로 노인이 빈곤 상태에서 벗어날 만큼의 경제적 자원을 충분히 가지고 있는지 여부는 사회적으로 커다란 관심거리가 되어 왔다(Cawthorne, 2008; 노병일, 2013).

또한 노년기에는 여러 가지 상실(loss)을 경험한다. 예를 들어 노년기에는 신체적으로 약해지고, 사회에서 교류하는 네트워크가 약해진다. 이에 따라 노인은 정신건강 영역에서 어려움을 겪는다.

그리고 현대 사회에서 노인의 신체적·정신적 건강이 약해짐에 따라 노인은 가족 구성원과 사회의 돌봄을 받아야 하는 상황에 놓일 가능성이 크다. 하지만 노인은 이런 과정에서 학대를 경험할 수 있다. 실제로 현대 사회에서 노인에 대한 학대는 중요한 공공보건 문제에 속하고 있다(WHO, 2011a).

결국 위와 같은 여러 상황 때문에, 전 세계의 선진국에서는 여러 가지 노인문제가 등장하고 있다. 앞으로 인간의 수명이 길어짐에 따라, 노인이 어려움을 겪는 기간은 길어질 전망이다.

그러므로 우리나라에서 노인복지와 관련된 주요한 사회문제의 예를 든다면 노인이 빈곤 상태에서 사는 것과 관련된 문제, 노인의 정신건강이 열악한 것과 관련된 문제, 노인이 학대를 겪는 것과 관련된 문제를 들 수 있다.

정 리

- 예전에는 노인문제가 특별히 두드러지지 않았으나, 현대 사회에서는 여러 가지 노인문제가 등장하고 있다.
- 우리나라에서 노인복지와 관련된 주요한 사회문제의 예로 노인빈곤, 노인의 열악한 정신건강, 노인학대를 들 수 있다.

제 2 절

주요 용어와 논의

1) 기본 용어와 논의

(1) 노인

일반적으로 노인을 구분하는 나이를 65세로 정하는 경우가 많다. 이런 예를 살펴보면 다음과 같다(Barker, 2003; WHO, 2013a; 국가법령정보센터, 2013):

① 미국의 전국사회사업가협회에서 간행한 사전에 따르면, 노인은 65세가 넘는 사람을 일컫는 경우가 많다.

② 대부분의 선진국에서는 노인을 구분하는 기준을 65세로 정하고 있다.

③ 우리나라에서는 노인을 65세 이상의 사람으로 보는 경향이 있다.[24)]

이 경우, 65세는 임의적으로 정해진 측면이 있다. 그러나 인간이 노화하는 나이에 대해서는 전 세계적으로 의견이 일치하고 있지 않다(WHO, 2013).

(2) 노인을 위한 국제연합 원칙

노인의 욕구와 관련되는 것들 가운데 하나가 노인을 위한 국제연합 원칙(United Nations Principles of Older Persons)이다. 노인을 위한 국제연합 원칙에서는 다음과 같은 점을 제시하고 있다(노병일·김은이, 2007):

① 독립이 있다. 이것은 다음과 같은 측면과 관련된다: ㉠ 노인은 가능한 오랫동안 가정에서 살 수 있어야 한다. ㉡ 노인은 개인의 선호와 변화하는 능력에 맞추어 적응할 수 있는 환경에서 살 수 있어야 한다. ㉢ 노인은 사업장에서 언제 어떻게 그만둘 것인지를 결정하는 데 참여할 수 있어야 한다. ㉣

24) 예를 들어 우리나라의 노인장기요양보험법의 경우, 노인은 65세 이상의 사람을 일컫는 것으로 보고 있다.

노인은 일을 할 수 있는 기회를 제공받거나, 다른 소득을 얻을 수 있는 기회를 가질 수 있어야 한다. ㉤ 노인은 적절한 식량, 물, 주거, 의복, 의료 서비스를 이용할 수 있어야 한다.

② 참여가 있다. 이것은 다음과 같은 측면과 관련된다: ㉠ 노인은 자신의 복지에 직접적으로 영향을 미치는 정책을 형성하고 실행하는 데 적극적으로 참여하여야 한다. ㉡ 노인은 지역사회에서 봉사 활동에 참여할 수 있는 기회를 찾고 개발하여야 한다. ㉢ 노인은 노인을 위한 사회운동과 단체를 형성할 수 있어야 한다.

③ 보호가 있다. 이것은 다음과 같은 측면과 관련된다: ㉠ 노인은 가족과 지역사회로부터 보살핌과 보호를 받아야 한다. ㉡ 노인은 질병을 예방하거나 질병의 진행을 늦추는 의료 서비스를 이용할 수 있어야 한다. ㉢ 노인은 자신을 더 보호하는 사회 서비스와 법률 서비스를 이용할 수 있어야 한다. ㉣ 노인은 적절한 수준의 시설보호 서비스를 이용할 수 있어야 한다. ㉤ 노인은 보호시설과 치료시설에 거주하는 동안에도 인간의 기본적인 존엄과 자유를 누릴 수 있어야 한다.

▲ 스웨덴의 박물관을 방문한 노인들: 노인은 여러 가지 욕구를 가진다.

사진: 스웨덴에서 저자 찍음.

④ 자아 실현이 있다. 이것은 다음과 같은 측면과 관련된다: ㉠ 노인은 잠재력을 완전히 개발하기 위한 기회를 추구하여야 한다. ㉡ 노인은 교육적 자원, 문화적 자원, 정신적 자원, 여가에 관한 자원을 이용할 수 있어야 한다.
⑤ 존엄이 있다. 이것은 노인은 착취와 신체적 학대 및 정신적 학대로부터 자유로워야 한다는 점과 관련된다.

2) 노인빈곤과 관련된 논의

(1) 노인빈곤의 원인

노인이 빈곤 상태에서 사는 이유에는 여러 가지가 있을 수 있다. 노인에게 빈곤을 유발하는 주요한 요인에는 다음과 같은 것이 포함된다(노병일, 2013):

① 고용과 관련된 요인이 있다. 노인은 고용되기 어려운 집단에 속한다. 따라서 노년기에는 고용 상태에서 벗어나는 경우가 많고, 이에 따라 수입이 줄어든다. 이런 상황은 노년기의 경제적 복리에 영향을 미친다. 그러므로 노년기에는 고용 측면에서 불리하기 때문에, 노인은 빈곤 상태에 놓일 가능성이 크다.
② 건강과 관련된 요인이 있다. 노인의 건강은 노년기의 경제적 복리에 영향을 미치는 요인으로 작용한다. 그간의 연구에서는, 노인의 열악한 건강과 낮은 사회경제적 지위는 서로 밀접하게 연관되는 것으로 밝혀지고 있다.
③ 지출과 관련된 요인이 있다. 노년기의 지출 때문에 노인의 경제적 여건이 불리해질 수 있다. 예를 들어 노년기에는 의료비가 증가하는데, 이런 상황은 노인의 경제적 여건에 불리하게 영향을 미칠 수밖에 없다. 그러므로 노인은 의료비를 많이 지출하기 때문에, 빈곤 상태에 놓이거나 빈곤의 정도가 더 심해질 가능성이 크다.

(2) 노인빈곤의 영향

말할 것도 없이, 노인빈곤은 노인의 삶에 크게 부정적인 영향을 미친다. 일반적으로 노인빈곤은 노인에게 다음과 같이 영향을 미치는 것으로 알려져 있다(Kasper et al., 2008):

① 건강에 불리하게 작용하는 신체적·생리적·행동적·사회적 환경을 더 많이 겪는다.
② 어떤 목표를 달성할 수 있는 기회가 제약된다.
③ 적절한 의료 서비스를 이용할 수 있는 기회가 줄어든다.
④ 시간이 흐르면서 건강에 불리하게 작용하는 여러 가지 스트레스 요인들을 경험한다.

3) 노인의 정신건강과 관련된 용어와 논의

(1) 노년기와 정신건강

노인은 여러 가지의 상실을 경험하기 때문에 정신건강이 열악할 가능성이 있다. 특히 노년기에는 심리적·사회적으로 스트레스를 많이 경험하고 또한 뇌가 변화하기 때문에, 노인은 정신건강문제를 겪을 가능성이 크다(이창욱, 2013).

(2) 노인의 우울

노인이 겪는 정신건강문제들 중에서 특히 심각한 문제는 우울(depression)이다. 일반적으로 우울은 인간 생활에서 비관적인 특성을 지니는 마음 상태라고 볼 수 있다(노병일·모선희, 2007).

그간의 연구에 따르면, 우울은 노인에게 가장 자주 나타날 수 있는 증상들 가운데 하나에 속한다(Loughlin, 2004). 노인의 우울은 여러 영역에서 노인에게 부정적으로 영향을 미친다. 예를 들어 노인이 우울을 겪으면, 노인은 다음과 같은 상태에 놓일 가능성이 있다(노병일·오영선, 2005):

① 일상적으로 활동하고 일상적으로 기능하는 데 제약을 받는다.
② 일상 생활에서 즐거움을 느끼지 못한다.

③ 노년기에 나타나는 질병이 더 악화될 수 있다.
④ 자살할 가능성이 커진다.[25] 그리고 자살 이외의 원인으로 사망할 가능성도 커진다.

▲ 손자와 함께 있는 노인: 노인은 여러 가지 상실을 경험한다.
사진: 노르웨이의 비겔란드 조각공원에서 저자 찍음.

4) 노인학대와 관련된 용어와 논의

(1) 노인학대의 개념

노인학대(elder abuse)는 노인을 학대하는 것을 말한다(Barker, 2003). 우리나라의 법에서는, 노인학대를 "노인에 대하여 신체적·정신적·정서적·성적 폭력 및 경제적 착취 또는 가혹행위를 하거나 유기 또는 방임을 하는 것"이라고 보고 있다(국가법령정보센터, 2013).[26] 그리고 세계보건기구(WHO, 2013b)의 경우, 노인학대는 "신뢰가

25) 노인은 자살할 위험이 높은 집단으로 알려져 있다. 노인의 자살에 대해서는 자살문제를 다루는 장(7장)에서 자세히 설명한다.

예상되는 관계 속에서, 노인에게 해를 끼치거나 어려움을 줄 수 있는 단일 행동, 반복된 행동, 적절한 행동을 하지 않는 것"이라고 정의하고 있다.

그러므로 정리하건대, 노인학대는 노인에게 신체적·정서적·성적·경제적으로 어려움을 주는 행동이라고 볼 수 있다.

(2) 노인학대의 형태

노인학대의 형태에는 여러 가지가 있을 수 있다. 일반적으로 노인학대의 형태에는 노인을 신체적으로 학대하는 것, 성적으로 학대하는 것, 심리적으로 학대하는 것, 정서적으로 학대하는 것, 재정적(물질적)으로 학대하는 것, 버리는 것, 방임하는 것, 위엄 있게 대하지 않고 존경하지 않는 것이 있다(WHO, 2011a). 이 중에서 노인학대를 보여 주는 대표적인 예로 노인을 신체적으로 때리는 것, 노인을 방임하는 것, 노인을 재정적으로 악용하는 것, 노인에게 심리적으로 해를 끼치는 것이 있다(Barker, 2003).

(3) 노인학대 가해자와 노인학대 유발 요인

여러 종류의 사람이 노인을 학대할 수 있다. 이 중에서 노인을 학대할 가능성이 있는 사람의 예로 노인의 성인 자녀, 노인의 친척, 노인의 법적 후견인, 노인에게 돌봄 서비스를 제공하는 기타 사람을 들 수 있다(Barker, 2003).

노인학대를 유발하는 요인으로는 다음과 같은 것이 있다(중앙노인보호전문기관, 2013):

① 노인과 관련된 요인이 있다. 이런 요인으로 노인의 성별, 나이, 성격, 신체적 건강, 정신건강, 과거의 경험, 의존성, 고립 정도, 음주가 있다.

② 부양자와 관련된 요인이 있다. 이런 요인으로 부양자의 신체적 장애, 정신적 장애, 성격, 과거의 경험, 부양 경험의 부족, 음주, 약물 남용, 어려운 상황이 있다.

③ 가족과 관련된 요인이 있다. 이런 요인으로 가족의 어려운 상황, 의료 비용의

---

26) 이런 식의 정의 속에는 노인학대의 형태가 포함되어 있다.

과중한 부담, 내키지 않는 부양, 부족한 가족 지지, 부부 사이의 갈등이 있다.

④ 사회적 요인이 있다. 이런 요인으로 노인차별주의, 가족 내의 구조적 변화, 가치관의 변화, 노인복지시설의 부족이 있다.

일반적으로 노인학대는 부모가 자녀와 함께 살거나 부모가 자녀에게 의지하는 경우에 가장 많이 발생한다(Zastrow, 2008).

정 리

- 일반적으로 노인을 구분하는 나이를 65세로 정하는 경우가 많다.
- 노인에게 빈곤을 유발하는 주요한 요인에는 고용과 관련된 요인, 건강과 관련된 요인, 지출(특히 의료비)과 관련된 요인이 있다. 노인빈곤은 노인의 삶에 크게 부정적으로 영향을 미친다.
- 노인은 여러 가지 상실을 경험하기 때문에 정신건강이 열악할 가능성이 있는데, 이 중에서도 노인은 우울을 겪을 가능성이 크다. 노인의 우울은 여러 영역에서 노인에게 부정적으로 영향을 미친다.
- 노인학대는 노인에게 신체적·정서적·성적·경제적으로 어려움을 주는 행위를 말한다. 노인학대의 형태에는 여러 가지가 있고, 여러 종류의 사람이 노인을 학대할 수 있다. 노인학대를 유발하는 요인에는 노인과 관련된 요인, 부양자와 관련된 요인, 가족과 관련된 요인, 사회적 요인이 있다.

제 3 절 주요 노인문제의 현황

1) 노인빈곤

현대에 들어서는 노인빈곤에 대해 낙관적으로 보는 견해도 있다. 하지만 노인은 빈곤 상태에서 사는 경우가 많다. 일반적으로 선진국에서 노인의 빈곤율은 낮아지고 있지만, 아직도 노인의 빈곤율은 일반 인구층의 빈곤율보다 높은 편이다

(노병일, 2013). 그리고 빈곤층 중에는 노인이 많다(DiNitto, 2007).

(1) 우리나라의 현황

우리나라의 경우, 노인 가구 전체의 빈곤율은 기초노령연금 및 장기요양보험제도가 시행된 2008년 이후에도 낮아지지 않고 있다. 특히 우리나라의 노인 가구들 중에는 절대적 빈곤 상태에서 사는 가구가 상당히 많은 편이다(김수영·이강훈, 2009).

그리고 경제협력개발기구(OECD)의 보고서에 따르면, 2011년에 노인빈곤율이 가장 높은 국가는 우리나라였다. 이 당시에 우리나라의 노인빈곤율은 45.1%인데, 이는 다른 국가들에 비해 매우 높은 수치였다(이시경, 2013).

(2) 선진국의 현황

일부 선진국에서 노인이 빈곤을 경험하는 상황을 살펴보면 다음과 같다(Wright, 2010; Rank, 2011; Brody, 2007):

① 미국의 경우, 근대의 역사에서 노인의 빈곤율은 기타 집단의 빈곤율보다 높았다. 그리고 현재에도 미국 노인의 빈곤율은 높은 편이다. 예를 들어 미국의 경우, 1980년대부터 2000년대 초 사이에 노인빈곤율은 10% 안팎인 것으로 밝혀진 바 있다.

그러나 미국의 노인빈곤율이 이보다 더 높다는 견해도 있다. 예를 들어 랭크(Rank) 등이 조사한 바에 따르면, 미국에서 60세부터 90세 사이에 적어도 1년 동안 빈곤 상태에 놓일 가능성이 있는 노인의 비율은 40%이다. 또한 미국의 국립 학술원이 제시한 방법을 사용하여 빈곤율을 살펴볼 경우,[27] 노인집단은 빈곤율이 가장 높은 집단에 속하고 있다.

② 영국의 경우도 노인에게 빈곤이 발생하는 비율은 낮은 편이 아니다. 예를 들어 2000년대 초의 경우, 영국에서 연금을 받는 노인들 중에서 빈곤 상태에 놓여 있는 노인의 비율이 20%에 이르는 것으로 조사된 바 있다.

27) 미국의 국립 학술원이 제시한 방법에서는 의료비 등을 고려하고 있다(노병일, 2013).

2) 노인의 정신건강

(1) 노인의 정신건강

노인에게 정신건강문제는 심각한 문제가 되고 있다. 예를 들어 미국에서 1990년대 말에 정신건강문제가 발생하는 비율은, 지역사회에 거주하는 노인의 경우에는 12.3%이고 요양원에 거주하는 노인의 경우에는 70%인 것으로 밝혀진 바 있다(Swett & Bishop, 2003).

(2) 노인의 우울

(가) 우리나라의 현황

우리나라의 경우, 검진 센터를 찾은 노인들 중에서 우울 증상을 보이는 노인의 비율이 약 40%인 것으로 조사되었다(이평숙 외, 2004). 또한 충청북도에 위치한 시에 거주하는 경로당 노인들을 대상으로 조사한 결과, 우울로 의심되는 노인의 비율이 79.2%로 나타난 바 있다(유수정·김현숙·한규량, 2002).

그리고 우리나라의 건강보험정책연구원이 2000년대 초의 자료를 분석한 결과, 우리나라에서는 우울 증상을 보이는 노인 환자의 수가 5년 사이에 1.7배 증가한 것으로 밝혀졌다(건강보험정책연구원, 2011).

(나) 선진국의 현황

미국의 경우, 노인에게 우울이 발생하는 비율은 높은 편이다. 예를 들어 가정에서 생활하는 미국 노인들 중에서 우울이 발생하는 비율은 26~44%인 것으로 추정된다(Loughlin, 2004).

3) 노인학대

노인학대는 널리 퍼져 있다. 그러나 노인이 얼마나 학대를 당하고 있는지에 대해서는 잘 알려져 있지 않다. 특히 오늘날에도, 노인학대에 대해 얘기하는 것을 꺼리는 경향이 계속되고 있다. 그 결과 노인학대가 발생하는 사례를 너무 적게 추정하거나 무시하는 경우가 많다(WHO, 2013b).

(1) 우리나라의 현황

우리나라의 경우, 2009년에 처음으로 '전국 노인학대 실태조사'를 실시한 결과, 전체 노인들 중에서 학대를 경험하였다고 응답한 노인의 비율이 약 14%로 나타났다. 노인학대를 경험한 노인들 중에는 정서적 학대를 경험한 노인이 가장 많았고, 그 다음으로는 방임, 경제적 학대, 신체적 학대의 순으로 나타났다(보건복지부 노인정책과, 2010).

그리고 우리나라에서는, 노인학대를 하는 사람이 자녀 및 자녀의 배우자인 경우가 전체 사례의 72% 정도를 차지하는 것으로 밝혀진 바 있다. 이 경우, 노인의 배우자는 주로 신체적 학대를 하였고, 노인의 자녀 및 자녀의 배우자는 주로 다른 유형의 학대를 하는 것으로 나타났다(보건복지부 노인정책과, 2010).

(2) 선진국의 현황

현재 일부 선진국에서만 노인학대가 발생하는 비율을 제시하고 있다. 일부 연구의 경우, 선진국의 노인들 중에서 가정에서 학대를 경험하는 노인의 비율이 4~6%인 것으로 추정한 바 있다(WHO, 2011a).

정 리

- 노인의 빈곤율은 일반 인구층의 빈곤율보다 높은 편이다. 우리나라의 노인빈곤율은 다른 국가에 비해 높은 편이다. 그리고 일부 선진국에서도 노인빈곤율은 높은 편이다.
- 노인의 정신건강은 열악한 편이다. 우리나라와 미국에서 노인에게 우울이 발생하는 비율은 높은 편이다.
- 노인이 학대를 겪는 현황은 잘 알려져 있지 않다. 우리나라와 선진국에서 학대를 경험한 노인의 비율은 4~14% 정도인 것으로 알려져 있다.

제 4 절
노인문제와 관련된 관점

노인과 관련된 사회문제에 대한 관점은 노화에 대한 관점(이론)과 크게 관련된다. 노화에 대한 관점은 생물학적 관점, 심리학적 관점, 사회학적 관점으로 크게 구분할 수 있다(모선희, 2003). 이 중에서 사회문제로서의 노인문제와 크게 관련되는 관점은 사회학적 관점이다.

1) 노화에 대한 사회학적 관점

노화에 대한 주요한 사회학적 관점에는 다음과 같은 관점이 포함된다.[28)]

(1) 분리 관점

분리(disengagement) 관점의 경우, 분리 과정은 정상적이고 불가피하다고 본다. 여기서 분리는 노년기에 사람들과 사회적 교류를 덜 하고 활동하는 범위가 줄어드는 것을 의미한다.

분리 관점에서는 분리 과정이 노인 개인과 사회에게 바람직하다고 보는데, 이를 구체적으로 살펴보면 다음과 같다(모선희, 2003):

① 분리 과정은 궁극적으로 노인 개인에게 심리적으로 안정을 주는 기능을 한다. 왜냐하면 사람은 늙어가면서 자신의 능력이 줄어드는 것을 인식하고 죽음에 대비하기 때문이다.

② 분리 과정은 사회를 유지하는 기능을 한다. 왜냐하면 사람은 언젠가는 죽기 때문에, 늙어 감에 따라 활동 범위를 줄여야만 사회가 세대의 교체를 반복하기 때문이다.

28) 노화에 대한 사회학적 관점의 종류는 매우 많으나, 여기에서는 두 가지만 소개한다.

(2) 활동 관점

활동(activity) 관점은 분리 관점과 대조되는 관점이다. 활동 관점의 경우, 노인은 생물학적 노화와 건강 영역에서 어쩔 수 없이 나타나는 변화를 제외하고는, 근본적으로 중년기에서 가지는 심리사회적 욕구를 지닌다고 가정하고 있다. 따라서 활동 관점에서는, 노인은 중년기에 하던 활동과 비슷한 활동을 유지할 것이라고 보고 있다. 그러므로 활동 관점의 경우, 성공적인 노년기를 위해서 노인은 상실된 역할과 활동을 대체할 수 있는 새로운 역할과 활동을 찾게 된다고 보고 있다(모선희, 2003).

2) 정리

분리 관점은 노인의 역동적인 역할을 인정하지 않는 관점이다. 이에 비해서 활동 관점은 노인의 역동적인 역할을 강조하는 관점이다.

사회문제에 대한 시각과 관련시켜 볼 때, 분리 관점은 기능주의 관점과 크게 연관된다. 그리고 분리 관점은 노인 개인의 능력과 역할을 무시하므로, 개인(피해자) 비난하기 관점의 측면을 지니고 있다.

그러나 활동 관점은 노인 개인의 능력과 역할을 적극적으로 인정하고 있다. 따라서 노인이 문제를 겪는 것은 구조의 문제 때문일 수 있다는 가정을 은연중에 포함하고 있다. 그러므로 활동 관점은 제도 비난하기 관점의 측면을 일부 지닌다고 볼 수 있다.

정 리

- 노인문제에 대한 관점은 노화에 대한 관점(이론)과 크게 관련되는데, 이 중에서 사회문제로서의 노인문제와 크게 관련되는 관점은 사회학적 관점이다.
- 사회학적 관점의 하나인 분리 관점에서는, 노년기에 사회적 교류를 덜 하고 활동 범위가 줄어드는 것이 노인·사회에게 바람직하다고 본다. 그러나 이와 대비되는 활동 관점에서는, 성공적인 노년기를 위해 노인은 상실된 역할·활동을 대체할 수 있는 새로운 역할·활동을 찾게 된다고 본다. 따라서 분리 관점은 노인의 역동적 역할을 인정하지 않으나, 활동 관점은 노인의 역동적 역할을 강조한다.

제5절

노인문제의 해결 방안

현대의 노인문제를 해결하기 위해서는 분리 관점보다는 활동 관점에서 접근할 필요가 있다. 노인과 관련된 사회문제에 대해 앞에서 제시한 논의와 현황 및 활동 관점에 근거해, 노인문제를 퇴치하거나 완화하기 위한 방안을 몇 가지 제시하면 다음과 같다.

1) 전반적 방안

(1) 노인을 존중하는 사회 환경의 구축

현대 사회에서 노인의 지위는 크게 낮아지고 있다. 이런 현상은 여러 형태의 노인문제를 유발하는 근본적인 원인이 되고 있다. 그러므로 노인문제를 해결하기 위해서는, 노인을 존중하고 노인이 이바지한 점을 인정하는 사회 분위기를 형성할 필요가 있다.[29)]

(2) 세대통합 프로그램의 실시

현대 사회에서는 젊은 세대와 노인 세대의 사이가 지리적·정서적으로 더 격리되고 있고, 이에 따라 세대 사이의 교류가 크게 줄어들고 있다. 그러나 세대 사이의 교류는 노인의 고용, 정신건강, 자살, 학대와 관련된 문제를 해결하는 데 밑거름이 될 수 있다. 그러므로 젊은 세대와 노인 세대가 서로 교류하는 세대통합 프로그램(intergenerational program)을 적극적으로 실시할 필요가 있다(노병일·심희숙, 2009).[30)]

29) 우리나라에서 2009년에 처음으로 '전국 노인학대 실태조사'를 실시한 결과, 일반 국민 중에서 우리 사회가 노인을 존중하는지에 대해 긍정적으로 응답한 사람의 비율은 21%밖에 되지 않았다. 그리고 전문가의 경우에는 이 비율이 17.7%밖에 되지 않았다(보건복지부 노인정책과, 2010).

30) 세대통합 프로그램은 젊은 세대와 노인 세대 사이에 서로 협력하고 양(兩) 방향적으로 교류하는 활동을 말한다(노병일·심희숙, 2009).

▲ 아동과 함께 있는 노인(뭉크의 작품): 세대통합 프로그램은 노인문제를 해결하는 데 좋다.
사진: 노르웨이의 오슬로대학교에서 저자 찍음.

2) 영역별 방안

(1) 노인빈곤과 관련된 방안

(가) 적절한 수준의 사회보장급여의 제공

노인빈곤을 퇴치하고자 할 경우에 가장 중요한 방안은 노년기에 공적 소득을 더 많이 보장해 주는 것이다. 공적 소득을 제공하는 것은 사회보장제도를 통해서 노인에게 공적 급여를 제공하는 것과 관련된다. 그러므로 노인이 경제적으로 취약한 상태에서 벗어나게 하기 위해서는, 노인에게 적절한 최저 수준의 사회보장급여를 제공할 필요가 있다(Smeeding, Gao, Saunders & Wing, 2008).

이 경우에 가장 중요한 제도는 공적연금이다. 왜냐하면 공적연금은 노년기에 소득을 보장해 주는 주요한 제도이기 때문이다(노병일, 2010). 그러므로 노인빈곤을 퇴치하기 위해서는, 노년기에 노인에게 적절한 공적연금을 제공할 필요가 있다.

(나) 고용 기회의 증진

사회보장제도를 통해서 완벽한 수준의 급여를 제공하는 것은 현실적으로 어려운 경우가 많다. 그러므로 일할 수 있는 노인에게는 자신의 능력을 살릴 수 있는 일자리를 제공하여 소득을 얻게 하는 조처를 취할 필요가 있다(노병일, 2008).

(2) 노인의 정신건강과 관련된 방안

(가) 사회적 지지의 증진

노인의 우울을 유발하는 요인에는 여러 가지가 있으므로, 노인의 우울을 줄이기 위해서는 여러 가지 차원에서 개입하여야 한다. 노인의 우울을 줄이는 데 있어 유용한 방안의 하나는, 노인에게 다양한 형태의 사회적 지지를 제공하는 것이다. 왜냐하면 노인에게 믿을 만한 사람 등이 있는 것은 보호를 제공하는 역할을 하기 때문이다(노병일·오영선, 2005; 노병일·모선희, 2007). 그러므로 노인에게 가족, 친지, 친구, 지역사회 수준에서 다양한 형태의 사회적 지지를 제공하는 프로그램을 실시할 필요가 있다.

(나) 노인 우울에 대한 적극적 개입

노인의 우울은 노인이 활동하는 데 커다란 걸림돌로 작용한다. 그러므로 지역사회의 정신보건센터와 기타 기관에서는 노인의 우울을 사정하고 완화하는 개입 프로그램을 적극적으로 실시할 필요가 있다. 그리고 이와 관련해 이런 프로그램을 노인과 지역사회 주민에게 널리 홍보할 필요가 있다.

(3) 노인학대와 관련된 방안

(가) 일반인 대상으로 노인학대 교육의 실시

일반인은 노인학대에 대해 잘 모를 수 있다. 그리고 일반인의 경우, 노인은 감정이 없고 인내심이 있기 때문에 학대를 인식하지 못한다고 생각할 수도 있다. 그러므로 일반인에게 노인학대에 대해 교육시키고 일반인이 노인학대를 알게 하는 운동을 실시할 필요가 있다(WHO, 2011a).

(나) 노인 대상으로 노인학대 교육의 실시

노인은 자신의 열악한 상황 때문에 학대를 그대로 참고 지내는 경우가 많을 수 있다. 그러나 학대는 인간의 기본적인 인권을 파괴하는 행위이다. 그러므로 노인을 대상으로 하는 프로그램에서 노인의 학대에 대한 교육을 시킬 필요가 있다. 그리고 이 경우에 노인에게 능력을 부여하는 프로그램도 더불어 실시할 필요가 있다.

(다) 노인학대에 대한 쉼터의 제공

노인이 가정에서 학대를 겪을 경우에, 노인은 갈 곳이 없기 때문에 학대에 그대로 계속 노출될 수 있다. 그러므로 학대를 경험하는 노인이 이용할 수 있는 쉼터와 같은 공간을 더 많이 제공할 필요가 있다.

정 리

- 노인과 관련된 사회문제를 퇴치하기 위해서는 노인을 존중하는 사회 환경을 구축하고, 세대통합 프로그램을 실시하는 방향으로 나갈 필요가 있다.
- 노인빈곤을 퇴치하기 위해서는 적절한 수준의 사회보장급여를 제공하고, 고용 기회를 더 늘일 필요가 있다.
- 노인의 정신건강을 증진하기 위해서는 다양한 형태의 사회적 지지를 제공하고, 노인의 우울에 대해 적극적으로 개입할 필요가 있다.
- 노인학대를 퇴치하기 위해서는 일반인과 노인을 대상으로 노인학대 교육을 실시하고, 학대를 겪는 노인에게 쉼터를 제공할 필요가 있다.

P.a.r.t 03

사회 해체와 관련된 사회문제

Social Problems

CHAPTER 06

가족문제

Social Problems

차 례

제1절 현대 사회와 가족문제

가족은 모든 사회에서 존재한다. 그리고 가족만큼 여러 가지 중요한 역할을 하는 제도도 없다. 실제로 가족은 인간에게 기본적인 사회제도로 작용해 왔다. 그리고 더 나아가, 인류의 역사에서 가족은 모든 문명의 기본이 되는 경우가 많았다 (Logan, 2011; Coleman & Cressey, 1999).

또한 모든 사람에게 가족은 중요하다. 인간은 가족 속에서 태어나기 때문이다. 따라서 가족은 모든 사람에게 기본적으로 소중한 제도일 수밖에 없다.

하지만 가족 관계나 가족 구조가 항상 좋은 방향으로만 전개되는 것은 아니다. 특히 현대 사회에 들어서면서, 가족 관계가 갈등적이거나 가족 구조가 불리한 사례가 많이 나타나고 있다.

이 중에서도, 가족 관계가 갈등적인 상황에 있음을 잘 보여 주는 사례가 가정폭력이다. 선진국에서조차도 남편과 아내 사이에 갈등이 나타났을 때 폭력을 사용하는 경우가 많다. 이에 따라서, 가정폭력 때문에 다치고 죽는 사례가 매년 많이 나타나고 있다. 가정폭력은 모든 인종집단, 연령집단, 소득계층에서 발생하고 있다(Coleman & Cressey, 1999; Brandwein, 2011). 그러므로 가정폭력은 근래에 들어 주요한 관심거리가 되고 있다.

그리고 이혼하는 사례가 전 세계적으로 점차 많아지고 있다(Zastrow, 2008). 현대사회에서 이혼하는 사례가 이렇게 증가함에 따라 상당한 문제가 나타나고 있다. 실제로 현대의 가족문제는 이혼과 관련되는 경우가 많다.

또한 근래에 들어서 한부모가족이 많아지고 있다. 오늘날의 경우, 선진국에서는 주위 곳곳에서 한부모가족을 볼 수 있다. 특히 이혼율이 높아지고 미혼모의 수가 증가함에 따라서, 여성이 가장인 한부모가족의 수는 늘고 있다(American Psychological Association, 2013; Ketteringham, 2007; Brooks-Gunn, 1995; 여성가족부 가족지원과, 2013). 이에 따라 한부모가족에서 자라는 아동의 수가 늘어나고 있다. 한부모가족의 수가 증가하는 현상은 한부모뿐만 아니라 아동의 복리에도 크게 영향을 미치고 있다.

그러므로 우리나라에서 가족복지와 관련된 주요한 사회문제의 예로 가정폭력과 관련된 문제, 이혼과 관련된 문제, 다양한 가족 형태와 관련된 문제를 들 수 있다. 이 경우, 다양한 가족 형태를 보여 주는 주요한 예로 한부모가족이 있다.

정 리

- 가족은 모든 사람에게 기본적으로 중요한 제도이다. 그러나 현대 사회에서는 가족 관계가 갈등적이거나 가족 구조가 불리한 사례가 많이 나타난다.
- 가족복지와 관련된 주요한 사회문제의 예로 가정폭력, 이혼, 다양한 가족 형태에 따른 문제를 들 수 있다.

제2절 주요 용어와 논의

1) 기본 용어와 논의

(1) 가족의 개념

그간 여러 기관과 학자들이 가족에 대해 정의해 왔다. 가족에 대해 정의한 예를 몇 가지 살펴보면 다음과 같다(Barker, 2003; Zastrow, 2008; 국가법령정보센터, 2013):

① 미국의 전국사회사업가협회에서 간행한 사전에 따르면, 가족은 구성원이 서로에 대해서 어떤 의무를 수행하고 대개는 함께 거주하는 집단을 말한다.

② 우리나라의 건강가정기본법에 따르면, 가족은 '혼인·혈연·입양으로 이루어진 사회의 기본 단위'를 말한다.

③ 재스트로우(Zastrow)에 따르면, 가족은 공동 거주지에 함께 사는 사람으로서 결혼이나 가문이나 입양으로 이루어진 사람들의 집단을 말한다.

그러므로 정리하건대, 가족은 혈족이나 결혼이나 입양으로 이루어져 함께 거주하는 사람들로 구성된 기본적인 사회 집단이라고 볼 수 있다.

(2) 가족의 기능

가족은 다양한 기능을 한다. 특히 가족은 다음과 같은 기능을 한다(노병일, 2012):

① 가족은 출산의 기능을 한다.

② 가족은 사회화(socialization)의 기능을 한다. 이것은 아동이 가족 이외의 사회 구성원들과 관계를 맺는 방법을 배우도록 도와주는 것을 말한다.

③ 가족은 문화화(enculturation)의 기능을 한다. 이것은 가족이 아동에게 사회의 가치를 가르치는 것을 말한다.

④ 가족은 보호의 기능을 한다. 예를 들어 가족은 아동과 노인 등을 보살핀다.

⑤ 가족은 지지(support)의 기능을 한다. 예를 들어 가족은 가족 구성원들을 재정적으로 그리고 정서적으로 지지해 준다.

⑥ 가족은 욕구 충족의 기능을 한다.

▲ 가족 조각: 가족은 여러 가지 기능을 한다.

사진: 노르웨이 비겔란드 조각공원에서 저자 찍음.

그러나 산업사회에 들어서 가족이 위와 같은 기능을 하는 정도는 많이 줄어들고 있다. 하지만 가족이 기능을 제대로 수행하는 정도는 가족 구성원에게 크게 영향을 미치고 있다(노병일, 2012). 그리고 가족이 위와 같은 다양한 기능을 하기 때문에, 가족은 인간 누구에게나 매우 중요하다.

(3) 가족의 형태

가족이라는 기본 단위에는 여러 가지 형태가 존재한다. 따라서 가족과 관련된 연구에서는 가족의 다양성에 주목하는 경우가 많다. 특히 현대 사회에서 가족의 형태는 다양해지고 있다(Logan, 2011; 노병일, 2012).

가족의 형태를 구분할 때 많이 사용하는 방법은 가족을 핵가족(nuclear family)과 확대가족(extended family)으로 구분하는 것이다. 핵가족은 결혼한 부부와 자녀로 구성되어 있다. 그리고 확대가족은 여러 친척과 친지로 구성되어 있다(Zastrow, 2008).

이외에, 가족의 형태로 한부모가족, 재구성가족(혼합가족, reconstituted or blended families), 조손가족(grandparents raising grandchildren), 다문화가족(multicultural family), 동성애가족(homosexual family)이 있다. 각각에 대해 간단히 설명하면 다음과 같다(노병일, 2012):[31]

① 재구성가족은 이혼한 부부가 다른 사람과 재혼해서 형성하는 가족을 말한다.

② 조손가족은 조부모(할아버지·할머니)가 손자·손녀를 기르는 가족을 말한다. 조손가족은 오늘날에 증가하고 있는 가족 형태의 하나이다.

③ 우리나라에서 다문화가족은 국제결혼을 통해서 형성된 가족을 일컫는다.

④ 동성애가족은 같은 성(남성 또는 여성)끼리 사는 가족을 말한다.

2) 가정폭력과 관련된 용어와 논의[32]

(1) 가정폭력의 개념

가정폭력(family violence)은 문자 그대로 가정에서의 폭력이다. 가정폭력에 대해

31) 한부모가족에 대해서는 뒤에서 자세히 설명한다.
32) 아동학대도 가정폭력의 한 형태에 속한다. 아동학대에 대해서는 아동문제를 다루는 장(3장)에서 이미 설명하였다.

정의한 예를 몇 가지 살펴보면 다음과 같다(Barker, 2003; National Coalition Against Domestic Violence, 2007; 국가법령정보센터, 2013; Brandwein, 2011):

① 미국의 전국사회사업가협회에서 간행한 사전에 따르면, 가정폭력은 가족 구성원들 사이에 생기는 공격적이고 적대적인 행동을 말한다.

② 미국의 전국가정폭력퇴치연대(National Coalition Against Domestic Violence)에 따르면, 가정폭력은 배우자의 의도적인 위협, 신체적 폭력, 성적 폭력, 기타 학대적인 행동을 말한다.

③ 우리나라의 '가정폭력범죄의 처벌 등에 관한 특례법'에 따르면, 가정폭력은 "가정구성원 사이의 신체적, 정신적 또는 재산상 피해를 수반하는 행위"를 말한다.

④ 브랜드웨인(Brandwein)에 따르면, 가정폭력은 배우자가 상대방에게 의도적으로 해를 끼치는 행동을 말한다.

그러므로 정리하건대, 가정폭력은 가족 구성원들 사이에 신체적·정서적·성적·물리적 피해와 기타 좋지 않은 상황을 유발하는 행동이라고 볼 수 있다.

(2) 가정폭력의 형태

가정폭력의 형태는 가정폭력에 대한 정의 속에 많이 포함되어 있다. 일반적으로 가정폭력을 보여 주는 예로 신체적으로 학대하는 것, 성폭력을 하는 것, 재산을 파괴하는 것, 기본적 욕구를 빼앗는 것이 있다(Barker, 2003).

우리나라의 가정폭력 범죄

"가정폭력범죄에는 상해, 폭행, 유기, 학대, 아동혹사, 체포, 감금, 협박, 명예훼손, 모욕, 주거 · 신체수색, 강요, 공갈, 재물손괴 및 아동구걸 강요 등이 있다."

출처: 법제처(2013).

(3) 가정폭력의 유발 요인

가정폭력을 유발하는 요인에는 여러 가지가 있을 수 있다. 이런 요인들 가운데 하나가 빈곤이다. 따라서 빈곤층은 학대와 폭력을 다른 층보다 더 겪는 경향이 있다. 실제로 일반 여성에 비해서 빈곤한 여성은 가정에서 폭력을 겪을 가능성이 특히 더 크다(Brandwein, 2011; OECD, 2001). 그러므로 빈곤은 가정폭력을 유발하는 주요한 요인이 될 수 있다.

(4) 가정폭력의 결과[33)]

가정폭력은 여러 수준에서 영향을 미친다. 이런 예를 몇 가지 살펴보면 다음과 같다.

(가) 피해자 개인에게 미치는 영향

가정폭력은 연령, 경제적 지위, 인종, 종교, 국적, 교육 수준에 상관없이 모든 사회에서 개인에게 부정적으로 영향을 미치고 있다. 예를 들어 가정폭력이 발생할 경우, 피해자 개인에게 다음과 같은 상황이 나타날 수 있다(Barker, 2003; National Coalition Against Domestic Violence, 2007; Brandwein, 2011):

① 다치거나 해를 입는다.
② 심리적으로 상처를 받는다. 심리적 상처의 예로 피해자가 모욕감을 느끼는 것이 있다.
③ 정신건강이 열악해진다. 예를 들어 피해자는 우울하고 무력감을 느낀다.
④ 자아존중감이 낮아진다.
⑤ 자신을 지지하는 체계에 들어가지 못한다.
⑥ 어느 경우에는 피해자가 죽는다.

33) 가정폭력은 여성배우자에게 가해지는 경우가 많기 때문에, 본 장에서는 여성에 대한 가정폭력을 중심으로 논의한다.

그리고 가정폭력 때문에 생긴 결과는 개인의 일생 동안 지속된다.

가정폭력 피해 여성과 외상후 스트레스 장애

외상후 스트레스 장애(PTSD)는 전쟁을 겪은 사람들에게서 처음으로 나타났다. 그러나 가정폭력 상태에서 오랫동안 생활한 여성도 이런 증상을 겪는 것으로 밝혀지고 있다(Brandwein, 2011).

또한 가정폭력은 여성 피해자에게 다음과 같이 부정적으로 영향을 미칠 수 있다(Redden, 2013):

① 아동을 학대한다.

② 고통으로부터 벗어나기 위해 알코올에 의존할 수 있다. 이 경우, 여성은 자신이 알코올중독자가 될 수도 있다.

③ 정신건강과 관련된 질병을 겪을 수 있다. 이럴 경우, 여성은 자녀를 양육하는 역할을 제대로 하지 못할 수 있다.

(나) 가족에게 미치는 영향

가정폭력은 가족에게도 영향을 미친다. 우선, 가정폭력을 목격하거나 경험하는 것은 아동에게 매우 부정적인 영향을 미친다. 그리고 이런 영향 때문에, 아동은 정서적·심리적으로 상처를 받을 수 있다(Children and Teens First, 2011). 특히 아동이 가정폭력을 목격하는 것 자체도 아동에게 부정적인 영향을 미친다.[34)]

34) 그러므로 아동학대에 대한 정의에 아동이 가정폭력을 목격하는 것도 포함할 것을 주장하는 학자도 있다(Afifi, 2011). 여기에 대해서는 아동문제를 다루는 장(3장)에서 논의하였다.

■■■ 가정폭력과 아동 ■■■

가정폭력을 휘두르는 사람은 여성을 때리는 이유를 자녀의 행동으로 돌리는 경우가 많다. 이런 경우, 아동은 자기 때문에 자기 엄마가 아버지로부터 매를 맞는다고 생각하면서, 자신을 탓하게 된다(Redden, 2013).

그리고 가정폭력을 당한 엄마를 가진 아동은 '생존 죄의식(survivor guilt)'을 경험하게 된다. 이 경우, 아동이 생존 죄의식을 겪는 이유는 다음과 같다(Redden, 2013):

① 아동은 자기 엄마가 폭력을 당하는 동안에 무기력하게 지켜보아야만 하기 때문이다.

② 아동은 자기 엄마를 폭력에서 구하기 위해서 아무것도 할 수 없었다고 느끼기 때문이다.

그리고 폭력적인 가정에서 자란 아동은 가정폭력을 배울 수 있다. 이 경우, 가정폭력을 배운 결과는 다음과 같은 형태로 나타난다(Redden, 2013):

① 나중에 자신이 성인이 되었을 때, 다른 사람을 학대한다. 이것은 남성 아동의 경우에 특히 그렇다.[35)]

② 나중에 자신이 성인이 되었을 때, 다른 사람으로부터 가정폭력을 당한다.

따라서 가정폭력 때문에 생긴 결과는 다음 세대에까지 전달될 수 있다. 즉, 부모나 아동을 돌보는 사람들 사이의 폭력을 아동이 목격하는 것은, 폭력적 행동이 한 세대에서 다음 세대로 대물림되도록 하는 가장 중요한 요인이 되고 있다(National Coalition Against Domestic Violence, 2007).

그러므로 가정폭력은 현재의 가족뿐만 아니라, 다음 세대의 가족에게까지 영향을 미칠 수 있다.

(다) 조직에게 미치는 영향

가정폭력은 학교와 조직에 부정적인 영향을 미친다. 가정에서 폭력을 목격한

35) 자기 엄마가 가정폭력을 당하는 것을 목격한 아동이 성인이 되었을 때 가정폭력을 휘두를 가능성은, 남성 아동이 여성 아동보다 10배 더 큰 것으로 밝혀진 바 있다(Redden, 2013).

아동은 자신의 분노와 좌절을 다른 아동, 권위가 있는 사람, 동물에게 폭력적인 방법으로 발산하는 경우가 많다. 그러므로 결국에 가서 가정폭력은 학교와 조직에 문제를 유발하는 요인이 된다(Redden, 2013).

(라) 경제제도에 미치는 영향

가정폭력은 경제제도에 부정적인 영향을 미친다. 예를 들어 미국의학협회에 따르면, 가정폭력은 국내 경제에 매우 크게 손실을 끼친다. 왜냐하면 가정폭력은 거의 모든 사회문제의 뿌리가 되기 때문이다. 이와 관련된 사회문제의 예로 폭력적 범죄, 노숙, 알코올 남용, 약물 중독이 있다(Redden, 2013).

3) 이혼과 관련된 용어와 논의

(1) 이혼의 개념

이혼은 혼인 관계를 끊는 것을 말한다. 이혼에 대한 정의를 몇 가지 살펴보면 다음과 같다(Barker, 2003; Encyclopædia Britannica, 2013b):

① 미국의 전국사회사업가협회(NASW)에서 간행한 사전에 따르면, 이혼은 결혼이 법적으로 취소되는 것을 말한다.

② 브리태니커(Britannica) 백과사전에 따르면, 이혼은 정당한 결혼이 깨지는 행위를 말한다.

그러므로 정리하건대, 이혼은 혼인 관계가 법적으로 끝나는 행위라고 볼 수 있다.

(2) 이혼의 원인

부부가 만나 살다가 이혼을 하게 되는 원인에는 여러 가지가 있을 수 있다. 이혼을 유발하는 요인으로 다음과 같은 것이 있다(Payne, 2007):

① 재정적 요인이 있다. 재정문제는 이혼을 유발하는 가장 일반적인 원인이 되

는 경우가 많다.

② 외도(外道)가 있다. 이혼의 원인으로 외도를 제시하는 경우가 매우 많다.

③ 성적 기능을 못하거나 성적 관계가 부족한 것이 있다. 신체적으로 친밀한 것은 정서적·정신적·영성적으로 친밀한 것만큼 중요하지 않다고 말하는 사람이 많다. 그러나 실제적으로 볼 때, 성적 문제가 있거나 성적 활동이 부족한 것은 이혼을 유발하는 주요한 요인이 되고 있다.

(3) 이혼 증가의 원인

과거 사회에 비해서 현대 사회에서는 이혼율이 더 높아지고 있다. 현대 사회에서 이혼하는 사례가 증가하는 이유에는 여러 가지가 있을 수 있다. 그중에서 주요한 이유를 몇 가지 살펴보면 다음과 같다(노병일, 2012):

① 결혼한 후에 자기 배우자에 대해 기대를 크게 가지기 때문이다. 현실적인 것과 이상적인 것 사이의 격차는 결혼에서 갈등을 유발하는 근본적인 원인이 되고, 또한 이런 격차는 이혼하는 요인이 되고 있다.

② 사회적 가치가 변함에 따라서 이혼을 더 인정하는 방향으로 나가고 있기 때문이다. 예를 들어 현대 사회에서는 이혼에 대해 부정적으로 생각하는 사람의 수가 줄어들고 있다. 이에 따라, 결혼 생활이 매우 불행한 사람들 중에는, 이혼함으로써 이런 불행한 삶을 끝내려는 사람이 많아지고 있다.

(4) 이혼의 영향

이혼은 시한폭탄의 역할을 하는 방향으로 나갈 수 있다. 이런 시한폭탄은 당사자의 심리적 복리와 아동의 심리적 복리에 크게 부정적인 영향을 미친다. 왜냐하면 무엇보다도 이혼한 후에는 여러 가지가 변하게 되고, 그 결과로 잇달아서 여러 영역에서 변화가 나타나기 때문이다(Ayalon & Flasher, 1993).

▲ 법원에서 이혼상담 중인 부부: 이혼은 가족의 심리적·신체적 영역에 영향을 미친다.
사진: 이창복 님 제공.

(가) 가족에게 미치는 영향

이혼이 가족에게 미치는 영향을 몇 가지 살펴보면 다음과 같다(노병일, 2012):

① 이혼은 가족의 물질적 영역에 영향을 미친다. 일반적으로 이혼은 아동에게 빈곤을 유발하는 것으로 알려져 있다. 실제로 이혼하면 엄마가 가장이 되는 경우가 많고, 또한 가족 소득이 이혼하기 전의 소득보다 훨씬 적은 경우가 많다. 따라서 이혼을 하게 되면 아동은 이전보다 생활 수준이 더 낮고 재정적으로 더 불리한 환경에서 사는 경우가 많다.

② 이혼은 가족의 심리적·신체적 영역에 영향을 미친다. 부모가 이혼하면 가족이 예전에 가진 균형이 깨지는 탓에, 가족 구성원 모두는 새로 적응하여야 하는 상황에 놓인다. 따라서 이혼한 후에는 가족 구성원이 더 긴장하게 되고, 그 결과로 가족 구성원은 계속해서 스트레스를 받게 된다. 이런 스트레스는 가족 구성원의 심리적 복리와 신체적 복리에 매우 부정적으로 영향을 미칠 수 있다. 이 경우 스트레스의 양이 많을수록 그리고 스트레스를 겪는

기간이 길수록, 스트레스가 가족 구성원의 심리적 복리와 신체적 복리에 더 부정적으로 작용한다. 구체적으로 이런 지속적인 스트레스 때문에, 다음과 같은 상황이 나타난다: ㉠ 정신질환과 신체적 질병에 대한 저항력이 줄어든다. ㉡ 이혼 당사자와 아동의 대처 능력이 크게 줄어든다.

(나) 아동에게 미치는 영향

부모가 이혼하면, 아동의 삶도 크게 변한다. 왜냐하면 이혼은 아동에게 신체적·정서적·발달적·교육적 영역에서 영향을 미치기 때문이다. 그러므로 이혼은 특히 아동에게 어려움을 주는 사건이다(Rose & Fatout, 2003; Lanez, 2001). 예를 들어 부모가 이혼하는 과정을 지켜본 아동은 다음과 같은 상태에 있을 수 있다(Ketteringham, 2007):

① 우울하다.
② 정서적으로 스트레스를 겪는다.
③ 학교 생활에서 어려움을 겪는다.

이혼의 영향 관련 유의점

갈등으로 가득한 결혼 생활을 계속하는 것보다 이혼이 더 나쁜 것인지는 분명하지 않다(Coleman & Cressey, 1999). 그리고 부모의 이혼이 아동에게 반드시 불리하게만 작용하는 것은 아니다. 어느 경우에는 부모의 이혼이 아동에게 긍정적으로 작용할 수도 있다. 왜냐하면 부모의 이혼은 아동이 아주 좋지 않은 환경에서 벗어나는 길이 될 수도 있기 때문이다(Strohschein, 2005).

이런 예를 들면 다음과 같다(노병일, 2012):

① 부모가 아동을 매우 심하게 학대하는 가족 가운데 사는 아동의 입장에서 볼 때, 부모의 이혼은 아동에게 스트레스를 줄여 주는 방안이 될 수도 있다.
② 부부 사이의 관계가 갈등이 심하고 불행한 경우에, 부모가 이혼하면 아동은 이런 갈등과 불행에 더 이상 시달리지 않을 수도 있다.

4) 한부모가족과 관련된 용어와 논의

(1) 한부모가족의 개념

한부모가족(single-parent family)에 대한 정의를 몇 가지 살펴보면 다음과 같다(Barker, 2003; Davidson, 2006):

① 미국의 전국사회사업가협회(NASW)에서 간행한 사전에 따르면, 한부모가족은 어머니(또는 아버지)와 그 자녀로 구성된 가족 단위를 말한다.

②『게일(Gale) 아동건강 백과사전』에 따르면, 한부모가족은 배우자가 사망하였거나, 이혼하였지만 재혼하지 않았거나, 처음부터 결혼한 적이 없는 부모가 자녀와 함께 살고 있는 가족을 말한다.

그러므로 정리하건대, 한부모가족은 부모 1인과 자녀로 이루어진 가족이라고 볼 수 있다.

(2) 한부모가족의 형태

일반적으로 한부모가족은 모자가족과 부자가족으로 구분된다. 우리나라의 '한부모가족지원법'에 따르면, '모자가족'은 "모가 세대주인 가족"을 말하고, '부자가족'은 "부가 세대주인 가족"을 말한다(국가법령정보센터, 2013).

(3) 한부모가족의 일반적 문제점

(가) 일반적 문제점

한부모가족의 욕구를 충족하는 것과 한부모가족이 겪는 문제를 해결하는 것은 더 어려울 수 있다(Downs et al., 2000). 이렇게 되는 이유를 몇 가지 제시하면 다음과 같다(American Psychological Association, 2013; Ketteringham, 2007; Coleman & Cressey, 1999; 노병일, 2012):

① 예전에는 두 사람이 나누어 맡던 일을 이제는 한 사람이 모두 맡아야 하기

때문이다. 예를 들어 한부모가족에서는 부모 중에서 한 사람만이 아동을 보호하는 일을 맡는다.

② 한부모가족에서는 상의할 배우자가 없는 탓에, 가족과 관련해 홀로 의사결정을 내리기 때문이다.

③ 한부모가족은 소득이 적을 가능성이 크기 때문이다. 부부가 서로 헤어지고 난 후에는 가족의 재정과 자원이 크게 줄어드는 경우가 많다. 따라서 한부모가족은 경제적으로 더 취약한 경우가 많다. 경제적 문제는 한부모가족이 많은 어려움을 겪는 주요한 원인이 되고 있다.

그러므로 여러 가족 형태들 중에서, 한부모가족은 심각한 문제를 가질 가능성이 있다. 따라서 한부모가족 상태에서 사는 것은 성인과 아동 모두에게 크게 스트레스를 줄 수 있다(American Psychological Association, 2013).

(나) 아동·청소년 관련 문제점

한부모가족에서 사는 것은 불리한 가족 구조를 보여 주는 것일 수 있다. 따라서 부모가 한 명인 가족에서 사는 것은 아동과 청소년에게 불리하게 작용할 수 있다.

실제로 한부모가족의 아동과 청소년은 부모가 모두 있는 가족의 아동과 청소년보다 더 열악한 상황에 있는 경우가 많다. 예를 들어 한부모가족에서 자란 청소년은, 우울 상태에 있을 가능성이 부모 두 명이 모두 있는 가족에서 자란 청소년보다 세 배 더 큰 것으로 나타난 바 있다(Ketteringham, 2007).

(4) 한부모가족의 형태에 따른 특징

여성 한부모가 겪는 어려움과 남성 한부모가 겪는 어려움은 서로 다르다.[36)]

(가) 모자가족

그간의 연구에 따르면, 모자가족에서 사는 아동은 여러 가지로 불리한 상황을

36) 본 장에서는 모자가족의 부모를 '여성 한부모'라고 표현하고, 부자가족의 부모를 '남성 한부모'라고 표현한다.

경험할 가능성이 더 크다(Logan, 2011). 이런 예를 몇 가지 살펴보면 다음과 같다 (Andersen, 2013; Ketteringham, 2007):

① 모자가족은 아동과의 의사소통 측면에서 불리하다. 여성 한부모는 수입이 일반인 가족보다 더 적기 때문에, 노동시장에서 더 오랜 시간 동안 일하여야 하는 경우가 많다. 그 결과 여성 한부모는 자녀와 함께 할 수 있는 시간이 더 줄어들게 된다. 이런 점은 모자가족의 아동에게 부정적으로 영향을 미칠 수 있다.

② 모자가족은 사회적·정서적 발달의 측면에서 불리하다. 여러 연구에서는, 아동이 아버지가 없이 자라는 것은 아동의 사회적 발달과 정서적 발달에 크게 부정적으로 영향을 미치는 것으로 나타나고 있다. 예를 들어 일부 연구에서는, 아버지가 없이 자라는 것은 비행에 가담하는 비율이 더 높은 것과 관련되어 있는 것으로 밝혀졌다. 그리고 아버지가 없이 자라는 아동은 빈곤 상태에서 성장할 가능성이 훨씬 더 큰 것으로 알려져 있다.

(나) 부자가족

한부모가족이라는 표현을 사용할 때에는 엄마만 있는 가족(모자가족)을 떠올리는 경우가 많다. 그러나 아버지만 있는 가족(부자가족)의 수도 증가하고 있다. 그리고 이혼과 관련된 법령에서 아동에게 가장 이익이 되는 부모에게 아동을 맡기려고 함에 따라서, 아버지가 가장인 한부모가족의 수도 늘어날 가능성이 있다 (Crosson-Tower, 2004).

일반적으로 부자가족은 모자가족에 비해서 다음과 같은 장점이 있다(Ketteringham, 2007; 노병일, 2012):

① 부자가족은 모자가족에 비해 소득이 더 많기 때문에 아동에게 유리할 수 있다. 여성에 비해서 남성은 노동시장에서 더 유리한 상황에 있는 경우가 많기 때문이다. 따라서 남성의 보수는 여성의 보수보다 더 많은 경향이 있다. 그 결과 여성 한부모는 경제적으로 어려움을 겪는 경우가 많지만, 남성 한부모는 경제적 어려움을 겪는 경우가 많지 않을 수 있다. 그러므로 부자가족은 남에게 돈을 주어 가사 일을 시키거나 아동을 돌보는 사람(베이비시터)을 고

용하는 데 있어 유리하다.

② 친척들은 여성보다는 남성을 더 도와주는 경향이 있다.

그러나 여성 한부모와 마찬가지로, 남성 한부모도 자기 자녀와 얘기를 나눌 시간을 충분히 가지지 못하는 경우가 많다. 이렇게 되면, 부자가족의 아동이 다음과 같은 상황에 놓일 가능성이 더 커진다(Ketteringham, 2007):

① 마약이나 불법 약물을 사용한다.

② 알코올을 더 자주 사용한다.

③ 어린 나이에 성 행위를 한다.

(다) 유의점

부모가 모두 있는 가족만 장점이 있고, 부모가 한 명뿐인 가족은 장점이 없는 것처럼 인식하는 것은 잘못된 것이다(Morrow, 1999). 따라서 한부모가족에서 산다고 해서 불행하다고 볼 수는 없다. 한부모가족을 적절히 지원해 줄 경우, 한부모가족도 잘 살 수 있기 때문이다. 실제로 한부모가족들 중에는 삶을 성공적으로 이끌어가는 가족도 많다(Ketteringham, 2007).

정 리

- 가족은 혈족·결혼·입양으로 이루어져 함께 거주하는 사람들로 구성된 기본적인 사회집단을 말한다. 가족은 출산, 사회화, 문화화, 보호, 지지, 욕구 충족의 기능을 한다. 가족에는 다양한 형태가 있다.
- 가정폭력은 가족 구성원들 사이에 신체적·정서적·성적·물리적 피해와 기타 좋지 않은 상황을 유발하는 행동을 말한다. 가정폭력을 유발하는 요인에는 여러 가지가 있는데, 이런 요인들 가운데 하나가 빈곤이다. 가정폭력은 피해자 개인, 가족 구성원, 아동, 조직, 경제제도에 부정적으로 영향을 미친다.
- 이혼은 혼인 관계가 법적으로 끝나는 행위를 말한다. 이혼을 유발하는 주요한 요인으로 재정적 요인, 외도, 성적 요인이 있다. 이혼은 가족과 아동에게 부정적인 영향을 미친다.
- 한부모가족은 부모 1인과 자녀로 이루어진 가족을 말한다. 한부모가족은 모자가족과 부자가족으로 구분된다. 한부모가족은 심각한 문제를 가질 가능성이 있기 때문에, 한부모가족의 성인과 아동은 스트레스를 겪을 수 있다. 그러나 여성 한부모가 겪는 어려움과 남성 한부모가 겪는 어려움은 서로 다르다.

제3절 주요 가족문제의 현황

1) 가정폭력

(1) 우리나라의 현황

우리나라의 경우, 경찰에 신고된 가정폭력범죄 건수는 2009년에는 1만 1,026건이고 2010년에는 7,359건이었다. 이 중에서 가정폭력범죄로 검거된 사람의 수는 2009년에는 1만 2,493명이고 2010년에는 7,992명이었다(여성가족부 여성정책과, 2011).

그러나 우리나라에서 2010년에 전국의 가정폭력상담소에서 가정폭력과 관련해 상담한 건수는 13만 5,069건이었다. 따라서 우리나라에서 2010년에 가정폭력범죄가 발생한 건수는 전국의 가정폭력상담소에서 가정폭력과 관련해 상담한 건수의 5.4%뿐이었다(여성가족부 여성정책과, 2011). 그러므로 우리나라에서 가정폭력은 실제로 신고되지 않는 경우가 많다고 볼 수 있다.

그리고 우리나라의 경우, 가정폭력은 아동과 청소년의 비행에 영향을 미치는 것으로 나타나고 있다. 예를 들어 우리나라의 중학생들을 대상으로 실시한 조사에서는, 가정폭력을 더 많이 겪는 청소년일수록 가출하는 사례가 더 많은 것으로 나타난 바 있다(정윤경·원경림·최지현, 2012). 또한 강원도의 대도시에 거주하는 중학생들을 대상으로 조사한 결과, 가정폭력에 노출된 경험은 학교폭력에 크게 영향을 미치고 있는 것으로 나타난 바 있다(이승출, 2012).

(2) 선진국의 현황

미국에서 가정폭력은 가장 일반적으로 발생하는 폭력 범죄에 속하고 있다. 그리고 미국의 경우, 가정폭력은 여성과 가족이 노숙 상태에서 지내게 하는 주요한 원인인 것으로 밝혀지고 있다(Redden, 2013; American Civil Liberties Union, 2007).

미국의 경우, 가정폭력 피해자의 85%는 여성인 것으로 밝혀졌다. 미국에서 여성이 가정폭력을 겪는 상황을 살펴보면 다음과 같다(National Coalition Against Domestic Violence, 2007; Brandwein, 2011):

① 미국의 전체 여성들 중에서 약 25%는 살아가면서 가정폭력을 경험할 가능성이 있는 것으로 알려져 있다.

② 미국의 경우, 남성 배우자에 의해서 신체적 폭력을 경험하는 여성이 매년 130만 명에 이르는 것으로 밝혀진 바 있다.

③ 미국의 경우, 전국범죄조사(National Crime Survey)에서는 경찰에 신고된 신체적 폭력만을 제시하고 있다. 전국범죄조사에 따르면, 미국에서는 배우자에 의해 매년 2백만 명이 넘는 여성이 학대를 당하고 있다.

④ 어느 조사에서는 미국에서 매년 3백만~4백만 명의 여성이 학대를 당하는 것으로 추정되고 있다. 그리고 이 조사에서는, 미국의 모든 여성들 중에서 살면서 적어도 한 번 가정폭력을 겪는 여성의 비율이 50%에 이를 것으로 추정된다.

⑤ 어느 조사에서는, 미국에서 공공부조를 받고 있는 여성들 중에서 배우자로부터 성적 학대와 신체적 학대를 겪는 여성의 비율이 60%인 것으로 밝혀진 바 있다.

그러나 미국에서 가정폭력 사례는 경찰에 신고되지 않는 경우가 많다. 그러므로 가정폭력이 실제로 발생하는 사례는 신고되는 수보다 훨씬 더 많을 가능성이 크다. 실제로 미국에서 여성을 신체적으로 폭력한 모든 사례들 중에서 경찰에 신고된 비율은 약 25%밖에 되지 않는 것으로 밝혀진 바 있다(National Coalition Against Domestic Violence, 2007).

2) 이혼

(1) 우리나라의 현황

우리나라의 경우, 2010년대 후반에 1,000명당 이혼한 건수는 2.3~2.5건에 이르고 있었다.[37] 이 경우, 혼인 지속 기간과 관련해 살펴볼 때, 우리나라에서 2010년대 초에 이혼 사례가 상대적으로 가장 많은 층은, 혼인을 지속한 기간이 4년 이하인 층이었다(통계청 사회통계, 2012).

그리고 우리나라의 경우, 성격 차이는 부부가 이혼하는 가장 큰 원인이 되고 있다. 전체 이혼 사례들 중에서 성격 차이 때문에 이혼하는 사례가 차지하는 비율이 2010년대 초에 약 45%에 이르는 것으로 밝혀진 바 있다(통계청 사회통계, 2012).

한편, 우리나라의 경우 2001년 이후부터 50대 이상의 인구층에서 이혼하는 사례가 빠르게 증가하고 있다. 이는 이른바 황혼 이혼의 경향과 관련되는 현상으로 보인다. 실제로 혼인 지속 기간과 관련해 살펴볼 때, 우리나라에서 근래에 들어 이혼하는 사례가 빠르게 증가한 층은, 혼인을 지속한 기간이 20년 이상인 층이었다(통계청 사회통계, 2012).

(2) 선진국의 현황

미국의 경우, 1990년대 후반에 결혼 2건에 대해 이혼이 1건을 차지하였다. 즉, 미국에서는 결혼한 사례의 50%는 이혼으로 끝나는 셈이었다(Andersen, 2000; Sarri, 1996).

그러다가 2000년 이후에 이혼하는 비율이 약간 낮아지는 경향을 보이고 있다. 미국의 경우, 2010년대 초에 결혼한 건수가 1,000명당 6.8건이나, 2010년대 초에 이혼한 건수는 1,000명당 3.6건인 것으로 보고되고 있다(Centers for Disease Control and Prevention, 2013a; 2013b).

3) 한부모가족의 문제

(1) 우리나라의 현황

우리나라에서 한부모가구의 수는 증가하고 있다. 예를 들어 우리나라에서 한부모가구의 수는 2005년에는 137만 가구이었으나, 2011년에는 약 164만 가구로 증

37) 인구 1,000명당 이혼한 건수를 조(粗)이혼율(crude divorce rate)이라고 부른다.

가한 것으로 조사되고 있다.

또한 전체 가구들 중에서 한부모가구가 차지하는 비율이 높아지고 있다. 예를 들어 우리나라의 전체 가구들 중에서 한부모가구가 차지하는 비율이 2005년에는 8.6%였으나, 2011년에는 9.3%로 증가한 것으로 밝혀진 바 있다(여성가족부 가족지원과, 2012).

그리고 부자가구의 수보다 모자가구의 수가 훨씬 더 많은 경향을 보이고 있다. 예를 들어 2012~2013년에 한부모가족의 실태를 조사한 결과, 모자가구가 약 63%이고 부자가구가 약 37%인 것으로 나타난 바 있다(여성가족부 가족지원과, 2013).

한편, 2012~2013년에 조사한 결과, 한부모가 된 후에 경제적으로 어려움을 겪는다고 응답한 한부모의 비율이 약 63%인 것으로 나타났다. 그리고 우리나라에서 한부모가족의 자녀들은 자신을 돌보아 주는 성인이 없이 지내는 시간이 많은 것으로 나타났다. 이것은 초등학교와 중·고등학교에 다니는 자녀의 경우에 특히 그렇다(여성가족부 가족지원과, 2013).

(2) 선진국의 현황

미국의 경우, 전체 가족들 중에서 한부모가 가장인 가족이 차지하는 비율은 약 30%에 이르는 것으로 밝혀진 바 있다. 그리고 미국의 경우, 한부모가족에서 살고 있는 아동의 수가 1960년~2010년 사이에 거의 두 배 증가한 것으로 나타났다(Ketteringham, 2007; Andersen, 2013). 따라서 미국은 한부모가족의 형태가 아동의 복리에 미치는 영향에 대해 관심을 더 가지는 방향으로 나가고 있다.

그리고 미국의 경우, 한부모가족 중에는 모자가족이 부자가족보다 훨씬 더 많다. 전체 한부모가족들 중에서 모자가족이 차지하는 비율은 80% 정도인 것으로 조사되고 있다. 그리고 2010년대 초의 경우, 미국의 모든 아동들 중에서 아버지가 없이 자라는 아동의 비율이 약 33%에 이르는 것으로 밝혀진 바 있다(Andersen, 2013; Ketteringham, 2007).

또한 미국에서는 모자가족의 수가 증가하고 있다. 예를 들어 1990년~2000년 사이에 여성이 가장인 가족의 수가 25% 증가한 것으로 나타난 바 있다. 그런가 하면 미국의 경우, 부자가족의 수도 증가하고 있다(Brandwein, 2011; Ketteringham, 2007).

미국에서 한부모는 이혼과 관련되는 경우가 많다. 예를 들어 미국에서는 한부모가족에서 사는 아동들 중에서, 이혼한 부모와 사는 아동의 비율이 38%인 것으로 조사되고 있다(Ketteringham, 2007).

한편, 한부모가족은 빈곤 상태에 있는 경우가 상대적으로 많다. 이것은 모자가족의 경우에 특히 그렇다. 예를 들어 미국의 경우, 부부가 모두 있는 가족들 중에서 빈곤선 아래에서 사는 가족의 비율은 5%로 나타나고 있다. 그러나 여성이 가장인 가족들 중에서 빈곤선 아래에서 사는 가족의 비율은 약 30%로 나타난 바 있다. 그러므로 모자가족의 빈곤율은 부부가 모두 있는 가족의 빈곤율보다 약 6배가 더 높음을 알 수 있다. 그리고 18세 미만 자녀가 있는 가족의 경우, 부부가 모두 있는 가족의 빈곤율은 6.9%였으나, 여성이 가장인 가족의 빈곤율은 약 38%로 밝혀진 바 있다(Brandwein, 2011). 그러므로 18세 미만 자녀가 있는 가족의 경우, 모자가족의 빈곤율은 부부가 모두 있는 가족의 빈곤율보다 5배 이상이 더 높음을 알 수 있다.

정 리

- 우리나라와 선진국에서 많은 여성이 가정폭력을 겪는다. 그러나 가정폭력은 신고되지 않는 경우가 많다.
- 우리나라와 선진국에서 이혼 사례는 늘고 있다.
- 우리나라와 선진국에서 한부모가구의 수는 증가하고 있다. 이 경우 모자가족의 수가 부자가족의 수보다 더 많다.

제 4 절

가족문제와 관련된 관점

가족과 관련된 사회문제는 기능주의 관점, 갈등주의 관점, 여성주의 관점에서 분석할 수 있다. 이를 구체적으로 살펴보면 다음과 같다.

1) 기능주의 관점

기능주의 관점에서는 가족을 가장 기본적인 사회제도로 인식하고 있다. 그리고 가족의 가장 중요한 기능은 사망한 사람이나 장애 상태에 있는 가족 구성원을 대체하는 데 있다고 보고 있다. 기능주의 관점에 따르면, 가족은 성인에 대해서도 중요한 기능을 수행한다. 예를 들어 가족은 가족 구성원이 질병에 걸리고 나이가 들었을 때 정서적으로 지지해 주고 신체적으로 돌봐 준다(Coleman & Cressey, 1999).

한편, 기능주의 관점의 경우, 현대 사회에서 가족문제가 발생하는 근본적인 이유는 산업화 탓으로 사회가 해체되기 때문이라고 보고 있다. 따라서 기능주의 관점에 따르면, 사회가 해체됨에 따라 가족 해체도 늘어나고 있다. 기능주의 관점은 현대 사회에서 가족이 해체되는 사례가 증가하는 이유로 다음과 같은 점을 제시하고 있다(Coleman & Cressey, 1999):

① 산업혁명 탓으로 경제 영역이 변화함에 따라서 확대가족의 수가 크게 줄어들고, 그 대신에 핵가족의 수가 늘어나기 때문이다.

② 근래에 들어서 여성이 유급 노동시장에 참여하는 비율이 높아지고 있고 양성 평등이 실현됨에 따라서, 가족 구조가 변하고 있기 때문이다.

기능주의 관점을 따르는 사람들은, 현대 사회가 발전하고 더 나아가 현대 사회가 계속 유지되기 위해서는 가족제도가 중요하다고 보고 있다.

2) 갈등주의 관점

갈등주의 관점에서는 가치 및 태도와 관련된 많은 갈등이 현대의 가족에 영향을 미치고 있다고 보고 있다. 갈등주의 관점을 따르는 사람들은 계급 갈등이 가족에게 미치는 영향에 대해서도 관심을 가지고 있다. 예를 들어 갈등주의 관점에 따르면, 빈곤층은 다른 계층보다 이혼하는 비율이 더 높고, 정식으로 결혼하지 않은 상태에서 출산하는 비율이 더 높고, 가족이 불안정한 경우가 더 많다. 갈등주의 관점에서는 상층 계급이 빈곤층을 착취하기 때문에 위와 같은 상황이 나타난다고 보고 있다.

갈등주의 관점의 경우, 가족문제를 해결하는 유일한 방법은 가족에서 평등을 더 이룩하고 또한 사회 전체적으로 평등을 더 이룩하는 것이라고 보고 있다(Coleman & Cressey, 1999).

3) 여성주의 관점

여성주의 관점에서는 전통적 가족은 부인의 희생 때문에 남편에게 유리한 착취적인 제도라고 보고 있다. 여성주의 관점을 따르는 거의 모든 사람들은, 전통적 가족은 착취하는 성격을 지닌다는 점에 대해 동의하고 있다.

그렇지만 이런 상황을 개선하기 위한 방법에 대해서는 의견이 크게 다르다. 예를 들어 여성주의 관점을 따르는 일부 학자들의 경우, 가족을 온정주의 시대부터 나타난 구닥다리 제도라고 보면서 가족의 개념을 부정하고 있다. 그러나 여성주의 관점을 따르는 대부분의 학자들은, 남성과 여성 사이에 완전한 평등을 이루는 새로운 형태의 가족 구조를 바라고 있다(Coleman & Cressey, 1999).

정 리

- 기능주의 관점에서는 가족을 가장 기본적인 사회제도로 인식한다. 기능주의 관점의 경우, 현대 사회에서 가족문제가 발생하는 근본적인 이유는 산업화 탓으로 사회가 해체되기 때문이라고 본다.
- 갈등주의 관점에서는 가치·태도와 관련된 많은 갈등이 현대 가족에 영향을 미친다고 보면서, 계급 갈등이 가족에게 미치는 영향에 대해서도 관심을 가진다. 갈등주의 관점의 경우, 가족문제를 해결하는 유일한 방법은 가족과 사회에서 평등을 더 이룩하는 데 있다고 본다.
- 여성주의 관점에서는 전통적 가족은 부인의 희생 때문에 남편에게 유리한 착취 제도라고 본다. 여성주의 관점에서는 양성 평등을 이루는 새로운 형태의 가족 구조를 추구한다.

제 5 절 가족문제의 해결 방안

가족과 관련된 사회문제에 대해 앞에서 제시한 논의와 현황 및 관점에 근거해, 가족문제를 완화하거나 퇴치하기 위한 방안을 몇 가지 제시하면 다음과 같다.

1) 전반적 방안

(1) 평등한 가족 환경의 구축

가족문제에 대한 일부 관점에서는 가족문제를 해결하는 방안으로 평등한 가족 구조를 강조하고 있다. 그러므로 가족 구성원들 사이에 평등한 구조를 유지하는 데 주목할 필요가 있다. 그리고 이를 위해서는 사회 전체의 구성원이 서로 평등한 사회가 되는 데 관심을 가질 필요가 있다.

(2) 빈곤의 완화

가족문제는 빈곤과 관련되는 경우가 많다. 예를 들어 위에서 이미 논의한 바와 같이, 빈곤은 가정폭력의 원인인 경우가 많고, 이혼은 재정적 요인이 원인인 경우가 많다. 그러므로 가족문제를 해결하기 위해서는, 가족이 빈곤 상태에서 벗어나도록 도와줄 필요가 있다.

(3) 다양한 가족에 대한 이해

현대 사회에서는 핵가족이나 확대가족 이외에 여러 가지의 가족 형태가 등장하고 있다. 이런 가족 형태는 가족문제(예컨대 가정폭력이나 이혼) 때문에 나타나는 경우가 많다. 사회에서 이런 가족 형태에 대해 편견을 가질 경우에, 이런 가족 형태에서 살고 있는 구성원은 심리적으로 크게 어려움을 겪을 수밖에 없다. 그러므로 여러 가지의 가족 형태는 이상적인 가족 구조에서 벗어난 것이라기보다는, 이상적인 가족 구조를 대신하는 것이라는 점을 사회 구성원에게 인식시킬 필요가 있다(Logan, 2011).

2) 영역별 방안

(1) 가정폭력과 관련된 방안

(가) 갈등·분노 해결 기법의 교육

가정폭력을 방지하기 위해서는, 무엇보다도 폭력을 유발하는 상황에 잘 대처할 수 있어야 한다. 그러므로 폭력을 사용하지 않고 해결하는 방법, 분노를 통제하는 방법, 기타 관련된 기술을 알려 주는 프로그램을 실시할 필요가 있다(Redden, 2013).

(나) 폭력적 상황의 회피 방법과 쉼터 안내

가족 내에서 폭력적 상황이 발생할 경우에는 그 상황에서 현명하게 빨리 빠져나오는 것이 중요하다. 그러므로 가정폭력을 겪는 성인과 아동·청소년이 폭력적 상황으로부터 안전하게 피하는 방법에 대해 교육할 필요가 있다(Redden, 2013). 이 경우, 가정폭력의 피해자가 갈 수 있는 쉼터에 대한 정보도 제공할 필요가 있다.

(다) 피해자 대상 교육의 실시

가정폭력의 피해자는 가족과 사회에서 약한 위치에 있는 사람인 경우가 대부분이다. 따라서 가정폭력의 피해자는 신체적으로 뿐만 아니라 정서적으로 큰 상처를 받을 가능성이 크다. 그러므로 가정폭력 때문에 생긴 상처를 치유하는 프로그램을 가정폭력의 피해자에게 실시할 필요가 있다.

그리고 가정폭력의 가장 큰 문제점은 폭력이 대물림된다는 점이다. 그러므로 가정폭력을 목격한 아동과 청소년에게도 교육을 실시할 필요가 있다. 이런 프로그램에서는 폭력이 세대 사이에 대물림되지 않도록 하는 데 특히 관심을 가질 필요가 있다.

(2) 이혼과 관련된 방안

(가) 성격 차이 극복을 위한 프로그램의 제공

부부 사이의 성격 차이가 이혼의 원인이 되는 경우가 많다. 그러므로 부부 사이에 서로의 성격을 이해하고 조절하는 프로그램을 적극적으로 실시할 필요가 있다.

(나) 결혼 기간이 짧은 층에게의 주목

일반적으로 혼인 기간이 짧은 층이 이혼을 더 잘 하는 경향이 있다 그러므로 결혼 생활을 시작한 부부를 대상으로 결혼 생활을 원만히 유지하는 프로그램을 실시하고, 이와 관련된 서비스를 제공할 필요가 있다.

(다) 노인의 이혼에 주목

근래에 들어서 이른바 황혼 이혼의 사례가 증가하는 경향을 보이고 있다. 노인이 독립하는 것은 좋은 현상일 수도 있지만, 이 경우에 소득이 적고 지지망이 적은 노인은 커다란 어려움을 겪을 수 있다. 그러므로 노인 부부를 대상으로 결혼 생활을 잘 유지하는 프로그램을 실시할 필요가 있다.

(라) 이혼치료 프로그램의 제공

이혼은 부부 모두에게 상처를 주는 사건이다. 그러므로 이혼하기로 결심한 부부에게는 이혼치료와 관련된 프로그램을 실시할 필요가 있다.[38)]

이혼은 아동에게도 부정적인 영향을 미치고 스트레스를 주는 사건이다. 그러므로 부모가 이혼한 아동이 부모의 이혼에 적응하도록 도와주는 프로그램을 실시할 필요가 있다.

(3) 한부모가족과 관련된 방안

(가) 지지망의 유지와 확대

한부모가족은 경제적 자원과 심리적 자원이 부족한 경우가 많다. 그러므로 한부모가족의 부모가 기존의 지지망을 유지하고, 개인적으로 친구들과 좋은 관계를 유지하고, 새로운 사회적 네트워크를 형성하도록 도와줄 필요가 있다(Ketteringham, 2007).

(나) 한부모에 대한 스트레스 완화

한부모가족의 부모는 부모 한 사람이 훨씬 더 많은 책임을 떠맡아야 한다. 따라서 한부모가족의 부모는 스트레스를 더 많이 겪는 경향이 있다. 그러므로 한부모가족의 부모에게 스트레스를 줄여 주는 프로그램을 실시할 필요가 있다.

(다) 자아존중감의 증진

한부모가족은 자신에 대해 낮게 평가할 가능성이 있다. 그러나 한부모가족의 부모가 자기를 존중하는 정도와 자아를 실현하는 정도는 아동에게 굳건한 기둥의 역할을 할 수 있다(Ketteringham, 2007). 그러므로 한부모가족 구성원의 자아존중감을 높이는 데 관심을 가질 필요가 있다.

(라) 아동의 규칙적 생활에 대한 원조

한부모가족에서는 한 명의 부모만이 아동을 돌보기 때문에, 아동이 규칙적인

---

38) 이혼치료(divorce therapy)는 헤어지기로 결심한 부부를 돕기 위한 임상적 개입 방법의 하나이다 (Barker, 2003).

생활을 하기 어려울 수 있다. 그러나 한부모가족에서 생활을 규칙적으로 하게 되면, 아동은 더 안전하다고 느끼게 되고, 이에 따라 아동은 불안감을 덜 가지게 된다(Ketteringham, 2007). 그러므로 한부모가족이 규칙적인 생활을 할 수 있도록 지도하고 도와줄 필요가 있다.

정 리

- 가족과 관련된 사회문제를 퇴치하기 위해서는 평등한 가족 환경을 구축하고, 빈곤을 줄이고, 다양한 가족 형태를 이해하는 방향으로 나갈 필요가 있다.
- 가정폭력을 퇴치하기 위해서는 갈등·분노를 해결하는 방법을 교육하고, 폭력적 상황을 피하는 방법과 쉼터에 대해 안내하고, 피해자에게 치유 프로그램을 실시할 필요가 있다.
- 이혼과 관련된 문제를 줄이기 위해서는 성격 차이를 극복하는 프로그램을 실시하고, 결혼 기간이 짧은 층과 노인층에게 특히 주목하고, 이혼치료 프로그램을 실시할 필요가 있다.
- 한부모가족의 어려움을 줄이기 위해서는 지지망을 유지·확대하고, 한부모에 대한 스트레스를 줄이고, 자아존중감을 높일 필요가 있다.

CHAPTER 07

Social Problems

자살문제

차 례

제1절 현대 사회와 자살문제

현대 사회에 들어서, 자신의 삶을 스스로 마감하는 사람의 수가 많아지고 있다. 물론 거의 모든 사람은 살아가는 동안에 적어도 한 번쯤은 자살에 대해 생각해 보게 된다. 그러나 대부분의 사람들은 자살하지 않고 살기로 맘먹는다. 왜냐하면 이들은 자신이 겪는 위기가 일시적이라는 점을 깨닫기 때문이다.

하지만 위기를 가장 심각하게 경험하는 시기에는, 사람은 자신이 겪는 어려움을 해결할 수 없다고 보는 경우가 많다. 이런 경우에, 이런 사람은 자신을 통제하지 못하게 되고, 그 결과로 자살을 선택할 수 있다. 자살은 모든 인종집단, 모든 경제계층, 모든 사회계층, 모든 연령층에서 나타난다(American Association of Suicidology, 2010b).

자살은 인간 자신의 삶에서 가장 불행한 사건에 속한다. 그리고 자살은 남은 사람에게 슬픈 감정을 유발하고, 가족과 전문가에게 괴로움을 안겨 준다.

어떤 면에서 자살은 순전히 개인적인 문제라고 볼 수 있다. 그러나 개인에게 자살을 유발하는 요인들 중에는 구조적이거나 사회적인 요인도 많다. 그리고 자살로 죽는 사람의 수는 결코 적지 않다. 실제로 매년 전 세계에서 자살로 죽는 사람의 수는 살인과 전쟁 때문에 죽는 사람의 수보다 더 많은 것으로 알려져 있다. 또한 자살은 현재나 미래에 경제적으로 생산적인 존재가 사회에서 사라지는 것을 의미한다(Freedenthal, 2011; Shah, 2011).

그러므로 자살은 공공 보건 영역에서 중요하게 관심을 가져야 할 사회문제이다. 이에 따라 전 세계적으로 자살에 대해 관심이 커지고 있다(Shah, 2011; Kim et al., 2011; Hawton & van Heeringen, 2009). 예를 들어 세계보건기구(WHO)와 국제자살예방협회(IASP)는 자살문제가 심각함을 알리기 위해 9월 10일을 '세계 자살 예방의 날'로 정하였다(한겨레, 2012).

우리나라에서도 자살로 삶을 마감하는 사람의 수가 갈수록 증가하고 있다(한겨레, 2012). 우리나라의 경우, 일반인의 자살뿐만 아니라 노인과 청소년의 자살도 심각한 사회문제가 되고 있다. 그러므로 자살과 관련된 주요한 사회문제의 예로 일반인의 자살과 관련된 문제, 노인의 자살과 관련된 문제, 청소년의 자살과 관련된 문제를 들 수 있다.

정 리

- 현대 사회에서 자살하는 사람의 수가 많아지고 있다. 자살을 유발하는 요인들 중에는 구조적·사회적 요인도 많고, 자살은 사회에 경제적으로 손실을 준다. 따라서 우리나라와 선진국에서는 자살에 대해 관심이 커지고 있다.
- 자살과 관련된 주요한 사회문제의 예로 일반인의 자살, 노인의 자살, 청소년의 자살을 들 수 있다.

제2절 주요 용어와 논의

1) 기본 용어와 논의

자살(suicide)과 관련된 용어는 많은 편이다.

(1) 자살 및 관련 용어의 개념

자살에 대한 정의는 간단할 수 있다. 자살에 대해 정의한 예를 살펴보면 다음과 같다(Barker, 2003; Freedenthal, 2011):

① 미국의 전국사회사업가협회에서 간행한 사전에 따르면, 자살은 의도적으로 자신을 죽이는 행위를 말한다.

② 프리덴탈(Freedenthal)에 따르면, 자살은 자기 스스로 의도적으로 행하는 죽음을 말한다.

그러므로 정리하건대, 자살은 자기의 목숨을 스스로 끊는 행위라고 볼 수 있다. 그러나 자살은 자살 생각(자살 사고, suicidal ideation), 자살 시도(suicide attempt), 자살 행동(suicidal behavior)을 연속적으로 포함하는 포괄적인 개념이다(이창식·정미나·김윤정, 2012). 그러므로 자살을 이해하기 위해서는 이 세 가지 용어를 이해할 필요가 있다. 각 개념에 대해 간단히 설명하면 다음과 같다(Freedenthal, 2011; NYT, 2012):

① 자살 생각은 자신의 생명을 끊으려는 의도가 있는지 여부에 상관없이, 자살을 생각하는 것을 말한다.

② 자살 시도는 자신의 생명을 끊으려는 의도를 가지고 스스로 해를 가하는 행위를 말한다. 이 경우, 자살할 의도가 없이 스스로 자기에게 해를 가하는 행동과 진심으로 자살을 시도한 행동을 구분할 필요가 있다.

③ 자살 행동은 죽음을 유발할 수 있는 행동을 말한다. 자살 행동의 예로 약물을 과다하게 사용하거나 고의로 차에 충돌하는 것이 있다.

(2) 자살 유가족

자살 유가족(suicide survivors)은 개인의 자살 때문에 크게 영향을 받는 가족 구성원과 기타 사람들을 말한다. 구체적으로 자살 유가족은 자살로 사망한 사람의 가족 구성원이나 친구를 일컫는 경우가 많다. 미국의 전문가가 예상한 바에 따르면, 1명이 자살할 때마다 6명의 자살 유가족이 생긴다(American Association of Suicidology, 2011; Freedenthal, 2011).

자신이 잘 아는 사람이 자살을 하면, 남은 사람들도 어려움을 겪게 된다. 따라서 자살 유가족은 자신이 사랑하는 사람의 죽음 때문에 고통을 겪는다. 일반인에 비해서, 자살 유가족은 나중에 자살할 가능성이 더 크고, 또한 정서적 문제를 겪을 가능성이 더 크다(American Association of Suicidology, 2010b).

2) 일반인의 자살과 관련된 논의

(1) 자살의 원인

사람이 한 가지 원인 때문에 자살하는 경우는 드물다. 즉, 사람은 여러 가지 복합적인 원인 때문에 자살한다. 따라서 자살을 유발하는 요인에는 여러 가지가 있다. 그리고 위험 요인에 속하는 요인들의 각각이 서로 상호작용해서 자살할 가능성을 더 크게 하는 경우도 많다.

일반인에게 자살을 유발하는 요인으로 다음과 같은 것을 제시할 수 있다(American Association of Suicidology, 2010a; Hawton & van Heeringen, 2009; Freedenthal, 2011; NYT, 2012):

① 정신의학적 요인이 있다. 자살하는 사람들 중에는 정신장애를 가진 사람이 많다. 그간의 연구에 따르면, 자살로 사망한 사람들 중에서 적어도 한 가지 정신장애를 가지는 것으로 진단된 사람의 비율이 90~95%에 이른다. 일반적으로 공격성, 충동성, 절망감의 정도가 큰 것은 자살을 유발하는 요인으로 작용할 수 있다. 예를 들어 살아가면서 공격성의 정도가 높은 것은 자살할 가능성이 큰 것과 관련되는 것으로 알려져 있다.

② 신체적 건강과 관련된 요인이 있다. 자살은 신체적 건강이 좋지 않은 것과 관련되어 있고, 또한 장애와 관련되어 있다. 특히 자살은 신체적으로 기능을 제대로 하지 못하는 것과 관련되어 있다. 예를 들어 자살은 암, 간질, 위궤양, 콩팥 부위의 질병, 등뼈 부위의 질병, 에이즈(AIDS, 후천성 면역 결핍증) 등과 관련되어 있다.

③ 생활 사건과 관련된 요인이 있다. 실제로, 사람은 중요한 생활 사건을 겪은 후에 자살하는 경우가 많다. 특히 사람들 사이의 관계와 관련된 사건을 겪은 후에 자살하는 경우가 많다. 이것은 스트레스를 주는 생활 사건의 경우에 특히 그렇다. 스트레스를 주는 생활 사건의 예로 재정적으로 크게 어려움을 겪거나, 사람과의 관계에서 크게 어려움을 겪는 것이 있다.

『세일즈맨의 죽음』에 나타난 자살

근로자의 고용 불안정과 직무 스트레스에 따른 어려움은 급기야 자살을 유발하는 요인으로 작용할 수 있다. 『세일즈맨의 죽음』에서 주인공은 이미 예전부터 자살을 생각하고 있다. 주인공의 배우자가 자녀와 나누는 다음의 대화 속에서, 주인공의 자살 계획과 이것을 감싸면서 어쩌지 못하는 배우자의 비극적인 착함을 찾아볼 수 있다.

배우자: 지난달에… (힘들게) 얘들아, 이런 말은 차마 하지 못하겠구나. 아버지가 너희들에겐 정신 나간 사람으로 보일 지 모르지만, 난 아버지가 다른 누구보다도 마음씨가 착하다는 것은 알지. (목이 메어, 눈물을 닦는다) 전기가 나가서 퓨즈를 찾으러 지하실에 내려갔었단다. 퓨즈상자 뒤에서 뭔가 떨어지길래 보니까 짧은 고무 호스였어 – 아주 짧은 것이었어.

둘째 아들: 정말예요?

배우자: 호스 끝에 뭔가 달렸는데, 금세 알아챘지. 히이터 밑의 가스 파이프에 새로 꼭지를 끼워 놓았더구나.

둘째 아들: (화내며) 그런 어리석은 짓을 하시다니.

첫째 아들: 그래서 없애 버리셨어요?

배우자: 창피해서 못했단다. 어떻게 아버지한테 그 말을 하니? 날마다 내려가서 고무 파이프를 치워 버리지. 하지만 아버지가 돌아오시면 다시 갖다놓는단다. 치워 버리면 얼마나 창피하시겠니? 어찌해야 좋을지 모르지만, 그저 겨우 하루하루 넘기고 있을 뿐이란다. 아버지가 무슨 생각을 하고 계신지 난 다 안다.

결국, 『세일즈맨의 죽음』이라는 제목에서 이미 예고되었듯이, 나중에 주인공은 자살이라는 방법을 통해서, 이 세상과 맺었던 끈을 끊어버린다.

출처: 노병일(2013: 90-91).

④ 자해(自害) 경험과 관련된 요인이 있다. 이전에 자신의 신체에 자해한 것은 자살을 유발하는 주요한 요인이 된다.

⑤ 알코올을 남용하는 것과 관련된 요인이 있다. 알코올 남용은 자살과 크게 관련되어 있다. 이것은 알코올에 크게 의존할 경우에 특히 그렇다.

⑥ 자살 수단과 관련된 요인이 있다. 자살하는 수단을 이용할 수 있는 것은 자살을 유발하는 중요한 요인이 된다. 특히 구체적인 자살 방법을 이용할 수 있는 정도는, 자살할 생각을 실제로 행동으로 옮길 수 있는지 여부를 결정하는 요인이 될 수 있다.

⑦ 가족과 관련된 요인이 있다. 가족 구성원 중에 자살한 경험이 있는 것은 자살을 유발하는 중요한 요인에 속한다. 예를 들어 가족 구성원 중에서 자살한

사람이 있을 경우에는, 가족 구성원이 자살할 가능성이 2배 이상 더 커지는 것으로 알려져 있다. 이것은 여성 청소년과 여성 성인의 경우에 특히 그렇다.

⑧ 아동학대와 관련된 요인이 있다. 아동기에 겪은 신체적 학대와 성적 학대는 나중에 자살을 크게 유발하는 요인이 될 수 있다. 이것은 성적 학대의 경우에 특히 그렇다. 자살을 시도하는 사람이 어린 시절에 성적 학대를 경험하였을 경우에는, 자살하려는 행동이 가족 사이에 대물림될 가능성이 매우 크다. 따라서 어린 시절의 양육 방식은 자살을 유발하는 중요한 요인이 된다.

⑨ 다른 사람의 자살을 아는 것과 관련된 요인이 있다. 다른 사람이 자살하는 행동을 보거나 아는 것은 자살을 유발하는 요인이 될 수 있다. 예를 들어 다른 사람이 자살한 것을 언론을 통해 듣거나 보는 것은 자살을 유발하는 중요한 요인이 된다.[39)]

⑩ 언론과 관련된 요인이 있다. 예를 들어 텔레비전 드라마에서 자살하는 장면은 드라마를 보는 사람의 자살 행동에 영향을 미칠 수 있다. 또한 다음과 같은 경우에는, 언론이 자살을 보도하는 것이 특히 영향을 미칠 수 있다: ㉠ 자살 사례를 선정적으로 보도한다. ㉡ 자극적인 제목과 사진을 포함시켜 자살을 보도한다. ㉢ 자살하는 방법을 자세히 보도한다. ㉣ 자살한 사람이 유명한 사람이다.

39) 유명한 사람들이 자살하면 이것을 따라 자살하는 상황이 나타날 수도 있다. 이런 모방자살을 '베르테르 효과(Werther effect)'라고 부른다(한겨레, 2012). '베르테르 효과'라는 표현은 괴테(Goethe)의 소설인 『젊은 베르테르의 슬픔』에서 나왔다.

우울과 자살

정신장애의 하나인 우울은 자살과 가장 관련이 큰 정신적 증상이다. 특히 우울을 겪는 상황에서 알코올이나 약물에 의존하는 사람은 자살할 가능성이 더 크다.

그리고 우울한 상태에 있으면서 다음과 같은 증상을 가진 사람들은 자살할 가능성이 특히 크다(American Association of Suicidology, 2010b):

① 크게 절망하고 있다.
② 예전에는 즐거웠던 활동에 대해 흥미를 느끼지 않는다.
③ 많이 걱정하고, 많이 당황한다.
④ 잠자는 데 어려움을 크게 겪는다.
⑤ 자살에 대해 이야기하거나, 예전에 자살을 시도한 경험이 있다.
⑥ 초조해하고 흥분한다.

(2) 성과 자살

사망하지 않는 자살 시도는 남성보다는 여성에게서 훨씬 더 많이 나타나고 있다. 하지만 일반적으로 남성의 자살률은 여성의 자살률보다 훨씬 더 높다.

여성의 자살률보다 남성의 자살률이 더 높은 이유로 다음과 같은 점을 들 수 있다(Freedenthal, 2011):

① 남성은 총기나 칼과 같은 도구를 더 쉽게 이용할 수 있고, 또한 이런 도구에 더 익숙하기 때문이다.
② 남성은 도움을 찾는 경우가 더 적기 때문이다.

(3) 자살 시도의 신호

개인은 자살을 시도하기 전에 특정한 증상이나 행동을 보이는 경우가 많다. 그렇다고 해서 자살을 시도하기 전에 이런 증상이나 행동을 반드시 보이는 것은 아니다. 자살하려는 사람에게서 나타날 수 있는 신호에는 다음과 같은 것이 포함된다(American Association of Suicidology, 2010b; NYT, 2012):

① 집중을 잘 하지 못하거나, 분명하게 생각하지 못한다.
② 자신이 가진 귀중한 물품을 처분한다.
③ 행동이 갑자기 변한다. 특히 불안을 느끼는 기간이 지난 후에 침착해진다.
④ 이전에는 즐거워했던 활동에 대해 흥미를 잃는다. 예를 들어 취미 생활, 직장 생활, 학교 생활에 관심을 가지지 않는다.
⑤ 자기 몸에 해로운 행동을 한다. 예를 들어 알코올을 너무 많이 사용하거나, 불법 약물을 사용하거나, 자신의 신체를 칼과 같은 것으로 긋는다. 그리고 필요하지 않은 위험한 행동을 한다. 예를 들어 무모하고 충동적인 행동을 한다.
⑥ 친구들과 만나려 하지 않거나, 밖에 나가기를 꺼린다. 즉, 친구와 멀리 하고, 사회 활동에 참여하지 않는다. 그리고 자신을 도와줄 수 있는 사람이나 기관과 관계를 맺지 않으려 한다.
⑦ 자신의 개인적 외모에 관심을 가지지 않는다.
⑧ 자살이나 죽음에 대해 이야기하고, 살 이유가 없다고 이야기한다. 그리고 심한 경우에는, 자신의 신체에 해를 가하고 싶다고 이야기한다. 또한 죽음에 대해 크게 관심을 가진다.
⑨ 절망감을 보여 준다. 예를 들어 희망이 없다고 이야기하거나, 죄의식에 대해 이야기한다.
⑩ 잠자는 습관이나 식사 습관이 변한다.
⑪ 알코올이나 약물을 더 사용한다.
⑫ 자신의 목숨을 끊을 방법을 찾는다. 예를 들어 칼을 사거나 알약을 많이 구입한다.
⑬ 유서를 작성하고 마지막 정리를 함으로써 죽음에 대비한다.

(4) 자살에 대한 보호 요인

개인이 자살을 시도하거나 자살로 사망할 가능성을 줄여 줄 수 있는 특징은 자살에 대한 보호 요인에 속한다. 그간의 연구에서는 자살할 가능성을 줄여 주는 보호 요인을 여러 가지 제시해 왔다. 이런 보호 요인의 예로 다음과 같은 것이 있다(Freedenthal, 2011):

① 사회적 지지를 받는다.

② 영적 측면에 관심을 가지거나, 종교 활동에 참여한다.

③ 자살에 대해 도덕적으로 반대하는 입장을 가진다.

④ 가족과 친밀하게 유대를 맺는다. 특히 자신이 사랑하는 사람에 대해 책임감을 갖는다.

⑤ 정서적 측면에서 극단적으로 생각하지 않는다.

⑥ 학문적으로 성취하고, 직장 등에서 잘 나간다.

▲ 자살 방지 안내문: 사회적 지지는 자살에 대한 보호 요인에 속한다.

사진: 정신건강증진센터에서 저자 찍음.

(5) 자살 가능성이 있는 사람의 치료

자살할 가능성이 있는 사람들은 치료를 받지 않으려고 할 수 있다. 이렇게 되는 이유를 몇 가지 제시하면 다음과 같다(NYT, 2012):

① 자살 가능성이 있는 사람은 어떤 것도 도움이 되지 않을 것이라고 생각하기

때문이다.

② 자살 가능성이 있는 사람은 자신이 문제를 가지고 있다는 것을 누구에게 말하기를 원하지 않기 때문이다.

③ 자살 가능성이 있는 사람은 도움을 요청하는 것은 나약함을 보여 주는 것이라고 생각하기 때문이다.

④ 자살 가능성이 있는 사람은 어디에 도움을 청하여야 하는지를 모르기 때문이다.

3) 노인의 자살과 관련된 논의

(1) 노년기와 자살

일반적으로 자살률은 나이가 많아짐에 따라 더 높아지는 경향이 있다. 따라서 노인은 자살하는 비율이 높은 집단에 속한다. 그러므로 사회에서 노인의 수가 많아진다는 것은 자살하는 노인의 수가 많아진다는 것을 의미한다(Shah, 2011; Yuryev et al., 2010; Kim et al., 2011).

(2) 노인 자살의 원인

노인이 자신의 목숨을 끊는 원인에는 여러 가지가 있을 수 있다. 노인에게 자살을 유발하는 주요한 요인으로 다음과 같은 것을 들 수 있다(American Association of Suicidology, 2010a; Hawton & van Heeringen, 2009):

① 정신장애와 관련된 요인이 있다. 선진국의 경우, 노인의 자살은 정신장애와 크게 관련되어 있다. 이 경우에 노인의 자살에 특히 영향을 미치는 요인은 우울이다.[40] 그러나 노인은 우울을 진단받지 않거나 치료하지 않는 경우가 많다.

② 사랑하는 사람이 최근에 사망한 것이 있다.

40) 물론, 아래에 설명하는 요인들 때문에 노인에게 우울이 나타날 수 있다(노병일·모선희, 2007).

③ 신체적으로 아픈 것이 있다.
④ 고통을 통제할 수 없거나 생명을 연장하는 것을 두려워하는 것이 있다.
⑤ 건강이 좋지 않다고 인식하는 것이 있다.
⑥ 사회적으로 고립되고 외로운 것이 있다.
⑦ 사회적 역할이 크게 변하는 것이 있다. 사회적 역할이 크게 변하는 상황의 예로 퇴직하는 것이 있다.
⑧ 사고방식과 관련된 요인이 있다. 융통성이 있게 생각하지 못하고 강박관념이 있는 성격은 노인 자살을 유발하는 요인이 될 수 있다. 왜냐하면 이런 사고방식은 노년기에 겪는 어려움을 대처하는 능력에 부정적으로 영향을 미치기 때문이다.
⑨ 알코올과 관련된 요인이 있다. 노인이 알코올을 남용하는 것은 노인 자살을 유발하는 중요한 요인이 될 수 있다.
⑩ 독립성을 상실하는 것이 있다.

(3) 노인의 자살 관련 특징

자살을 시도하는 노인의 특성과 자살을 시도하는 일반인의 특성은 다르다. 대개의 경우, 일반인에 비해서 노인은 다음과 같은 상황에 있다(Kim et al., 2011; USA Today, 2007):

① 더 치명적으로 자살을 시도한다.
② 정신건강과 관련된 개입 서비스가 더 적다.
③ 자살과 관련해 도움을 청할 가능성이 더 적다.

4) 청소년의 자살과 관련된 논의

(1) 청소년 자살의 원인

청소년에게 자살을 유발하는 요인에는 여러 가지가 있다. 그리고 성인에게 자살을 유발하는 요인들은 청소년에게도 적용되는 경우가 많다.

청소년을 자살로 이끄는 요인의 예로 다음과 같은 것이 있다(Hawton, Saunders & O'Connor, 2012; NASP, 2013; Hawton & van Heeringen, 2009; Korea Times, 2012; NYT, 2012):

① 정신건강과 관련된 요인이 있다. 자살로 사망한 청소년은 정신장애를 가지고 있는 경우가 매우 많다. 이런 예로 우울한 것, 행동장애를 겪는 것이 있다.

② 알코올과 관련된 요인이 있다. 청소년의 경우, 알코올을 남용하면 자살할 가능성이 커진다. 알코올 남용이 자살 시도를 유발하는 요인으로 작용하는 정도는 13세 이하의 청소년에게서 가장 큰 것으로 알려져 있다.

③ 가족과 관련된 요인이 있다. 이런 예로 가족이 스트레스를 겪는 것과 가족이 제대로 기능하지 못하는 것이 있다. 그리고 여기에는 가족 내에서 학대를 겪은 것, 가정폭력을 겪은 것도 포함된다.

④ 가족 구성원 중에 자살한 사람이 있는 경우이다. 자살이 가족 사이에 대물림되는 것은 자살을 유발하는 중요한 요인이다.

⑤ 환경과 관련된 요인이 있다. 이런 예로 가정에 자살에 사용될 수 있는 도구가 있는 것이 있다.

⑥ 상황과 관련된 요인이 있다. 이런 예로 사랑하는 사람의 죽음을 잊지 못하는 것, 이성 관계가 파탄에 이른 것이 있다.

⑦ 학교와 관련된 요인이 있다. 청소년 자살은 학교 환경과 관련되는 경우가 많다. 예를 들어 우리나라의 청소년에게 자살이 발생하는 비율이 높은 이유들 가운데 하나는, 교육 환경이 경쟁적이기 때문인 것으로 밝혀진 바 있다.

⑧ 지역사회와 관련된 요인이 있다. 이런 예로 최근에 청소년이 자살한 지역사회에 거주하는 경우가 있다.

⑨ 언론과 관련된 요인이 있다. 청소년의 경우, 언론은 자살을 유발하는 중요한 요인에 속한다.

■■■ 청소년의 자살 '생각' 유발 요인 ■■■

청소년이 자살을 생각하게 하는 요인으로 다음과 같은 것이 있다(이창식·정미나·김윤정, 2012):

① 개인과 관련된 요인이 있다. 이런 요인의 예로 우울, 절망감, 희망, 스트레스, 대처방식, 자아존중감이 있다. 이 중에서 우울은 청소년에게 자살 생각을 매우 크게 유발하는 요인으로 알려져 있다. 그리고 절망감은 청소년의 자살 생각을 예측하는 매우 중요한 요인으로 밝혀지고 있다.
② 가족과 관련된 요인이 있다. 이런 요인의 예로 가족력, 가족의 결속력, 자녀에 대한 부모의 관심이 있다.
③ 학교와 관련된 요인이 있다. 이런 요인의 예로 친구와 교사의 사회적 지지, 또래 관계, 학업 스트레스가 있다.
④ 사회와 관련된 요인이 있다. 이런 요인의 예로 거주지와 대중매체가 있다.

(2) 청소년의 자살 관련 특징

청소년은 자살하기 전에 자살을 시도하는 경우가 성인보다 훨씬 더 많은 것으로 알려져 있다. 그리고 자해나 자살하는 청소년은, 자해나 자살하기 전에 전문가에게 미리 도움을 청하지 않는 경우가 대부분이다. 청소년이 자살하려는 생각이 들 때 도움을 청하지 않는 이유는, 비밀이 유지될지를 걱정하고 오명이 따라다닐 것을 걱정하기 때문인 것으로 밝혀지고 있다(Freedenthal, 2011; Hawton, Saunders & O'Connor, 2012).

한편, 자살하는 청소년은 자살하려는 생각을 암시하는 행동을 미리 보여 주는 경우가 많다. 이런 행동의 예로 다음과 같은 것이 있다(NASP, 2013):

① 직접적이고 간접적으로 표현하면서 자살하겠다고 위협한다.
② 자살에 관한 수기를 쓰거나 자살할 계획을 한다.
③ 이전에 자살을 시도한 적이 있다.
④ 삶의 마지막을 준비한다. 이런 예로 장례 절차를 준비하는 것, 유서를 쓰는 것, 자신에게 귀중한 개인 물품을 다른 사람에게 주는 것이 있다.

⑤ 죽음에 집착한다.

⑥ 행동, 외모, 생각, 감정이 변한다.

(3) 청소년 자살에 대한 보호 요인

청소년의 자살에 대한 보호 요인은 청소년이 자살할 가능성을 줄이는 역할을 한다. 이런 보호 요인의 예로 다음과 같은 것이 있다(NASP, 2013):

① 가족 구성원들이 서로 지지해 주고 가족의 유대가 강한 것이 있다. 여기에는 가족 구성원들 사이에 의사소통이 잘 되는 것도 포함된다.

② 친구가 지지해 주고 친구들끼리 밀접한 관계를 형성하는 것이 있다.

③ 학교와 지역사회가 서로 잘 연계된 것이 있다.

④ 자살을 꺼리게 하고 건전한 생활을 하도록 권장하는 문화나 종교적 신념이 있다.

⑤ 상황에 잘 적응하는 기술과 문제를 해결하는 기술을 가지는 것이 있다. 여기에는 갈등을 해결하는 기술도 포함된다.

⑥ 삶에 만족하는 정도가 높고, 자아존중감이 높고, 목표 의식이 뚜렷한 것이 있다.

⑦ 효과적인 의료 자원과 정신건강 자원을 쉽게 이용할 수 있는 것이 있다.

정 리

- 자살은 자기의 목숨을 스스로 끊는 행위를 말한다. 자살 생각은 자신의 생명을 끊으려는 의도가 있는지 여부에 상관없이, 자살을 생각하는 것을 말한다. 자살 시도는 자신의 생명을 끊으려는 의도를 가지고 스스로 해를 가하는 행위를 말한다. 자살 행동은 사람에게 죽음을 유발할 수 있는 행동을 말한다. 자살 유가족은 개인의 자살 때문에 크게 영향을 받는 가족 구성원과 기타 사람들을 말한다.
- 자살을 유발하는 요인으로 정신의학적 요인, 신체적 건강과 관련된 요인, 생활 사건과 관련된 요인, 자해 경험과 관련된 요인, 알코올 남용과 관련된 요인, 자살 수단과 관련된 요인, 가족과 관련된 요인, 아동학대와 관련된 요인, 다른 사람의 자살을 아는 것과 관련된 요인, 언론과 관련된 요인이 있다. 그리고 개인은 자살을 시도하기 전에 특정한 증상이나 행동을 보이는 경우가 많다. 일부 요인은 자살에 대한 보호 요인으로 작용한다.

- 노인은 자살률이 높은 집단이다. 노인에게 자살을 유발하는 요인으로 정신장애, 사랑하는 사람의 사망, 신체적 질병, 고통 통제와 생명 연장에 대한 두려움, 건강에 대한 부정적 인식, 사회적 고립과 고독, 사회적 역할의 변화, 사고방식, 알코올 남용, 독립성 상실이 있다.
- 성인에게 자살을 유발하는 요인들은 청소년에게도 적용되는 경우가 많다. 청소년에게 자살을 유발하는 요인으로 정신건강과 관련된 요인, 알코올과 관련된 요인, 가족과 관련된 요인, 가족 구성원 중에 자살한 사람이 있는 것, 환경과 관련된 요인, 상황과 관련된 요인, 학교와 관련된 요인, 지역사회와 관련된 요인, 언론과 관련된 요인이 있다. 청소년은 자살하기 전에 자살을 시도하는 경우가 성인보다 훨씬 더 많으나, 자해나 자살하기 전에 전문가에게 미리 도움을 청하지 않는 경우가 많다. 그리고 자살하는 청소년은 자살하려는 생각을 암시하는 행동을 미리 보여 주는 경우가 많다. 일부 보호 요인은 청소년이 자살할 가능성을 줄이는 역할을 한다.

제3절 주요 자살문제의 현황

1) 일반인의 자살

자살이 발생하는 비율은 국가에 따라 크게 차이가 난다. 전 세계적으로 볼 때, 매년 자살로 사망하는 사람이 약 90만~100만 명에 이르는 것으로 보고되고 있다. 경제협력개발기구(OECD)에 속하는 국가들의 경우, 인구 10만 명당 자살률은 2010년에 평균 12.8명이었다.

그리고 전 세계적으로 볼 때, 모든 사망 사례들 중에서 자살이 차지하는 비율은 1.5%에 이른다.[41] 또한 전 세계적으로 자살은 열 번째 사망 원인이 되고 있다(Hawton & van Heeringen, 2009; Freedenthal, 2011; 통계포털, 2013).

41) 그러나 여러 가지 이유 때문에, 발표된 자살률은 실제 자살률보다 10~50% 낮은 것으로 추정되고 있다.

(1) 우리나라의 현황

다른 국가에 비해서, 우리나라의 자살률은 매우 높은 편이다. 근래에 들어, 우리나라의 자살률은 경제협력개발기구(OECD)에 속한 국가들 중에서 1위를 차지한 바 있다(한겨레, 2012).

우리나라의 경우, 1997년에 맞은 경제 위기 이후에 자살률이 빠르게 높아지는 경향을 보였다. 그 후에는 다소 낮아지는 모습을 보였으나, 2000년도 이후에 우리나라에서 자살률은 전반적으로 높아지는 경향을 보이고 있다. 구체적으로 우리나라의 경우, 인구 10만 명당 자살률은 1990년에는 7.6명, 2000년에는 13.6명, 2010년에는 31.2명이었다(통계포털, 2013; 홍진표, 2011). 따라서 우리나라에서 자살률은 높아지는 경향을 보이고 있다. 우리나라의 경우, 2010년에 자살은 네 번째 사망 원인으로 밝혀진 바 있다.[42] 이것은 남성과 여성의 경우에 모두 그렇다.

한편, 우리나라의 20대~50대가 자살 충동을 가지는 주된 원인은 경제적 어려움인 것으로 나타났다. 이것은 우리나라에서 20대에서 50대까지의 인구층은 경제활동을 하는 주요한 인구층이기 때문에 그런 것으로 보인다(홍진표, 2011).

그리고 우리나라에서 2010년에 가장 많이 사용한 자살 방법은 목맴과 같은 질식이었고, 그 다음으로는 살충제 마시기와 투신자살의 순인 것으로 조사되었다.

(2) 선진국의 현황

미국의 경우, 인구 10만 명당 자살률은 2000년대 초에는 11명이었고, 2010년에는 12명이었다. 근래의 경우, 미국에서는 매년 3만 6천 명 이상이 자살하고 있다(American Association of Suicidology, 2011; USA Today, 2007; 통계포털, 2013).

예전에는 미국에서 자살은 전체 인구층이 사망하는 열한 번째 원인이었다. 그러나 최근 들어서는 자살은 열 번째 사망 원인으로 밝혀진 바 있다.

미국의 경우, 자살하려는 사람들 중에서 약 33%는 1년 이내에 자살을 다시 시

42) 우리나라의 경우, 자살이 처음부터 아주 주요한 사망 원인에 속하는 것은 아니었다. 예를 들어 우리나라에서 1992년에 자살은 전체 사망 원인 중에서 열 번째에 해당되었다(홍진표, 2011).

도할 가능성이 있는 것으로 알려져 있다. 그리고 자살을 시도하였지만 사망하지 않은 사람들 중에서, 나중에 자살로 사망하는 사람의 비율은 약 10~15%인 것으로 알려져 있다(American Association of Suicidology, 2010b, Franke & de Anda, 2011; NYT, 2012; Freedenthal, 2011).

한편, 미국에서 자살을 시도하는 비율은 여성이 남성보다 3배 더 높다. 그렇지만 자살로 실제 목숨을 마감하는 비율은 남성이 여성보다 4배 더 높다(American Association of Suicidology, 2010b).

자살 원인: 우울과 자살

우울 증상을 치료하지 않은 사람이 살면서 자살할 가능성은 약 20%인 것으로 조사된 바 있다. 미국의 경우, 자살로 사망한 사람들 중에서, 사망할 당시에 우울을 겪은 사람의 비율이 약 65%에 이른다. 그리고 미국에서 우울로 진단된 사람들 중에서, 남성의 경우에는 100명당 약 7명이 자살로 사망할 가능성이 있고, 여성의 경우에는 100명당 1명이 자살로 사망할 가능성이 있는 것으로 밝혀지고 있다(American Association of Suicidology, 2010b).

2) 노인의 자살

전 세계적으로 노인이 자살하는 비율은 높다. 그러나 노인의 자살률은 국가마다 차이가 난다. 노인의 자살률이 국가에 따라서 차이가 나는 이유는, 노인에게 정신질환이 나타나는 정도, 사회경제적 요인, 문화적 요인, 적절한 의료 서비스를 이용할 수 있는 정도, 정신건강문제와 자살을 파악하고 치료하기 위한 공적 방안이 있는 정도가 국가마다 차이가 나기 때문이다(Yuryev et al., 2010; Shah et al, 2008).

(1) 우리나라의 현황

우리나라의 경우, 60대 이상의 연령층에서 자살률이 뚜렷하게 높아지는 모습을 보여 주고 있다. 특히 최근 들어서 우리나라에서 노인의 자살률이 빠르게 높아지고 있다(홍진표, 2011; 한겨레, 2012).

선진국의 경우, 청소년의 자살률에 비해 노인의 자살률이 크게 낮아지는 경향을 보이고 있다. 그러나 우리나라에서는 연령이 높아질수록 자살률이 크게 높아지는 현상이 나타나고 있다. 따라서 다른 국가에 비해서, 우리나라에서는 노인이 자살하는 사례가 '폭발적으로' 증가하고 있다는 평가도 받고 있다. 실제로 우리나라의 경우, 65세 이상 노인의 자살률은 전체 평균 자살률의 2배가 넘는 것으로 밝혀진 바 있다(한겨레, 2012; 엘파소한인신문, 2010).

그리고 우리나라의 경우, 노인의 나이가 많아질수록 자살하는 비율이 높아지고 있다. 특히 80세 이상 노인의 자살률이 높게 나타나고 있다. 예를 들어 2002년 이후부터 일반인의 자살률과 80세 이상 노인의 자살률 사이의 격차가 커지고 있다. 그리고 우리나라에서 80세 이상 노인이 자살하는 사례는 10대 청소년이 자살하는 사례의 3배에 이르는 것으로 조사된 바 있다(배진희, 2011; 홍진표, 2011).

그러나 우리나라 노인의 실제 자살률은 발표된 것보다 더 높을 가능성이 크다. 왜냐하면 우리나라의 정서상 노인 자살이 숨겨지는 경우가 많고, 노인 자살을 사고 때문에 죽은 것으로 가장하는 경우도 많기 때문이다(한겨레, 2012).

한편, 우리나라에서 노인이 자살을 생각하거나 자살을 시도할 가능성을 높이는 위험 요인은 나이가 많은 것, 남성인 것, 배우자가 없는 것, 소득이 적은 것, 건강상태가 열악한 것, 우울한 상태에 있는 것, 상실을 경험하는 것으로 밝혀지고 있다. 이 경우, 우리나라에서 60세 이상 인구층이 자살 충동을 가지는 주된 원인은 신체적 질환인 것으로 나타났다. 이것은 60대 이후로는 신체적 질환이 많기 때문에 그런 것으로 보인다. 하지만 우리나라의 경우, 노인이 자살하는 근본적인 원인은 경제적 빈곤인 것으로 나타나고 있다(배진희, 2011; 홍진표, 2011; 한겨레, 2012).[43)]

43) 우리나라의 경우, 65세 이상 노인의 빈곤율은 48.5%인 것으로 밝혀진 바 있다. 이는 경제협력개발기구

그리고 자살을 시도한 노인이 가장 많이 겪는 정신건강문제는 우울인 것으로 밝혀진 바 있다(Kim et al., 2011).

(2) 선진국의 현황

미국의 경우, 노인은 자살할 가능성이 가장 높은 인구집단이다. 구체적으로 미국의 경우, 모든 자살 사례의 25%는 노인에게서 발생하는 것으로 밝혀진 바 있다(USA Today, 2007; 노병일·오영선, 2005).

미국은 90분마다 한 명의 노인이 자살하는 것으로 밝혀지고 있다. 그러므로 미국에서는 매일 약 16명의 노인이 자살하고 있는 셈이다.

미국의 경우, 노인이 자살을 시도하는 사례는 다른 연령층이 자살을 시도하는 사례보다 더 적은 경우가 많다. 그러나 미국에서 노인이 자살로 목숨을 끊는 비율은 다른 연령층이 자살로 목숨을 끊는 비율보다 더 높다. 특히 85세 이상의 노인이 자살하는 비율은 매우 높은 편이다.

그리고 미국의 경우, 자살하는 노인들 중에는 남성이 훨씬 더 많다. 미국에서 여성이 자살하는 비율은 60세가 지나서 낮아지는 경향이 있다. 미국의 남성 노인의 자살률은 여성 노인의 자살률보다 5.3배 더 높은 것으로 조사된 바 있다(American Association of Suicidology, 2010a; American Association of Suicidology, 2010b).

한편, 미국에서 노인이 자살한 사례의 25%는 우울과 특히 관련이 있는 것으로 나타나고 있다(노병일·오영선, 2005).

3) 청소년의 자살

10대에는 자살률이 높아지는 경향을 보이고 있다. 실제로 전 세계적으로 자살은 청소년의 두 번째 사망 원인이 되고 있다. 그러나 전 세계적으로 청소년의 자살률은 국가에 따라 크게 차이가 난다(Hawton & van Heeringen, 2009; Hawton, Saunders & O'Connor, 2012).

(OECD)에 속하는 국가들의 평균보다 3.4배나 높은 수치이다(한겨레, 2012).

(1) 우리나라의 현황

우리나라의 경우, 2010년에 청소년의 첫 번째 사망 원인은 자살이었다. 그리고 2013년에 발표한 청소년 통계에서도, 청소년의 첫 번째 사망 원인은 자살이었다. 우리나라의 통계청이 발표한 바에 따르면, 15~24세 청소년의 경우에 10만 명당 13명이 2010년에 자살하였다(Korea Times, 2012; 통계청·여성가족부, 2013).

또한 2013년에 발표한 청소년 통계에 따르면, 전체 청소년들 중에서 지난 1년간 한 번이라도 자살을 생각해 본 청소년이 차지하는 비율은 11.2%였다. 그러나 우리나라의 청소년 관련 기관이 조사한 결과, 자살을 생각해 본 적이 있다고 응답한 청소년의 비율이 2000년대 초에 약 28~38%인 것으로 나타난 바도 있다(통계청·여성가족부, 2013; 이창식·정미나·김윤정, 2012).

한편, 우리나라의 경우, 자살할 생각을 한 적이 있는 청소년들이 자살하려는 원인으로 가장 많이 지적한 것은 교육과 관련된 과도한 경쟁이었고, 그 다음으로는 경제적 어려움, 졸업 후의 미래에 대한 걱정의 순으로 나타났다. 그리고 또 다른 조사에서는, 우리나라의 10대가 자살 충동을 가지는 주된 원인은 성적과 진학문제인 것으로 나타났다. 이것은 우리나라 10대의 경우 입시와 학교 진학이 중요한 문제이기 때문에 그런 것으로 보인다(Korea Times, 2012; 홍진표, 2011).

그러나 우리나라의 10개 시·도에 거주하는 중·고등학생들을 대상으로 조사한 결과, 중·고등학생의 자살 생각을 가장 잘 예측하는 요인은 우울인 것으로 나타났다(이창식·정미나·김윤정, 2012).

(2) 선진국의 현황

미국의 경우, 청소년에게 자살은 사망을 유발하는 세 번째 요인이 되고 있다. 미국의 경우, 15~24세 청소년의 10만 명당 자살률은 1950년대에는 4.5명이고, 1960년대에는 5.2명이었다. 그러다가 1990년에는 13.2명으로 증가하였고, 그 후 2000년대에는 10.2명, 2004년에는 10.3명으로 나타난 바 있다. 따라서 근래의 청소년 자살률은 1950년대와 1960년대의 자살률보다는 크게 높아졌으나, 1990년에 비해서는 다소 낮아지는 경향을 보이고 있다. 하지만 미국은 최근 50년 동안에 청소년의 자살률이 2배가 넘게 증가하는 경향을 보이고 있다(American Association of Suicidology, 2010b; NASP, 2013; Freedenthal, 2011; Franke & de Anda, 2011).

그리고 미국의 경우, 청소년의 자살률은 성에 따라 크게 차이가 나고 있다. 이 경우, 남성 청소년의 자살률은 여성 청소년의 자살률보다 훨씬 더 높은 경향을 보이고 있다. 또한 자살을 생각해 본 청소년의 비율은 여성 청소년이 남성 청소년보다 더 높은 것으로 나타난 바 있다(Franke & de Anda, 2011).

정 리

- 다른 국가에 비해 우리나라의 자살률은 매우 높은 편이다. 일부 선진국의 경우, 자살은 주요한 사망 원인에 속한다.
- 우리나라에서 노인의 자살률은 높아지고 있다. 일부 선진국의 경우, 노인은 자살할 가능성이 가장 높은 인구집단에 속한다.
- 우리나라와 선진국에서 자살은 청소년의 주요한 사망 원인에 속한다.

제4절 자살문제와 관련된 관점

인류의 역사를 통해서, 사람들은 자살이라는 현상을 이해하려고 노력해 왔다(Freedenthal, 2011). 이에 따라 자살의 원인과 관련해 다양한 관점이 제시되어 왔다. 자살의 원인과 관련된 관점을 몇 가지 제시하면 다음과 같다.

1) 주요 관점

(1) 사회학적 관점

자살에 대한 사회학적 관점에서는 자살을 유발하는 사회적 측면에 주목하고 있다. 자살을 사회학적 관점에서 처음으로 연구한 사람은 뒤르켕(Durkheim, 1951)이다. 뒤르켕은 『자살(Le Suicide)』이라는 저서에서, 자살은 개인적 병리가 아니라 사회의 역동적인 측면을 반영한다고 주장한 바 있다. 뒤르켕에 따르면, 외적인 규제가 크고 사회적 유대가 큰 집단은 사회적 유대가 적은 집단보다 자살률이 더 낮은 경우가 많다. 예를 들어 가톨릭을 믿는 사람은 기독교를 믿는 사람보다 자살률이 낮다 왜냐하면 가톨릭에 비해서 기독교에서는 개인주의를 더 권장하기 때문이다(Freedenthal, 2011).

그 후로 자살에 관한 연구를 많이 실시해 왔다. 그간 연구한 결과, 뒤르켕의 이론과 들어맞지 않는 경우도 많이 있어 왔다. 따라서 그 후에 자살 행동에 대해 사회학적 관점에 근거를 두어 실시한 연구에서는 경기의 흐름, 사회적 지위, 소득 수준, 계층 이동, 자살에 대한 사회적 태도에 주목하는 방향으로 나가고 있다(Freedenthal, 2011).

▲ 뒤르켕의 『자살론』: 뒤르켕은 자살을 사회학적 관점에서 처음으로 연구한 사람이다.
[해당 저서의 프랑스어판(Durkheim 지음, 1930년, Presses Universitaires de France에서 간행)과 영어 번역판(Spaulding & Simpson 역, 1951년, The Free Press에서 간행)의 표지(일부)]

(2) 심리학적 관점

현대에 들어서, 심리학적 관점은 자살과 관련된 영역에서 가장 크게 영향을 미친 관점들 가운데 하나이다. 이런 관점의 예를 몇 가지 살펴보면 다음과 같다(Freedenthal, 2011):

① 심리적 측면에 우선적으로 주목하는 관점이 있다. 자살 행동에 관한 첫 번째의 주요한 심리학적 관점에서는 무의식적인 심리적 역동성을 강조하고 있다. 이와 관련된 대표적인 관점이 프로이트(Freud)의 정신분석적 관점이다. 프로이트의 경우, 자살하려는 생각은 다른 사람을 죽이고자 하는 적대적이고 무의식적인 바람을 실제로 보여 준다고 주장하고 있다.

② 인지적 측면에 우선적으로 주목하는 관점이 있다. 인지적 측면에 주목하는 관점에서 볼 때, 개인이 자신과 자신의 상황을 파악하는 방식에 따라서 심리적 고통이 더 심해질 수도 있고 덜 심해질 수도 있다. 인지적 측면에 우선적으로 주목하는 관점에서는 생각이 감정과 행동을 결정한다고 보고 있다. 예를 들어 스트레스를 겪는 사람은 자신의 존재, 다른 사람과의 관계, 자신의 미래에 대해 인지적으로 잘못 생각하면서 살아갈 수 있다. 자살에 대해 인지적 측면을 강조하는 관점에서 크게 주목하는 것은 희망이 없다고 느끼는 감정(절망감)이다. 그렇지만 인지적 측면을 강조하는 관점에서는 절망감 이외의 인지적 측면에도 주목하고 있다. 이런 인지적 측면의 예로 좁은 시각에서 부정적으로 보는 것, 흑백 논리로 생각하는 것, 자신을 너무 비난하는 것, 자신은 사랑스럽지 않고 무기력하다고 믿는 것이 있다.

(3) 생물정신의학적 관점

현대에 들어서, 생물정신의학적 관점은 자살과 관련된 영역에서 크게 영향을 미친 관점의 하나에 속하고 있다. 자살에 대한 생물정신의학적 관점의 경우, 유전자, 신경전달물질, 충동적이고 공격적인 특성이 하는 역할에 주목하고 있다(Freedenthal, 2011).

2) 정리

자살에 대한 사회학적 관점에서는 주로 사회의 구조적 측면에 초점을 두고 있다. 따라서 자살에 대한 사회학적 관점은 '제도 비난하기' 접근 방식과 밀접하게 관련된다고 볼 수 있다.

이에 비해서 자살에 대한 심리학적 관점과 생물정신의학적 관점에서는 주로 개인적 측면에 초점을 두고 있다. 따라서 자살에 대한 심리학적 관점과 생물정신의학적 관점은 '개인(피해자) 비난하기' 접근 방식과 밀접하게 관련된다고 볼 수 있다.

정 리

자살에 대한 사회학적 관점에서는 자살을 유발하는 사회적 측면에 주목하고, 심리학적 관점에서는 심리적·인지적 측면에 주로 주목하고, 생물정신의학적 관점에서는 생물학적·정신의학적 측면에 주목한다.

제 5 절 자살문제의 해결 방안

1) 전반적 방안

자살과 관련된 사회문제에 대해 앞에서 제시한 논의와 현황 및 관점에 근거해, 자살문제를 퇴치하기 위한 방안을 몇 가지 제시하면 다음과 같다.

(1) 국가와 사회의 전반적인 관심 증대

자살은 방지할 수 있다. 사실, 자살하려는 사람들의 대부분은 살기를 절실히 원한다. 자살하려는 사람들은 자신의 문제에 대한 해결 방안을 찾을 수 없기 때문에 자살하려는 것이다(American Association of Suicidology, 2010b). 그러므로 사회 구성원의 자살을 방지하기 위해서, 국가와 사회는 자살을 방지하는 데 전적으로 관심을 가질 필요가 있다.

(2) 복합적 접근 방식의 적용

자살은 복잡한 문제이다. 그리고 자살의 원인은 복합적이다. 따라서 한 가지 접근 방식만을 사용해서는 자살률을 크게 낮추기 어렵다(Hawton & van Heeringen, 2009). 그러므로 자살을 방지하는 전략의 경우, 자살할 가능성이 큰 집단에 속하는 개인에게 주목하는 접근 방식과 자살할 가능성이 있는 일반인에게 주목하는 접근 방식을 모두 사용할 필요가 있다.

(3) 자살에 대한 보호 요인의 증대

자살을 유발하는 위험 요인도 많지만, 이에 못지않게 자살에 대해 보호하는 요인도 많다. 그러므로 자살하는 사례를 줄이기 위해서는, 자살에 대한 보호 요인을 늘리는 데 주목할 필요가 있다.

(4) 자살 관련 신호에 관한 교육의 실시

자살하려는 사람은 자살하려는 의도를 예고하는 신호를 명백하게 주는 경우가 많다. 그러나 주위 사람들은 이런 신호가 중요한지를 알지 못하는 경우가 많거나, 또는 이들에게 무엇을 해 주어야 할지를 확실하게 알지 못하는 경우가 많다(American Association of Suicidology, 2010b). 그러므로 자살에 취약한 사람과 가까이 있는 사람들에게 뿐만 아니라, 모든 사람들에게 자살 의도를 암시하는 신호에 관한 교육을 실시할 필요가 있다.

(5) 자해나 자살 시도 경험자에의 주목

자해를 하거나 자살을 시도한 후에는 자살할 가능성이 크다. 그러므로 자살을 방지하는 프로그램에서는 이전에 자해를 하거나 자살을 시도한 사람들을 우선적인 대상으로 삼을 필요가 있다. 이것은 자해나 자살 시도를 반복적으로 한 사람의 경우에 특히 그렇다(Hawton & van Heeringen, 2009).

그리고 자살을 시도한 사람이 나중에 자살을 또 시도하는 것을 방지하기 위해서는, 자살을 시도한 사람에게는 응급 서비스를 제공할 필요가 있다(NYT, 2012).

(6) 자살 유가족에 대한 서비스 제공

자살은 자살 유가족에게 후유증을 남긴다. 그리고 때에 따라서는 자살 유가족이 나중에 자살을 할 수도 있다. 특히 자신이 사랑하는 사람이 자살로 사망하였을 경우에는, 남은 사람도 자살로 사망할 가능성이 더 커진다(Hawton & van Heeringen, 2009). 그러므로 자살 유가족에게 이들이 가진 아픔을 치유하는 서비스를 효과적으로 제공할 필요가 있다.

2) 영역별 방안

(1) 일반인의 자살과 관련된 방안

위에서 제시한 전반적 방안은 일반인의 자살과 관련된 방안과 중복된다.[44)]

(2) 노인의 자살과 관련된 방안

(가) 노인에 대한 긍정적 인식과 지지의 제공

사회가 노인에 대해 가지는 태도는 노인이 자살로 사망하는 경향에 영향을 미친다(Yuryev et al., 2010). 그러므로 노인이 자살하는 사례를 '근본적으로' 줄이기 위해서는, 사회 구성원이 노인에 대해 좋은 인식을 가지고 노인을 존경하고 지지하는 분위기를 만드는 데 힘쓸 필요가 있다.

44) 그러므로 여기에서는 일반인에게 특히 적용되는 방안에 대해서는 논의하지 않는다.

(나) 노인 자살 방지 프로그램의 실시

자살의 경우, 노인의 자살보다는 청소년이나 일반인의 자살에 더 관심을 가지는 경향이 있다. 그리고 노인에게는 정신건강 서비스가 더 적게 제공되고, 또한 노인은 자살과 관련해 도움을 덜 청하는 경향이 있다(Kim et al., 2011). 그러므로 노인의 자살을 방지하는 프로그램을 더 많이 실시할 필요가 있다.

그리고 우울은 노인의 자살에 특히 영향을 미치고 있다. 그러므로 노인의 자살을 방지하기 위한 정신건강 프로그램에서는 노인의 우울에 특히 주목할 필요가 있다.

(다) 노인 고용의 증진

노인이 노동시장에 널리 참여하는 것은 노인이 자살할 가능성을 줄이는 요인인 것으로 밝혀지고 있다(Yuryev et al., 2010). 사실, 노인이 노동시장에 참여하는 것은 경제적 보상을 얻는 것 이외에도 노인에게 여러 가지 영역에서 긍정적으로 영향을 미치고 있다(노병일, 2008). 그러므로 노인이 자살하는 사례를 줄이기 위해서는 노인에게 일자리를 제공하는 데 관심을 가질 필요가 있다.

(3) 청소년의 자살과 관련된 방안

(가) 도움 요청 기회의 증대

청소년이 자살과 관련해 도움을 청하지 않는 것은 비밀 유지와 오명에 대해 걱정하기 때문인 경우가 많다. 그러므로 청소년이 자신의 어려움을 자유롭게 상담할 수 있게 하고, 상담 내용에 대해서 비밀이 보장되고 상담한 것에 대해서 오명이 따르지 않도록 할 필요가 있다.

그리고 청소년은 자살과 관련해 전문가에게 도움을 요청하기를 꺼리는 경우가 많다. 그러므로 청소년이 도움을 찾는 행위를 매우 정상적인 행위로 인식하도록 할 필요가 있다(Hawton, Saunders & O'Connor, 2012).

(나) 자살 신호 파악의 교육

자살할 생각을 하는 청소년은 직접적으로 도움을 찾지 않는 경향이 있다. 그러나 자살을 생각하고 있는 청소년은 자신이 겪는 어려움을 알리는 신호를 보내는 경우가 많다. 그리고 부모, 학교의 교직원, 친구는 자살을 암시하는 신호를 미리 인식할 수 있다.

그러므로 학교에서는 청소년의 자살과 관련된 신호를 알려 주는 교육을 지속적으로 실시할 필요가 있다. 특히 학교의 모든 교직원에게 자살을 유발하는 요인과 자살을 암시하는 행동에 대해 잘 알도록 교육시킬 필요가 있다(NASP, 2013).

(다) 학교 환경의 개선

청소년이 많은 시간을 보내는 학교는 청소년이 자살을 생각하는 정도에 크게 영향을 미친다. 그러므로 학교 중심의 자살 방지 프로그램을 적극적으로 실시할 필요가 있다. 그리고 청소년의 자살을 더 근본적으로 방지하기 위해서는, 학교의 교직원과 학생 모두가 친근하고 인간적인 학교 분위기를 만드는 데 관여하는 프로그램을 실시할 필요가 있다.

정 리

- 자살과 관련된 사회문제를 퇴치하기 위해서는 국가·사회가 자살에 전반적으로 관심을 더 가지고, 복합적 접근 방식을 적용하고, 자살에 대한 보호 요인을 증대하고, 자살 관련 신호에 관한 교육을 실시하고, 자해나 자살 시도 경험자에게 주목하고, 자살 유가족에게 서비스를 제공하는 방향으로 나갈 필요가 있다.
- 노인의 자살을 없애기 위해서는 노인을 긍정적으로 인식하며 지지하고, 자살 방지 프로그램을 실시하고, 노인의 고용 기회를 늘릴 필요가 있다.
- 청소년의 자살을 없애기 위해서는 도움을 요청하는 기회를 늘리고, 자살 신호를 파악하는 교육을 실시하고, 학교 환경을 개선할 필요가 있다.

CHAPTER 08

약물문제

Social Problems

차 례

제1절 현대 사회와 약물문제

인류의 역사가 시작된 이래로 인간은 약물을 사용해 왔다. 예를 들어 과거의 역사를 통해서, 인간은 술을 마시고 담배를 피운 것을 알 수 있다. 약물은 현재에도 여러 사회에서 여전히 사용되고 있다. 인간이 사용하는 약물은 인간의 삶에서 좋은 역할을 할 수 있다.

그러나 약물을 잘못 사용하거나 과도하게 사용할 경우에는 문제가 될 수 있다. 그리고 불법 약물을 사용할 경우에는 문제가 더 크게 나타날 수 있다. 약물 사용은 개인에게만 영향을 미치는 것이 아니다. 약물을 잘못 사용하거나 남용하고 약물에 의존하기 때문에 나타나는 문제는 가족, 지역사회, 사회 전체에도 부정적으로 영향을 미친다(Straussner & Isralowitz, 2011). 이런 까닭에, 약물을 남용하는 것은 심각한 사회문제가 된다.

약물에는 여러 종류가 있다. 어떤 약물은 합법적인 약물이고, 어떤 약물은 불법적인 약물이다. 이 중에서 현대에 들어 가장 널리 남용되고 있는 합법적인 약물은 알코올과 담배이다.

우선, 일상생활에서 알코올은 널리 사용되지만 남용되는 사례가 많은 약물이다. 많은 모임에서는 알코올을 사용하는 것이 관례가 되고 있다. 사실, 알코올을 너무 광범위하게 사용하기 때문에, 알코올을 사용하는 것을 심각한 사회문제로 보는 사람이 적을 수도 있다(Zastrow, 2008). 그러나 알코올은 여러 영역에서 심각한 문제를 유발하고 있다.

또한 흡연이 건강에 매우 해롭다는 점이 널리 알려져 있음에도 불구하고, 계속해서 담배를 피우는 사람이 많다. 흡연은 담배를 피우는 사람의 건강만 해치는 것이 아니라, 간접 흡연을 통해서 여러 사람의 건강도 해치고 있다.

그리고 여러 가지 이유로 불법 약물(또는 마약)을 사용하는 사람의 수가 증가하고 있다.[45] 불법 약물을 사용하는 것은 알코올 사용이나 흡연보다 더 크게 해를 끼치는 탓에, 국가기관이 크게 관여하고 있다. 더불어, 불법 약물을 남용하고 거래하는 것은 여러 국가에서 심각한 사회문제가 되고 있다.

약물을 남용하는 사람들은 자신이 약물에 의존하거나 약물에 중독되어 있다는 사실을 모르는 경우가 많다(마약류대책협의회, 2013). 그러기에 약물문제는 더욱더 심각한 사회문제가 되고 있다.

우리나라에서 약물과 관련된 주요한 사회문제의 예로 알코올과 관련된 문제,

45) 본 장에서는 불법 약물이나 마약이라는 용어를 유사한 용어로 섞어서 사용한다. 그리고 청소년이 본드와 같은 환각성 물질을 사용하는 것은 불법 약물을 다루는 부분에서 설명한다.

흡연과 관련된 문제, 불법 약물(마약)과 관련된 문제를 들 수 있다.[46)]

정 리

- 약물을 남용하고 의존하기 때문에 나타나는 문제는 개인, 가족, 지역사회, 사회 전체에 부정적으로 영향을 미친다. 이런 까닭에, 약물 남용은 심각한 사회문제가 된다.
- 약물과 관련된 주요한 사회문제의 예로 알코올문제, 흡연문제, 불법 약물(마약)문제를 들 수 있다.

제2절 주요 용어와 논의

1) 기본 용어와 논의

(1) 약물과 관련된 용어의 개념

(가) 약물

약학적으로 볼 경우, 약물은 살아 있는 생물의 기능이나 구조를 화학적으로 변화시키는 물질을 말한다. 약물을 이런 식으로 정의할 경우, 약물은 음식, 살충제, 대기의 오염물, 물에 있는 오염물, 비타민, 해로운 화학물, 비누, 음료수 등과 같은 다양한 것을 포함한다고 볼 수 있다. 그러나 약물을 이런 식으로 정의하는 것은 약물을 너무 광범위하게 보는 것이기 때문에, 이런 식의 정의는 사회문제로서의 약물문제를 연구하는 데에는 유용하지 않다(Zastrow, 2008).

그러므로 약물문제와 관련해 약물을 정의할 경우에는, 맥락을 고려하는 정의를 사용할 필요가 있다. 이런 예를 살펴보면 다음과 같다(Zastrow, 2008):

① 의학적으로 볼 경우, 약물은 고통을 줄이거나 질병 및 기타 의학적 상태를

46) 청소년의 약물문제는 청소년문제를 다루는 장(4장)에서 이미 설명한 바 있다.

치료하고 예방하기 위해 특별하게 만들어진 물질을 일컫는다.

② 사회문제를 논의할 경우, 약물은 뇌 체계와 신경 체계에 직접적으로 영향을 미치는 습관성 물질을 일컫는다. 즉, 사회문제로서 약물문제를 다룰 경우에, 약물은 다음과 같은 특성을 지니는 화학물질을 말한다: ㉠ 사용하는 사람의 기분, 인식, 신체의 기능, 의식에 영향을 미친다. ㉡ 사용하는 사람에게 해로울 수 있기 때문에, 잘못 사용될 가능성이 있다.

(나) 약물 오용

문자 그대로 약물 오용(misuse)은 약물을 잘못 사용하는 것이다. 우리나라의 마약류대책협의회(2013)에 따르면, 약물 오용은 "의도적은 아니지만 적절한 용도로 약물을 사용하지 못하고 잘못 사용하여 피해를 [보는 것]"을 말한다. 그러므로 약물 오용은 약물을 제대로 사용하지 못해서 해를 입는 것이라고 볼 수 있다.

(다) 약물 남용

약물 남용(abuse)에 대해서는 일부 기관과 학자들이 정의를 내려 왔다. 이런 예를 살펴보면 다음과 같다(Straussner & Isralowitz, 2011; Zastrow, 2008; 마약류대책협의회, 2013):

① 미국 정신의학회(American Psychiatric Association)에서 발간한 『정신장애 진단 통계 편람(Diagnostic and Statistical Manual of Mental Disorders)』에 따르면, 약물 남용은 임상적으로 크게 어려움을 겪는 식으로 약물에 잘못 적응하는 유형을 말한다.

② 재스트로우(Zastrow)에 따르면, 약물 남용은 약물을 사용하면 다음과 같은 결과가 나타나는 상황에서 약물을 일상적으로 사용하거나 과도하게 사용하는 것을 말한다: ㉠ 다른 사람과의 관계가 매우 나빠진다. ㉡ 약물을 사용하는 사람의 건강이 해로워진다. ㉢ 사회가 위험해진다.

③ 우리나라의 마약류대책협의회에 따르면, 약물 남용은 "약물을 의도적으로 다른 목적을 위해 사용하는 것"을 말한다.

그러므로 정리하건대, 약물 남용은 개인의 건강이나 사회 생활에 어려움을 끼치는 식으로 약물을 과도하게 사용하는 것이라고 볼 수 있다.

■■■ 약물 남용의 구체적 판단 ■■■

미국 정신의학회에서 발간한 『정신장애 진단 통계 편람』에서는 12개월 내에 다음과 같은 것을 한 가지 이상 경험하면서 어려움을 겪게 되는 식으로 약물을 사용하는 것을 약물 남용이라고 보고 있다(Straussner & Isralowitz, 2011):

① 사회적·직업적·심리적·신체적 문제를 겪음에도 불구하고 해로운 약물을 계속해서 사용한다.
② 직장이나 학교나 가정에서 주요한 역할을 수행하지 못한다.
③ 신체적으로 위험한 상황에서 약물을 계속 사용한다. 이런 상황의 예로 약물을 복용한 상태에서 운전하는 것이 있다.
④ 약물을 사용하는 것과 관련해 법적 문제가 계속 발생한다.

(라) 약물 의존

약물 의존(dependence)에 대해서는 일부 기관과 학자들이 정의를 내려 왔다. 이런 예를 살펴보면 다음과 같다(Britannica Encyclopedia, 2013b; Straussner & Isralowitz, 2011):

① 브리태니커(Britannica) 백과사전에 따르면, 약물 의존은 향정신성(기분을 바꾸는) 물질에 몸이 신체적·심리적으로 중독된 것을 말한다.
② 미국 정신의학회에서 발간한 『정신장애 진단 통계 편람』에 따르면, 약물 의존은 다음과 같은 증상이 12개월 사이에 적어도 세 가지가 나타나는 것을 말한다. ㉠ 내성(tolerance)이 있다. 내성은 바라는 효과를 얻기 위해 약물을 더 많이 사용하여야 하거나, 또는 같은 양의 약물을 사용하였을 경우에 효과가 줄어드는 특성을 말한다. ㉡ 금단 증상(withdrawal)이 있다. 금단 증상은 약물을 사용하지 않음에 따라 특정한 증상이 나타나거나, 또는 금단 증상을 줄이거나 피하기 위해 약물을 사용하는 것을 말한다. ㉢ 약물을 더 많은 양을 사용하거나 더 오랜 기간 동안 사용하는 것을 말한다. ㉣ 약물 사용을 줄이거나 통제하려고 계속해서 바라거나, 또는 이런 노력이 성공하지 못하는 것을 말한다. ㉤ 약물을 구하고 약물을 사용하고 약물 사용으로부터 회복하려

고 상당한 시간을 보내는 것을 말한다. ㅂ 약물을 사용하기 때문에, 중요한 사회 활동, 직업 활동, 여가 활동을 하지 못하거나 이런 활동을 줄이는 것을 말한다. ㅅ 약물이 심각한 신체적 문제나 심리적 문제를 유발한다는 점을 알고 있음에도 불구하고, 약물을 계속해서 사용하는 것을 말한다.

미국 정신의학회의 구분

미국 정신의학회에서 발간한 『정신장애 진단 통계 편람』의 경우, 약물 사용이 문제가 되는 것과 관련된 모든 장애를 분류하기 위해서 '약물 관련 장애(substance-related disorders)'라는 용어를 사용하고 있다. 그리고 『정신장애 진단 통계 편람』에서는 약물 관련 장애를 '약물 유발 장애(Substance-Induced Disorders)'와 '약물 사용 장애(Substance Use Disorders)'로 더 나누고 있다.

약물 유발 장애의 경우, 개인이 약물을 남용하거나 약물에 의존하는 것을 중단하면 비교적 짧은 기간 내에 없어질 가능성이 크다. 그리고 약물 사용 장애의 형태에는 약물 남용(abuse)과 약물 의존(dependence)이 있다(Straussner & Isralowitz, 2011).

그러므로 약물 의존은 약물에 중독된 것과 밀접한 관련이 있다.

(마) 약물 중독

약물 중독(addiction)이라는 용어는 정의하기가 다소 어려운 용어이다. 가장 넓게 볼 경우, 약물 중독은 특정한 약물을 크게 열망하는 것을 말한다. 그러나 모든 사람에게는 크게 열망하는 것이 있다. 예를 들어 어떤 사람은 초콜릿을 크게 갈망할 수 있다. 하지만 그렇다고 해서 이런 사람을 중독자라고 부르지는 않는다.

그러므로 약물 중독은 약물을 강하게 열망하는 것으로, 약물을 많이 사용한 탓에 신체적으로 약물에 의존하는 시기를 거친 후에 나타나는 것이라고 정의할 수 있다(Zastrow, 2008).

약물 남용과 약물 의존과 약물 중독

약물을 남용하면 약물에 대한 내성이 생긴다. 이에 따라, 시간이 흐르면서 약물의 양을 점점 늘려가게 된다. 그 결과 나중에는 약물을 끊지 못하고 지속적으로 사용하여 약물 의존 상태에 놓이게 된다. 그리고 약물 의존 상태에 놓일 경우, 약물이 신체에 너무 많이 존재하여 여러 가지 부작용을 나타내는 중독 상태를 경험하게 된다(마약류대책협의회, 2013).

(2) 남용되는 약물의 종류

(가) 약물의 종류

약물들 중에는 남용되는 약물이 많다. 남용되고 있는 약물을 구분하는 방식에는 여러 가지가 있다.

우선, 스트라우스너와 이스랄로비츠(Straussner & Isralowitz, 2011)의 경우, 약물을 다음과 같이 구분하고 있다:

① 합법적으로 구할 수 있는 약물이 있다. 이런 약물의 예로 다음과 같은 것이 있다. ㉠ 알코올, 담배, 카페인이 있다. ㉡ 처방을 받아 구하는 약이 있다. ㉢ 여러 가지 흡입제가 있다. 흡입제의 예로 페인트와 에어로졸이 있다.

② 불법적인 약물이 있다. 이런 약물의 예로 마리화나, 헤로인, 코카인, 환각제가 있다.

그리고 우리나라의 마약류대책협의회(2013)의 경우, 남용되는 약물을 다음과 같이 크게 세 가지로 구분하고 있다:

① 중추신경억제제가 있다. 중추신경억제제는 중추신경인 뇌를 억제하여 통증을 줄이고 이성적으로 잘 억제해 오던 기능들을 마비시킨다. 그 결과 중추신경억제제는 평소에 억눌렸던 감정이나 생각들을 거침없이 밖으로 표출하도록 한다. 중추신경억제제의 예로 알코올, 아편, 헤로인, 모르핀, 날부핀, 본드나 부탄가스 등의 유해 화학물질, 신경안정제가 있다.

② 중추신경흥분제가 있다. 중추신경흥분제는 중추신경인 뇌를 흥분시켜 일시적인 쾌감이나 들뜬 기분을 유발한다. 중추신경흥분제의 예로 필로폰(메스암페타민, 이른바 히로뽕), 코카인, 담배, 엑스타시가 있다.

③ 환각제가 있다. 환각제는 뇌를 흥분시키거나 억제시켜 환각을 유발시킨다. 구체적으로 환각제는 뇌 조직이 정상적으로 활동하는 것을 방해함으로써, 청각, 시각, 촉각, 후각, 미각에 일시적으로 이상을 일으켜 비현실적인 감각을 유발한다. 환각제의 예로 대마, PCP(펜사이클리딘)가 있다.

그리고 재스트로우(Zastrow, 2008)의 경우, 미국에서 가장 많이 사용되는 약물을 다음과 같이 구분하고 있다:

① 진정제(depressants)가 있다. 이런 예로 알코올과 안정제가 있다.
② 흥분제(stimulants)가 있다. 이런 예로 카페인과 코카인이 있다.
③ 최면제(narcotics)가 있다. 이런 예로 아편, 헤로인, 모르핀이 있다.
④ 환각제(hallucinogens)가 있다. 이런 예로 엑스타시가 있다.
⑤ 담배가 있다.
⑥ 마리화나(marijuana)가 있다.
⑦ 아나볼릭 스테로이드(anabolic steroids)가 있다.

▲ 담배를 피며 즐겁게 술을 마시는 손님들: 알코올과 담배는 자주 남용되는 약물에 속한다.
사진: 어느 식당에서 저자 찍음.

(나) 정리와 유의점

약물을 구분하는 방식은 학자나 기관에 따라 차이가 난다. 따라서 약물을 구분하는 방식을 하나로 통일하기는 어렵다.

그리고 알코올, 담배, 기타 약물을 사용하는 것을 연속선상에서 보는 것이 좋다. 이런 예를 들면 다음과 같다(Straussner & Isralowitz, 2011):

① 연속선의 한쪽 끝은 알코올, 담배, 기타 약물을 큰 문제가 없이 사용하는 경우이다.

② 연속선의 중간은 약물을 잘못 사용하는 경우이다. 이런 예로 기분이 좋아지기 위해 진통제를 사용하는 것이 있다.

③ 연속선의 또 다른 중간은 약물을 남용하는 경우이다. 이것은 약물이 개인 자신과 다른 사람들과의 관계에 영향을 미치는 식으로 잘못 사용되는 것을 말한다.

④ 연속선의 또 다른 끝은 약물에 의존하는 경우이다. 이것은 약물에 중독된 경우이다. 구체적으로 이것은 약물을 끊거나 줄이기 위해 전문가의 도움을 받아 약물을 해독하거나 정식으로 치료할 필요가 있을 정도로, 약물을 충동적으로 사용하는 것을 말한다.

(3) 약물 사용·남용을 유발하는 요인

한 가지 요인만 가지고 어떤 사람은 약물에 의존하고 어떤 사람은 약물에 의존하지 않는지를 설명할 수는 없다. 그러므로 약물 남용의 원인을 여러 가지 요인에서 찾아볼 필요가 있다. 이와 관련된 관점이 다요인적(multifactorial) 관점이다. 다요인적 관점에서는, 약물을 남용하고 약물에 의존하는 것은 여러 가지 요인이 합쳐져서 나타난다고 보고 있다(Straussner & Isralowitz, 2011).

그간의 연구에 따르면, 약물 남용이나 약물 의존을 유발하는 요인으로는 다음과 같은 것이 있다(Palmer et al., 2013; Straussner & Isralowitz, 2011):

① 개성과 관련된 요인이 있다. 예를 들어 새로운 것을 추구하는 정도가 높고,

해를 피하려는 정도가 낮고, 보상에 의존하는 정도가 낮은 것은 약물 남용과 관련되는 것으로 알려져 있다. 새로운 것을 추구하는 것은 탐험적인 행동, 새로운 경험, 즉각적 보상을 추구하는 정도가 큰 것을 말한다.

② 생화학적 요인과 유전적 요인이 있다. 일부 학자의 경우, 도덕적으로 문제가 있거나 의지가 약해서 약물 의존이 나타나기보다는, 생물학적·유전적으로 문제가 있기 때문에 약물 의존이 나타나는 것이라고 보고 있다.

③ 가족과 관련된 요인이 있다. 다음과 같은 요인은 약물 남용 문제를 유발하는 요인이 되고 있다. ㉠ 부모 모두나 부모 중 한 사람과 이른 나이에 헤어진다. ㉡ 아동기에 보호를 제대로 받지 못한다. ㉢ 아동기에 신체적 학대나 성적 학대를 겪는다.

④ 심리적 요인이 있다. 예를 들어 충동적인 행동을 억제하는 데 어려움을 겪으면, 약물을 남용할 가능성이 커지고, 또한 약물 남용과 관련된 장애가 나타날 가능성이 커진다.

⑤ 환경적 요인과 사회문화적 요인이 있다. 예를 들어 약물을 남용하는 여성들을 연구한 바에 따르면, 여성이 약물을 남용하는 것은 배우자나 남자 친구가 약물을 남용하는 것과 크게 관련되어 있다.

(4) 약물의 영향

약물은 개인, 가족, 사업장 등에 영향을 미치는 것으로 알려져 있다. 우선, 약물을 사용할 경우, 개인에게 다음과 같은 증상이 나타날 수 있다(Elsberry, 2006):

① 피곤해진다.
② 망상증(paranoia)이 나타난다.
③ 집중하는 것이 어렵다.
④ 판단력이 흐려진다.
⑤ 반응 시간이 느리다.
⑥ 혼란을 느낀다.

그리고 약물을 사용하는 것은 가족 구성원에게 부정적인 영향을 미칠 수 있다. 이런 예를 들면 다음과 같다(Straussner & Isralowitz, 2011):

① 약물을 남용할 경우에는, 아동을 학대하거나 방임하고 가정폭력이 발생할 가능성이 있다.

② 가족 구성원이 약물을 남용하는 가정에서 자란 아동은 여러 가지 신체적 문제, 심리적 문제, 사회적 문제를 경험할 가능성이 크다.

또한 약물은 근로자와 고용주에게 부정적인 영향을 미칠 수 있다. 이런 예를 들면 다음과 같다(Elsberry, 2006):

① 약물을 남용하는 근로자는 약물과 알코올을 사용하지 않는 근로자보다 생산성이 더 낮다.

② 약물을 남용하는 근로자는 동료 근로자와 일반 사람들의 안전에 부정적으로 영향을 미친다.

③ 고용주는 약물을 남용하는 근로자 때문에 상당한 양의 의료 비용과 재활 비용을 부담할 수 있다.

그리고 여성이 약물을 남용하는 것은 자녀에게도 영향을 미친다. 따라서 여성이 약물을 남용하는 것은 특히 문제가 될 수 있다. 특히 여성이 임신한 기간에 약물을 사용할 경우, 약물이 태아에게도 전달된다. 이렇게 되면 약물에 중독되거나, 뇌가 영원히 손상되거나, 기타 생리적으로 문제가 있는 자녀가 태어날 수도 있다(Straussner & Isralowitz, 2011).

2) 알코올문제와 관련된 용어와 논의

(1) 알코올의 개념과 종류

우리가 보통 말하는 알코올은 취하게 하는 성분으로서 에틸 알코올(ethyl alcohol)

이나 에탄올(ethanol)을 포함하는 발효 액체를 말한다(Britannica Encyclopedia, 2013a).

(2) 알코올의 종류와 특성

일반적으로 알코올은 색깔이 없는 액체이다. 알코올에는 맥주, 와인(wine), 브랜디(brandy), 위스키(whiskey), 보드카(vodka), 럼주(rum), 기타가 있다(Zastrow, 2008).

알코올은 다음과 같은 기능을 한다(Zastrow, 2008):

① 긴장을 완화한다.

② 성적 충동을 더 가지게 하고, 일반 행동을 더 적극적이게 한다.

③ 사람들 사이의 관계를 편하게 한다.

④ 몇 잔을 마시고도 얘기를 잘 나눌 수 있게 한다.

그러므로 알코올을 사용하는 사람들 중에는, 알코올을 흥분제(stimulant)라고 보는 사람이 많다. 그러나 알코올은 중심 신경체계를 억제하는 진정제(depressant)이다.

사실, 알코올이 하는 기능은 에테르(ether)가 하는 기능과 매우 비슷하다. 에테르는 병원에서 무의식을 유도하기 위해 사용하는 마취제이다(Zastrow, 2008).

(3) 알코올 사용과 남용을 유발하는 요인

알코올 사용이나 남용에는 여러 가지 요인이 영향을 미치는 것으로 알려져 있다. 사실, 개인적 특성과 사회경제적 요소 등의 여러 가지 요인이 알코올을 이용하는 정도에 영향을 미친다. 따라서 알코올을 소비하는 정도를 정확하게 예측하기는 어렵다.

일반적으로 알코올을 사용하는지 여부와 알코올을 사용하는 양을 결정하는 주요한 요인으로 생물학적 요인, 사회경제적 요인, 성, 나이, 종교, 거주지(도시 또는 농촌)가 있다(Zastrow, 2008; 보건복지부 건강영양조사과, 2013).

한편, 남성은 여성보다 알코올을 사용할 가능성이 더 크고, 또한 남성은 여성보다 알코올을 남용할 가능성이 더 크다. 그렇지만 최근 들어서 성인 여성들 중에서 알코올을 남용하는 사람의 수가 크게 증가하고 있다. 이렇게 되는 이유로 다음과 같은 점을 들 수 있다(Zastrow, 2008):

① 여성이 알코올을 많이 사용하는 것에 대해서 예전에는 문화적으로 거부감이 있었는데, 이제는 이런 거부감이 약화되고 있기 때문이다.

② 현대 사회에서 여성의 역할이 변하고 있기 때문이다.

(4) 알코올 사용과 남용의 영향

알코올을 사용하거나 남용하는 것은 개인뿐만 아니라 가족 구성원과 사업장에 좋지 않은 영향을 미칠 가능성이 있다. 우선, 알코올 사용이나 남용은 가족 구성원에게 부정적인 영향을 미칠 수 있다. 예를 들어 알코올을 사용하거나 남용하는 것은 다음과 같은 영향을 미칠 수 있다(Straussner & Isralowitz, 2011; Zastrow, 2008):

① 알코올을 사용하는 것은 아동을 신체적으로 학대하고 성적으로 학대하는 요인이 된다.

② 알코올은 아동의 신체적 건강과 정신건강에 불리하게 작용할 수 있다. 예를 들어 부모가 알코올을 남용하는 아동은 심각한 정서적 질병과 신체적 질병을 겪는 비율이 그렇지 않은 아동보다 더 높은 것으로 밝혀지고 있다.

③ 알코올을 사용하는 것은 가정폭력을 유발하는 요인이 된다.

그리고 알코올을 남용하는 근로자는 다음과 같은 상태에 놓이는 경우가 많다(Elsberry, 2006):

① 사업장에 결근한다.

② 사업장에 늦게 출근하고 사업장을 일찍 퇴근한다.

③ 언어적·신체적으로 공격적이다.

④ 사업장에서 잔다.

⑤ 생산성이 낮아진다.

또한 알코올을 사용하는 것은 청소년에게도 부정적으로 영향을 미치고 있다.[47)]

3) 흡연문제와 관련된 용어와 논의

(1) 흡연의 개념과 담배

브리태니커(Britannica) 백과사전에 따르면, 흡연(smoking)은 태운 식물의 연기를 빨고 내뿜는 행위를 말한다(Encyclopædia Britannica, 2013e). 그러나 흡연과 가장 관련이 있는 것은 담배이다. 따라서 흡연문제는 담배를 피우는 문제를 말하는 경우가 많다.[48)]

(2) 담배의 특성

담배 속에 들어 있는 주요한 약물은 니코틴(nicotine)이다. 니코틴은 중독적인 특성을 지니고 있다. 따라서 담배는 습관을 크게 키우는 약물이다. 실제로 담배를 피우는 것은, 가장 해를 끼치는 습관을 형성하는 약물을 사용하는 행위의 하나로 인식되고 있다.

그리고 니코틴은 흥분제(stimulant)이다. 따라서 니코틴은 다음과 같은 작용을 하는 것으로 알려져 있다(Coleman & Cressey, 1999):

① 혈압을 올린다.
② 심장 박동을 빠르게 한다.
③ 민첩하다는 느낌을 갖게 한다.

또한 니코틴은 여러 가지 증상을 유발하는 것으로 알려져 있다. 니코틴 때문에 생기는 증상의 예로 졸린 것, 긴장되는 것, 불안한 것, 머리가 아픈 것, 활력을 잃는 것이 있다.

---

47) 알코올 사용이 청소년에게 미치는 영향에 대해서는 청소년문제를 다루는 장(4장)에서 설명한 바 있다.
48) 흡연을 앞에서와 같이 정의할 경우에는, 마리화나와 같은 불법 약물도 흡연에 포함된다. 그러나 본 장에서는 흡연을 담배를 피우는 행위로 제한한다.

그러므로 흡연하던 사람이 담배를 피우지 않으면, 들떠 있고 짜증이 나고 우울해진다. 그리고 이에 따라 담배를 피우고 싶은 생각을 더 가지게 된다. 그런 탓에 금연하기 위해 노력한 사람들 중에서 실제로 금연에 성공한 사람의 수는 매우 적은 것으로 알려져 있다(Coleman & Cressey, 1999; Zastrow, 2008).

그리고 흡연을 하는 사람들은 니코틴에 대한 내성을 금방 가지게 된다. 이에 따라 흡연자들은 하루에 담배를 피우는 양을 점차적으로 늘리게 된다(Zastrow, 2008).

흡연의 중독성과 위험성

미국의 경우, 1964년에 공중위생국은 흡연이 건강에 해롭다는 결론을 담은 유명한 보고서를 발표한 바 있다. 그리고 1988년에 미국의 공중위생국은 니코틴이 중독적 특성을 지닌다는 점과 니코틴의 중독성은 헤로인이나 기타 불법 약물과 유사하다는 점을 인정하는 보고서를 발간하였다. 이 당시에 미국의 보건위생국은 담배에 중독된 사람을 약물 중독자라고 보았다(Coleman & Cressey, 1999; Zastrow, 2008).

(3) 흡연의 영향

흡연은 흡연을 하는 사람과 하지 않는 사람에게 좋지 않은 영향을 미치는 것으로 알려져 있다. 우선, 흡연은 신체적 건강에 다음과 같이 심각하게 영향을 미친다(Zastrow, 2008; Coleman & Cressey, 1999):

① 흡연은 폐암, 후두암, 구강암, 식도암과 관련되어 있다.

② 흡연은 기관지염, 폐기종, 궤양, 심장병, 순환기 질병과 관련되어 있다. 특히 흡연을 하면 뇌졸중과 심장 질병이 발생할 가능성이 커진다. 이것은 피임제를 사용하는 여성의 경우에 특히 그렇다.

결국 흡연은 흡연을 하는 사람의 신체적 건강에 매우 불리하게 작용한다. 무엇보다도 흡연은 수명을 단축시킨다. 즉, 담배를 피우는 사람은 기대 수명이 줄어든다.

그리고 임신한 여성이 흡연할 경우, 유산하거나 예정보다 일찍 낳을 가능성이 있다(Zastrow, 2008). 또한 담배를 피우는 여성에게서 태어난 아기는 다음과 같은 특징을 가질 가능성이 크다:

① 일반 아기보다 몸무게가 더 적다.

② 신체적 발달과 정신적 발달이 더 늦다.

한편, 흡연은 흡연하지 않는 사람에게도 영향을 미친다. 따라서 담배를 피우지 않는 사람들조차도 담배 연기가 많은 환경에서 살거나 일할 경우에는 위험한 상태에 놓일 가능성이 있다(Coleman & Cressey, 1999).

그리고 간접 흡연도 건강에 해롭다는 연구 결과가 많이 나오고 있다(Zastrow, 2008; Coleman & Cressey, 1999). 이런 예를 들면 다음과 같다:

① 미국의 하버드(Harvard) 대학교에서 연구한 바에 따르면, 간접 흡연에 노출될 경우에는 심장병을 겪을 가능성이 약 두 배 더 커진다.

② 부모가 담배를 피우는 어린 아동은 그렇지 않은 아동에 비해서 폐렴과 기타 순환기 질병에 걸리는 사례가 더 많다.

▲ 보건소의 금연 클리닉실: 흡연은 신체 건강에 심각하게 영향을 미친다.

사진: 저자 찍음.

4) 마약문제와 관련된 용어와 논의

(1) 마약의 개념

우리나라의 '마약류 관리에 관한 법률'에서는 '마약류'를 다루고 있다. 따라서 마약문제는 사실은 마약류와 관련된 문제를 가리킨다.

우리나라의 마약류 관리에 관한 법률에 따르면, 마약류는 마약, 향정신성 의약품, 대마를 말한다(국가법령정보, 2013). 우리나라에서 다루는 마약류를 좀 더 자세히 설명하면 다음과 같다.

① 마약은 양귀비, 아편, 코카의 잎, 기타 화학물질을 말한다.

② 향정신성 의약품은 "인간의 중추신경계에 작용하는 것으로서 이를 오용하거나 남용할 경우 인체에 심각한 위해가 있다고 인정되는 [물질]"을 말한다.

③ 대마는 대마초, 대마초의 수지(樹脂), 대마초·수지를 원료로 하여 제조된 모든 제품을 말한다.

(2) 마약의 종류

마약의 종류에는 여러 가지가 있다.

우리나라의 마약류대책협의회(2013)에서는 마약을 약리작용에 따라 〈표 8-1〉과 같이 분류하고 있다.

<표 8-1> 약리작용에 따른 마약의 종류

형태	종류	상품명 · 은어	의학적 사용
각성제 (흥분제)	암페타민류	바이페타민 덱스드린	과운동증 치료제, 수면발작증 치료제, 비만 치료제
	코카인	스노우	국부마취제, 혈관수축제
	메스암페타민	아이스, 크리스탈, 스피드	과운동증 치료제, 수면발작증 치료제, 비만 치료제
	메틸페니데이트	리탈린	과운동증 치료제, 수면발작증 치료제
환각제 및 기타 화합물	LSD		없음
	메스칼린	페이요티	없음
	펜사이클리딘(PCP) 및 PCP 유사약물		마취제(동물)
	실로사이빈	실로사이브 버섯	없음
	암페타민 유사약물 디자이너 약물	DOB, DOM, MDA STP, MDMA(엑스터시)	없음
	대마초 · 해시시		없음
	테트라하이드로 카나비놀	THC	
	케타민		마취제(사람/동물)
	아나볼릭 스테로이드		호르몬 대체 치료
아편 및 모르핀 유도체	코데인		진통제
	헤로인		없음
	메사돈		진통제, 아편중독 치료제
	모르핀		진통제
	아편	로더넘, 파레고릭	진통제, 지사제
	옥시코돈	옥시콘틴	진통제
진정제 (억제제)	바르비탈류	세코날, 페노바르비탈	마취제, 항경련제, 최면제, 진정제
	벤조디아제핀계	로히프놀, 바리움 아티반, 리브리움	항우울제, 항경련제, 최면제, 진정제
	GHB	액체형 엑스터시	없음
	메타콰론		없음

출처: 마약류대책협의회(2013).

(3) 마약의 영향

마약은 다음과 같이 영향을 미친다(Straussner & Isralowitz, 2011; 마약류대책협의회, 2013):

① 마약의 부작용으로 인해서 신체기관이 손상되고, 정신질환을 겪고, 영양이 부족하게 되고, 면역력이 약화되는 등의 증상이 나타난다. 이에 따라 결국에 가서는 마약 때문에 죽음에까지 이를 수 있다.

② 자신의 능력을 너무 믿거나, 정신착란을 일으키거나, 폭력적 행동을 일으켜서 위험한 행동을 할 수 있다.

③ 불결한 주사기를 사용하였을 경우에는 에이즈(AIDS), 간염, 다른 질병에 감염될 위험성이 크다.

④ 마약을 구입하기 위해 많은 돈을 쓰게 되어 경제적으로 파산한다. 그리고 마약을 구입할 돈을 마련하기 위해 범죄에 가담할 수 있다.

그러므로 정리하건대, 마약은 개인의 건강을 파괴하고, 가족을 파괴하고, 인간관계를 파괴한다. 결국 마약은 개인의 미래를 철저히 파괴한다(마약류대책협의회, 2013).

정 리

- 약물은 뇌·신경 체계에 직접적으로 영향을 미치는 습관성 물질을 말한다. 약물 오용은 약물을 제대로 사용하지 못해서 해를 입는 것을 말한다. 약물 남용은 개인의 건강이나 사회 생활에 어려움을 끼치는 식으로 약물을 과도하게 사용하는 것을 말한다. 약물 의존은 약물에 중독된 것과 밀접한 관련이 있다. 약물 중독은 특정한 약물을 크게 열망하는 것을 말한다.
- 약물들 중에는 남용되는 약물이 많다. 약물을 구분하는 방식은 학자나 기관에 따라 차이가 난다. 약물 남용·의존을 유발하는 요인으로 개성과 관련된 요인, 생화학적·유전적 요인, 가족과 관련된 요인, 심리적 요인, 환경적·사회문화적 요인이 있다. 약물은 개인, 가족, 사업장 등에 부정적으로 영향을 미친다.
- 알코올은 취하게 하는 성분으로서 에틸알코올이나 에탄올을 포함하는 발효 액체를 말한다. 알코올은 중심 신경체계를 억제하는 진정제이다. 알코올 사용 여부와 알코올 사용 양을 결정하는 요인으로 생물학적 요인, 사회경제적 요인, 사회인구적 요인, 거주지가 있다. 알코올을 사용·남용하는 것은 개인, 가족, 사업장에 부정적 영향을 미칠 수 있다.

- 흡연은 태운 식물의 연기를 빨고 내뿜는 행위를 말한다. 흡연과 가장 관련되는 것은 담배이다. 담배의 주요 성분인 니코틴은 중독적 특성을 지닌다. 니코틴은 흥분제이다. 흡연은 흡연자와 비흡연자 모두에게 좋지 않은 영향을 미친다.
- 마약류는 마약, 향정신성 의약품, 대마를 말한다. 마약의 종류에는 여러 가지가 있다. 마약은 개인과 가족과 인간관계를 파괴함으로써, 결국에 가서 미래를 파괴한다.

제 3 절 주요 약물문제의 현황

1) 알코올문제

세계보건기구(WHO)에서 후원한 연구에 따르면, 전 세계적으로 알코올은 심각한 중독문제를 유발하고 있다. 그리고 이 연구에 따르면, 알코올과 관련된 문제 때문에 전 세계에서 매년 180만 명이 사망하고 있다(Straussner & Isralowitz, 2011).

(1) 우리나라의 현황

우리나라의 경우, 월간 음주율은[49] 2001년에는 45.8%, 2007년에는 57.2%, 2010년에는 60.4%, 2011년에는 60.6%로 나타났다. 따라서 우리나라에서 월간 음주율은 높아지는 경향을 보이고 있다.

남성의 경우, 월간 음주율이 2005년에는 72.6%였으나, 2011년에는 77.6%로 증가하였다. 그리고 여성의 경우, 월간 음주율이 2005년에는 36.9%였으나 2011년에는 44.2%로 증가하였다(통계포털, 2013; 보건복지부 건강영양조사과, 2013). 이와 같이 우리나라에서 남성과 여성 모두의 월간 음주율은 높아지는 경향을 보이고 있다.

49) 월간 음주율은 만 19세 이상의 국민들 중에서, 최근 1년 동안에 한 달에 1회 이상 음주한 사람의 비율을 말한다.

(2) 선진국의 현황

미국의 경우, 대부분의 십대와 성인은 알코올을 사용하고 있다. 미국에서 알코올을 남용하거나 알코올에 의존하는 사람의 수는 1,540만 명으로 추정된 바 있다(Zastrow, 2008; Straussner & Isralowitz, 2011).

그리고 미국에서 알코올은 여러 영역에서 영향을 미치고 있다. 이런 예를 일부 살펴보면 다음과 같다(Straussner & Isralowitz, 2011, Elsberry, 2006):

① 미국의 경우, 음주 운전, 알코올 사용과 관련된 뇌졸중과 암, 간경화, 기타 요인 때문에 매년 약 10만 명이 사망하는 것으로 밝혀진 바 있다.

② 미국에서 사고와 자살과 살인 때문에 사망한 모든 사례들 중에서, 알코올과 관련된 사례가 차지하는 비율이 약 50%에 이르고 있다. 이것은 34세 미만 남성의 경우에 특히 그렇다.

③ 미국의 경우, 근로자의 알코올문제로 기업의 생산성이 낮아지기 때문에 산업계가 부담하는 비용이 1년에 700~1,200억 달러인 것으로 알려진 바 있다.

2) 흡연문제

세계보건기구(WHO)에서 후원한 연구에 따르면, 2000년에 세계에서 가장 심각한 중독문제를 유발하는 약물은 담배였다. 또한 이 연구에 따르면, 흡연 때문에 전 세계에서 매년 490만 명이 사망하고 있다(Straussner & Isralowitz, 2011).

경제협력개발기구(OECD)에 속하는 국가들의 경우, 15세 이상 인구층 중에서 흡연하는 사람이 차지하는 비율은 2010년에 평균 21.4%였다. 15세 이상의 사람들 중에서 흡연하는 사람이 차지하는 비율은 국가마다 차이가 크게 나고 있다(통계포털, 2013).

(1) 우리나라의 현황

우리나라의 경우, 현재 흡연율은[50] 2001년에는 30.2%, 2008년에는 27.7%, 2010

년에는 27.5%, 2011년에는 27.0%로 나타났다. 그러므로 우리나라에서 현재 흡연율은 다소 낮아지는 경향을 보이고 있다. 그리고 어느 기관이 2012년에 경제협력개발기구(OECD)의 20개국을 조사한 결과, 우리나라의 흡연율은 25.6%로 10위로 나타났다.

남성의 경우, 현재 흡연율이 2005년에는 51.6%였으나 2011년에는 47.3%로 감소하였다. 그리고 여성의 경우, 현재 흡연율이 2005년에는 5.7%였으나 2011년에는 6.8%로 다소 증가하였다(통계포털, 2013; 보건복지부 건강영양조사과, 2013; 진달래, 2012). 그러므로 우리나라에서 남성의 흡연율은 낮아지고 있으나, 여성의 흡연율은 약간 높아지는 경향을 보이고 있다.

(2) 선진국의 현황

미국의 경우, 15세 이상의 사람들 중에서 흡연하는 사람이 차지하는 비율은 2010년에 15.1%였다. 그러나 미국에서 담배를 피우는 사람의 비율은 전체 인구층의 약 25%인 것으로 추정되고 있다(Straussner & Isralowitz, 2011; 통계포털, 2013).

한편, 1993년에 미국의 학술지에 발표된 연구에서는, 흡연이 미국에서 발생하는 모든 사망 사례들의 거의 20%와 관련되어 있다고 밝힌 바 있다. 이에 따라 흡연은 미국에서 사망을 유발하는 첫 번째 요인이 되었다. 그 후 미국에서는 1990년대 말에, 흡연 때문에 매년 사망하는 사람의 수를 약 40만 명으로 추정한 바 있다.

그리고 근래에 들어 미국에서는 흡연 때문에 매년 약 44만 명이 사망하는 것으로 추정하고 있다. 또한 흡연에 따른 심각한 질병 때문에, 추가적으로 매년 860만 명이 사망하는 것으로 추정된 바 있다. 미국에서 심장 질환과 폐암으로 사망하는 사람은 그 원인이 흡연 때문인 경우가 많다.

미국의 경우, 담배 때문에 사망하는 사람의 수는 나머지 모든 약물을 사용한 사람들을 합친 수보다 더 많은 것으로 알려져 있다. 그러므로 담배는 미국에서 사망을 가장 많이 유발하는 약물이 되고 있다(Coleman & Cressey, 1999; Straussner &

50) 현재 흡연율은 "최근 30일 동안 1일 이상 흡연한 사람"의 비율을 말한다.

Isralowitz, 2011; Zastrow, 2008).

3) 마약문제

세계보건기구(WHO)에서 후원한 연구에 따르면, 담배 및 알코올 다음으로 심각한 중독문제를 유발하는 약물은 불법 약물이었다. 그리고 이 연구에 따르면, 불법 약물 때문에 매년 22만 3천 명이 사망하고 있었다(Straussner & Isralowitz, 2011).

(1) 우리나라의 현황

예전의 경우, 미국이나 일본 등에 비해서 우리나라에서는 마약 남용이 상대적으로 덜 심각하였다. 우리나라의 경우, 20세기 초만 해도 마약을 남용하는 사람은 전체 인구층에서 매우 낮은 비율을 차지하고 있을 뿐이었다.

그러나 근래에 들어서, 우리나라에서 마약을 남용하고 마약을 몰래 거래하는 사례가 증가하고 있다. 특히 인터넷으로 향정신성 의약품을 구매하는 사이트를 어렵지 않게 찾을 수 있는 것으로 밝혀진 바 있다(마약류대책협의회, 2013; 조동찬, 2012).

한편, 우리나라의 마약류와 관련된 범죄자는 2005년에는 7,154명이었으나, 2011년에는 9,174명으로 늘어났다. 따라서 근래에 들어서 우리나라에서 매년 검거되는 마약류 범죄자는 약 1만 명인 것으로 밝혀지고 있다(조동찬, 2012).

그러나 국제약물중독학회의 경우, 마약을 사용하는 사람의 수는 검거된 사람의 30배일 것으로 예상하고 있다(조동찬, 2012). 그러므로 우리나라에서 마약을 사용하는 사람은 30만 명으로 추정되고 있다.

또한 국제약물중독학회의 경우, 마약에 본드나 부탄가스와 같은 환각성 물질까지 포함시킬 경우, 마약을 사용하는 사람의 수는 검거된 사람의 1백배 정도일 것으로 추측하고 있다. 그러므로 마약에 환각성 물질까지 포함시킬 경우, 우리나라에서 마약을 사용하는 사람은 1백만 명으로 추정되고 있다(통계포털, 2013; 조동찬, 2012).

(2) 선진국의 현황

미국의 경우, 12세 이상의 사람들 중에서 불법 약물을 남용하거나 의존하는 것으로 진단된 사람이 680만 명에 이르는 것으로 조사된 바 있다. 그리고 어느 연구에서는 불법 약물을 사용해 본 적이 있는 미국인이 8천5백만 명에 이른다고 나타난 바 있다(Straussner & Isralowitz, 2011; Elsberry, 2006).

정 리

- 우리나라와 선진국에서는 많은 사람이 알코올에 의존한다.
- 우리나라와 선진국에서는 많은 사람이 흡연을 한다. 선진국에서는 많은 사람이 흡연으로 사망한다.
- 우리나라와 선진국에서는 많은 사람이 마약이나 불법 약물을 사용한다.

제 4 절 약물문제와 관련된 관점

약물과 관련된 사회문제는 기능주의 관점, 갈등주의 관점, 상호작용주의 관점에서 살펴볼 수 있다. 이를 구체적으로 살펴보면 다음과 같다.

1) 기능주의 관점

기능주의 관점의 경우, 개인이 약물을 사용하거나 사용하지 않는 특정한 이유를 설명하려고 하지 않는다. 그러나 기능주의 관점을 따르는 학자들이 모두 동일한 주장을 펼치는 것은 아니다. 기능주의 관점을 따르는 학자들이 주장하는 바를 두 가지 입장으로 나누어 살펴보면 다음과 같다(Coleman & Cressey, 1999):

① 산업사회에서 어떤 사회적 여건 때문에 약물을 사용하는 사례가 크게 증가

하였는지에 관심을 가지는 입장이 있다. 이런 입장을 취하는 학자들 중에는, 약물을 사용하는 것은 어렵고 불쾌한 사회적 상황으로부터 도피하는 방법이라고 보는 사람이 많다. 그 결과 이런 입장을 취하는 학자들은 약물을 남용하는 것은 다른 사회문제에 대해 대응하는 것이라고 보고 있다. 이 경우, 이와 관련된 사회문제의 예로 빈곤, 근로자의 소외, 인종차별이 있다.

② 약물을 사용하는 원인을 다른 측면에서 보는 입장이 있다. 이런 입장을 취하는 학자들은 약물을 사용하는 것은 그 자체가 즐거운 일이라고 보고 있다. 그러므로 이런 입장을 취하는 학자들은 약물이 심각한 결과를 유발함에도 불구하고, 사람들은 약물을 사용할 것이라고 보고 있다. 이런 입장을 취하는 학자들의 경우, 20세기에 약물을 소비하는 양이 꾸준히 증가하고 있는 이유는 가족과 종교기관이 약화되기 때문이라고 보고 있다.[51)]

2) 갈등주의 관점

갈등주의 관점을 따르는 학자들이 모두 동일한 주장을 펼치는 것은 아니다. 갈등주의 관점을 따르는 학자들이 주장하는 바를 두 가지 입장으로 나누어 살펴보면 다음과 같다(Coleman & Cressey, 1999):

① 약물 사용은 현재의 상황에서 도피하려는 것이고, 또한 다른 사회문제 때문에 약물을 사용하게 된다고 보는 입장이 있다. 그러나 이런 입장을 취하는 학자들의 경우, 약물문제를 유발하는 사회문제(예컨대 실업과 빈곤)는 사회가 해체되기 때문에 나타나기보다는 착취와 불공평함 때문에 나타난다고 주장하고 있다.

② 약물을 사용하는 행위는 도피하는 행위도 아니고 사회문제도 아니라고 보는 입장이 있다. 그러므로 이런 입장에서는 위에서 제시한 입장에 크게 동의하

51) 이런 입장을 취하는 학자들에 따르면, 가족과 종교기관은 예전에는 반사회적인 행동을 제재하는 기관이었다.

지 않는다. 이런 입장을 취하는 학자들에 따르면, 약물을 사용하는 것은 전 세계에 있는 모든 사회에서 나타나는 정상적인 행동이다. 하지만 이런 입장을 취하는 학자들에 따르면, 약물 사용을 반대하는 집단이 자신의 도덕적 가치를 다른 사람에게 강요하기 위해 국가의 힘을 사용할 경우에만, 약물 사용이 문제가 된다. 이럴 경우에는 다음과 같은 상황이 불가피하게 나타난다: ㉠ 사회적으로 갈등이 생긴다. ㉡ 약물을 사용하는 사람을 강력하게 억압한다. ㉢ 지하 시장이 번창한다.

3) 상호작용주의 관점

상호작용주의 관점의 경우, 다른 행동과 마찬가지로 약물 사용도 사회적 상호작용에서 배우는 행동이라고 주장하고 있다. 특히 상호작용주의 관점의 경우, 사회가 약물과 약물 사용을 정의하는 방식이 매우 중요하다는 점을 강조하고 있다 (Coleman & Cressey, 1999).

정 리

- 기능주의 관점에는 산업사회에서 어떤 사회적 여건 때문에 약물 사용 사례가 크게 증가하였는지에 관심을 가지는 입장과 약물 사용의 원인을 다른 측면에서 보는 입장이 있다.
- 갈등주의 관점에는 약물 사용은 현 상황에서 도피하려는 것이고 또한 다른 사회문제 때문에 약물을 사용한다고 보는 입장과 약물 사용 행위는 도피하는 행위도 아니고 사회문제도 아니라고 보는 입장이 있다.
- 상호작용주의 관점에서는 약물 사용은 사회적 상호작용에서 배우는 행동이라고 본다.

제 5 절

약물문제의 해결 방안

약물과 관련된 사회문제에 대해 앞에서 제시한 논의와 현황 및 관점에 근거해, 약물문제를 완화하거나 퇴치하기 위한 방안을 몇 가지 제시하면 다음과 같다.

1) 전반적 방안

(1) 교육 프로그램의 지속적인 실시

약물이 주는 피해를 잘 알지 못하기 때문에 약물을 쉽게 사용할 수 있다. 그러므로 약물을 사용하는 것은 문제를 해결하는 것이 아니라는 문제를 더 악화시킨다는 점을 일반인에게 교육시킬 필요가 있다(Zastrow, 2008).

(2) 재발 방지에의 주목

약물 남용은 재발하는 경우가 많다. 따라서 약물을 남용하는 사람은 치료를 반복하여야 하는 경우가 많다(Straussner & Isralowitz, 2011). 그러므로 약물 남용이나 약물 의존을 치료하는 데 있어 재발을 방지하는 측면에도 주목할 필요가 있다.

(3) 사업장에서의 약물 프로그램의 실시

노동시장에 참여하는 사람이 많은 시간을 보내는 장소는 사업장이다. 따라서 사업장에서 약물 프로그램을 실시하는 것은 매우 효율적일 수 있다. 사업장에서 실시하는 약물 프로그램은 근로자에게도 좋은 인식을 줄 수 있다. 약물 남용 프로그램을 제공하는 것은, 고용주가 안전한 사업장을 유지하고 제품의 좋은 질을 유지하는 데 관심을 가진다는 점을 보여 주기 때문이다(Zastrow, 2008). 그러므로 사업장에서 약물 프로그램을 지속적으로 실시할 필요가 있다.

(4) 근본 문제의 해결

앞에서 이미 설명한 바와 같이, 기능주의 관점이나 갈등주의 관점을 취하는 학자들 중에서 일부 학자는 약물 남용이 발생하는 원인을 다른 사회문제에서 찾고 있다. 그러므로 약물 남용을 줄이기 위해서는, 다른 사회문제의 바탕에 깔려 있는 원인을 파악해서 사회문제를 근본적으로 해결하는 데에도 관심을 가질 필요가 있다.

2) 영역별 방안

(1) 알코올과 관련된 방안

(가) 교육 프로그램의 실시

알코올은 개인과 가족과 사회에게 크게 해를 끼치고 있다. 그러므로 알코올 남용이 개인과 가족과 사회에 미치는 피해를 국민에게 홍보할 필요가 있다(보건복지부 건강영양조사과, 2013). 그리고 이와 더불어 알코올을 피하는 구체적인 방법을 교육시킬 필요가 있다.

(나) 지역사회 알코올 치료·재활기관의 확대

알코올을 남용하는 사람들은 지역사회에서 치료할 수 있는 경우가 많다. 그러므로 알코올문제를 겪는 사람들을 올바르게 치료하고 재활시키는 기관을 지역사회에 확대할 필요가 있다(보건복지부 건강영양조사과, 2013). 예를 들어 알코올상담센터 등과 같은 지역사회기관의 수를 늘릴 필요가 있다.

그리고 알코올을 남용하는 사람들 중에는, 가족 구성원과 살 수는 없지만 그렇다고 해서 혼자서 살 준비가 되어 있지 않은 사람이 있다. 이런 사람에게는 사회복귀를 위한 중간시설에서 거주하게 해 줄 필요가 있다.

(2) 흡연과 관련된 방안

(가) 여성에 대한 홍보의 증대

선진국과 우리나라에서는 근래에 들어 여성 흡연자가 증가하고 있다. 그러므로 여성을 대상으로 전문화된 금연 홍보를 실시할 필요가 있다.

(나) 흡연 금지 구역의 확대

근래에 들어서, 간접 흡연도 큰 피해를 주는 것으로 밝혀지고 있다. 그러므로 흡연을 금지하는 구역을 확대할 필요가 있다(보건복지부 건강영양조사과, 2013).

▲ 어느 건물 밖에 있는 흡연 지정 구역: 간접 흡연도 큰 피해를 준다.

사진: 저자 찍음.

(다) 담배 광고에 대한 규제

흡연이 해롭다는 사실을 앎에도 불구하고 새롭게 흡연을 하는 사람이 생기는 이유들 가운데 하나는, 담배를 제조하는 기업이 세련되게 광고하기 때문이다. 즉, 담배를 만드는 기업이 광고를 통해서 흡연이 성숙되고 세련되고 성적 매력과 관련이 있다는 의식을 일반인들에게 심어 주기 때문이다(Coleman & Cressey, 1999). 그러므로 담배를 만드는 기업의 광고를 규제할 필요가 있다.

(3) 마약과 관련된 방안

(가) 교육·예방 프로그램의 실시

마약은 당사자와 가족의 미래를 파괴하는 약물이다. 그러나 일반인은 마약이 장기적으로 미치는 부정적 영향을 잘 모르기 때문에 마약을 쉽게 사용할 수 있다. 그러므로 마약에 대한 정보를 제공하는 교육 프로그램과 예방 프로그램을 일반인에게 실시할 필요가 있다(Straussner & Isralowitz, 2011).

(나) 마약 거래의 차단

마약 남용을 퇴치하기 위해서는 마약이 공급되는 것을 막아야 한다. 마약은 불법으로 은밀하게 거래되기 때문에, 마약 거래자를 찾는 작업은 쉽지 않다. 그러므로 마약 공급과 거래를 제도적으로 막는 체계를 국가 차원에서 갖출 필요가 있다. 그리고 이를 위해서는 다른 국가와의 협조 체제도 잘 갖출 필요가 있다.

정 리

- 약물과 관련된 사회문제를 퇴치하기 위해서는 교육 프로그램을 지속적으로 실시하고, 재발 방지에 주목하고, 사업장에서 약물 프로그램을 실시하고, 약물문제와 관련된 근본 문제를 해결할 필요가 있다.
- 알코올문제를 퇴치하기 위해서는 교육 프로그램을 실시하고, 지역사회에 알코올 치료·재활기관을 확대할 필요가 있다.
- 흡연문제를 퇴치하기 위해서는 여성에 대한 금연 홍보를 늘리고, 흡연 금지 구역을 확대하고, 담배 광고를 규제할 필요가 있다.
- 마약문제를 퇴치하기 위해서는 교육·예방 프로그램을 실시하고, 마약 거래를 제도적으로 막을 필요가 있다.

Part 04

권력과 자원의 불평등에 따른 사회문제

Social Problems

CHAPTER 09

빈곤문제

Social Problems

차 례

제1절 빈곤과 사회문제

인간이 살아온 역사에서 소유의 개념이 등장한 이후부터 빈곤은 항상 존재해 왔다. 따라서 인간의 삶을 살펴보는 여러 학문 분야에서는 빈곤에 대해 주목해 왔다. 특히 사회복지와 관련된 서비스를 제공한 시기부터 빈곤은 관심거리가 되어 왔다(Rank, 2011).

무엇보다도 복지국가의 개념과 목적은 빈곤을 퇴치하는 것과 밀접하게 관련되어 왔다. 예를 들어 롭슨(Robson, 1976)의 경우, 복지국가가 추구하는 주요한 목적은 빈곤을 퇴치하는 데 있다고 주장한 바 있다. 현대 사회에서 빈곤이 겉으로 두드러지게 보이지 않음에도 불구하고(Lasch, 1972; Economist, 2000), 선진국과 우리나라에서 빈곤은 엄연한 현실로 계속 존재해 왔다.

현대의 사회문제는 빈곤과 관련되는 경우가 많다. 실제로 빈곤은 거의 모든 사회문제와 연관되어 왔다.[52] 예를 들어 빈곤은 정서적 문제, 알코올 남용, 실업, 인종차별 등과 연관되고 있다. 그리고 모든 사회문제 때문에 겪는 어려움은 빈곤 상태에 있을 경우에 더 커진다(Zastrow, 2008).

빈곤은 개인의 미래를 붕괴시킨다. 하지만 빈곤은 빈곤한 사람 개인뿐만 아니라 사회에 있는 모든 사람에게 영향을 미친다(Caritas Europa, 2010). 그러므로 빈곤은 그 자체가 '커다란' 사회문제에 속한다고 볼 수 있다. 이에 따라서 빈곤에 대해서는 특별히 더 주목할 필요가 있다.

빈곤과 관련된 구체적인 사회문제에는 여러 가지가 있다. 이 중에서도 특히 주목하여야 할 것은, 빈곤층이 노동시장에 참여하여 빈곤 상태에서 벗어나게 하는 것이다. 사실, 빈곤에서 근본적으로 벗어나는 유일한 길은 일하는 것이기 때문이다(정진경, 2004). 따라서 빈곤문제에서는 빈곤층의 고용과 빈곤층의 근로 의욕이 중요한 쟁점에 속하게 된다.

그러므로 우리나라에서 빈곤과 관련된 주요한 사회문제의 예로 빈곤층의 고용과 관련된 문제와 빈곤층의 근로 의욕과 관련된 문제를 들 수 있다.[53]

52) 빈곤과 기타 사회문제 사이의 관계는 복잡하다. 이런 측면을 몇 가지 살펴보면 다음과 같다(Zastrow, 2008): ① 빈곤은 여러 가지 사회문제를 유발하는 요인이 되고 있다. ② 여러 가지 사회문제들은 빈곤을 유발하는 요인이 되고 있다.

53) 그리고 사회인구적 집단의 빈곤(예컨대 아동빈곤, 노인빈곤, 장애인빈곤)과 성에 따른 빈곤(예컨대 여성빈곤)도 중요한 사회문제이다. 여기에 대해서는 아동문제, 노인문제, 장애인문제, 여성문제를 다루는 장에서 자세히 살펴본다.

정 리

- 빈곤은 거의 모든 사회문제와 관련된다. 따라서 빈곤은 그 자체가 커다란 사회문제에 속한다.
- 빈곤과 관련된 주요한 사회문제로 빈곤층의 고용문제와 빈곤층의 근로 의욕 약화를 들 수 있다.

제 2 절 주요 용어와 논의

1) 기본 용어와 논의

(1) 빈곤

(가) 빈곤의 개념

보통 사람의 입장에서는, '빈곤'이라는 단어가 나오면 궁핍한 상태를 연상하는 경우가 많다. 그러나 빈곤은 한 가지의 의미만을 가지고 있는 개념이 아니다. 따라서 빈곤은 모호한(ambiguous) 개념이라고 볼 수 있다. 그 결과 빈곤을 어떻게 정의할 것인가에 대해서는 의견이 일치되지 않고 있다. 실제로 국가나 관련 조직은 빈곤을 서로 다른 방식으로 정의하고 있다(노병일, 2013).

그간의 경우, 빈곤에 대해서는 꾸준히 정의되어 왔다. 이런 예를 몇 가지 살펴보면 다음과 같다(Barker, 2003; OECD, 2001):

① 미국의 전국사회사업가협회에서 간행한 사전에 따르면, 빈곤은 금전이나 생계 수단이 적거나 부족한 상태를 말한다.

② 경제협력개발기구(OECD)에 따르면, 빈곤은 경제적 복리, 사회적 복리, 기타 영역의 복리를 누릴 수 없는 것을 말한다.

③ 세계은행(World Bank)에 따르면, 빈곤은 임파워먼트(empowerment)와 사회적 보

호가 부족한 상태에 있을 뿐만 아니라, 경제적 기회, 교육, 건강, 영양의 측면에서 인간이 받아들일 수 없는 박탈 상태에 있는 것을 말한다.

(나) 정리

이상의 내용을 정리하면, 빈곤의 개념을 자원(resource)의 측면에 주목하는 개념과 박탈(deprivation)의 측면에 주목하는 개념으로 크게 나눌 수 있다. 자원의 측면에 주목하는 빈곤 개념의 경우, 사람이 무엇을 가지고 있는지 여부에 주목하고 있다. 그리고 박탈의 측면에 주목하는 빈곤 개념의 경우, 사람이 무엇을 하는지 여부에 주목하고 있다(Alcock, 1997).

빈곤에 대한 그간의 정의들은 강조하는 측면에서 차이가 난다(노병일, 2013). 예를 들어 미국의 전국사회사업가협회의 정의에서는 자원의 측면을 강조하고 있고, 세계은행의 정의에서는 박탈의 측면을 강조하고 있다.

(2) 빈곤선

(가) 빈곤선의 개념

빈곤선(poverty line)은 빈곤 상태에 있는지를 결정하는 잣대에 해당된다(노병일, 2013). 일부 기관과 학자가 빈곤선에 대해 내린 정의를 살펴보면 다음과 같다(U.S. Census Bureau, 2009; Barker, 2003; Deleeck, Bosch & Lathouwer, 1992):

① 미국의 인구조사국(Census Bureau)에 따르면, 빈곤선은 가족의 빈곤 상태나 개인의 빈곤 상태를 결정하기 위해 사용하는 현금의 양을 말한다.
② 미국의 전국사회사업가협회에서 간행한 사전에 따르면, 빈곤선은 사람이 최저 생계 수준이나 최저 생활 수준에서 살고자 할 경우에 정부나 사회가 필요하다고 생각하는 현금의 양을 말한다.
③ 디릭 등(Deleeck, Bosch & Lathouwer)에 따르면, 빈곤선은 어떤 가구가 빈곤 상태에 있는지 여부를 결정하기 위해 사용하는 기준을 말한다.

그러므로 정리하건대, 빈곤선은 빈곤 상태에 있는지를 판단하기 위한 구체적인 기준이라고 볼 수 있다(노병일, 2013).

(나) 유의점

빈곤선은 국가마다 차이가 난다. 그리고 기본적인 생활 수준을 어떻게 정하느냐에 따라 빈곤선이 다르게 된다(Caritas Europa, 2010).

(3) 공공부조

문자 그대로, 공공부조(public assistance)는 공적으로 도와주는 것을 일컫는다(노병일, 2013). 일부 기관과 학자가 공공부조(또는 사회부조)에 대해 정의한 것을 몇 가지 살펴보면 다음과 같다(Barker, 2003; Eardley et al., 1996; 국가법령정보센터, 2013):

① 미국의 전국사회사업가협회에서 간행한 사전에 따르면, 공공부조는 자신을 부양할 수단이 없는 사람들에게 정부가 최소로 재정적으로 도와주는 것을 말한다.

② 경제협력개발기구(OECD)의 경우, 사회부조(social assistance)에 대해 전 세계적으로 인정되는 정의는 없다고 본다. 그러면서 경제협력개발기구에서는 사회부조를 "어려운 사람에게 최저 생계 수준을 유지해 주기 위해서, 자원조사를 거쳐 제공되는 급여와 서비스"라고 정의하고 있다.

③ 우리나라의 사회보장기본법에 따르면, 공공부조는 "국가와 지방자치단체의 책임 하에 생활 유지 능력이 없거나 생활이 어려운 국민의 최저 생활을 보장하고 자립을 지원하는 제도"를 말한다.

그러므로 정리하건대, 공공부조는 경제적으로 생활이 어려운 사람들을 공적으로 도와주는 제도라고 볼 수 있다(노병일, 2013).

2) 빈곤층의 고용과 관련된 용어와 논의

(1) 근로 빈곤층

근로 빈곤층(working poor)은 한 해의 어느 시점에서 일하고 있거나 또는 일자리를 찾고 있는 빈곤층을 말한다(Wicks-Lim, 2012). 그러므로 구체적으로 근로 빈곤층은 일하거나 일할 채비가 되어 있지만 소득이 빈곤선보다 적은 빈곤층을 말한다.

(2) 워크페어

(가) 워크페어의 개념

워크페어(workfare)는 'work'와 'fare'(welfare의 fare)를 합친 용어로서, 복지(welfare)와 대비되는 개념이다(노병일, 2013). 우리나라에서는 워크페어를 '노동연계 복지' 또는 '근로연계 복지'라고 번역하기도 한다.

일부 기관과 학자들이 워크페어에 대해 정의내린 것을 살펴보면 다음과 같다 (Workfare Watch, 1996; Rejda, 1988; Crisp & Fletcher, 2008):

① 워크페어 워치(Workfare Watch, 1996)에 따르면, 워크페어는 공공부조를 받는 조건으로 공공부조 수급자가 일을 하거나 정해진 활동에 참가하는 것을 말한다.

② 레이더(Rejda)에 따르면, 워크페어는 "공공부조를 받는 사람에게 강제로 일을 시키는 것"을 말한다.

③ 크리습과 플렛처(Crisp & Fletcher)에 따르면, 워크페어는 공공부조를 받는 조건으로 보수가 없는 노동 활동에 의무적으로 참여하는 것을 말한다.

그러므로 정리하건대, 워크페어는 공공부조 수급자(때에 따라서는 실업급여 수급자)가 급여를 받는 대신에, 의무적으로 일하게 하거나 관련 활동에 관여하게 하는 제도라고 볼 수 있다(노병일, 2013). 우리나라에서 자주 언급하는 자활은 워크페어에 속한다고 볼 수 있다.[54]

54) 우리나라의 국민기초생활보장법에서는 법의 목적을 "생활이 어려운 사람에게 필요한 급여를 실시하여 이들의 최저생활을 보장하고 자활을 돕는 것"이라고 제시하고 있다(국가법령정보센터, 2013).

▲ 자활사업추진 우수 기관과 자활센터가 있는 건물: 우리나라에서 자활은 워크페어와 관련된다.
사진: 대전과 전주에서 저자 찍음.

(나) 워크페어의 방법

일반적으로 워크페어는 공공 영역과 민간 영역에 관련 프로그램과 시설을 갖추어서, 근로 능력이 있는 사람이 일함으로써 급여의 일부를 얻게 하는 방식으로 진행되고 있다. 그리고 많은 국가에서 워크페어는 공공사업에 참여하는 식으로 진행되고 있다. 예를 들어 일부 국가의 경우, 공공부조를 받는 사람은 공공사업에 참여할 의무가 있는 것으로 되어 있다(Barker, 2003; Pieters, 2006; 노병일, 2013).

한편, 워크페어의 형태에는 대상자가 일하게 하는 것 이외의 형태도 있다. 따라서 워크페어의 경우, 때에 따라서는 대상자에게 다음과 같은 것을 하도록 요구할 수도 있다(노병일, 2003):

① 일자리를 구하려고 노력하도록 한다.

② 교육을 받고 기술을 향상시키도록 한다. 이것을 학습연계 복지(learnfare)라고 부른다. 이런 예로 교육이나 훈련에 참여하는 것이 있다.

③ 일을 직접 경험해 보도록 한다.

④ 보수를 받지 않으면서 지역사회의 일을 해 보도록 한다.

⑤ 약물 남용에서 벗어나기 위한 재활 프로그램에 참여하도록 한다.

3) 빈곤층의 근로 의욕과 관련된 용어와 논의

(1) 의존 문화

(가) 의존 문화의 개념

의존 문화(dependency culture)는 빈곤층이 재정적으로 의지하려고 하는 경향을 나타내기 위해 사용되어 왔다. 일반적으로 의존 문화는 국가의 도움에 너무 의존하면 자립할 수 없게 된다고 주장하는 사람들이 사용하는 용어이다(Spicker, Leguizamón & Gordon, 2007; Alcock, Erskine & May, 1999).

(나) 의존 문화의 등장 배경

빈곤층은 자신이 쓸모가 없는 존재라고 느끼는 경우가 많고, 또한 다른 곳으로부터 긍정적인 격려를 거의 받지 못하는 경우가 많다(Caritas Europa, 2010). 이러다 보니 빈곤층에게 자아존중감이나 자신감이 줄어들게 되어, 빈곤층은 주도적이지 못하고 의존하는 방향으로 나갈 수 있다.

이런 점은 빈곤층에게서 의존 문화가 나타나게 되는 배경으로 작용한다.

(2) 빈곤의 함정

어떤 빈곤한 사람이 일자리를 얻어 임금이 많아질 경우, 이 사람은 이전에 받던 복지급여를 받지 못하게 되고 또한 세금을 납부하여야 하기 때문에, 이전보다 경제적으로 더 열악한 상태에 놓일 수 있다. 빈곤의 함정(빈곤의 덫, poverty trap)은 이런 상황을 말한다.

예를 들어 빈곤한 사람의 수입이 빈곤선보다 더 많을 경우에, 이 사람은 소득세를 납부하여야 하고 또한 공공부조와 같은 급여를 받지 못하게 된다. 이렇게 되면, 이 사람은 수입이 증가함에도 불구하고 경제적으로 더 불리한 상황에 놓일 수 있다(Alcock, Erskine & May, 1999; Spicker, Leguizamón & Gordon, 2007). 이런 경우에 이 사람은 빈곤의 함정에 놓일 가능성이 있다.

그러므로 빈곤층이 빈곤 상태를 벗어나려고 하지 않는 것과 관련된 것이 빈곤의 함정이다.

(3) 근로 의욕의 중요성

빈곤과 관련된 사회정책에서는 빈곤층의 근로 의욕에 크게 주목하는 경향이 있다. 빈곤층에 대해 근로 의욕을 크게 강조하는 이유로 다음과 같은 점을 들 수 있다(정진경, 2004; 노병일, 2013):

① 국가가 빈곤층에게 다양하게 지원하면, 빈곤층은 일하기보다는 공공부조 급여를 받는 쪽으로 나갈 가능성이 있기 때문이다. 즉, 빈곤층을 여러 방식으로 지원하는 것은 빈곤의 함정을 유발할 수 있기 때문이다.

② 빈곤층이 근로 의욕을 강하게 가질수록 취업할 가능성이 커지기 때문이다.

③ 빈곤층이 일하는 것은 자아존중감과 같은 심리적 복리에도 긍정적으로 작용하기 때문이다.

정 리

- 빈곤의 개념을 자원 측면에 주목하는 개념과 박탈 측면에 주목하는 개념으로 크게 나눌 수 있다. 자원 측면에 주목하는 빈곤 개념에서는 무엇을 가지고 있는지 여부에 주목하고, 박탈 측면에 주목하는 개념에서는 무엇을 하는지 여부에 주목한다. 빈곤선은 빈곤 상태에 있는지를 판단하기 위한 구체적인 기준을 말한다. 공공부조는 경제적으로 어려운 사람들을 공적으로 도와주는 제도를 말한다.
- 근로 빈곤층은 한 해의 어느 시점에서 일하고 있거나 또는 일자리를 찾고 있는 빈곤층을 말한다. 워크페어는 공공부조 수급자가 급여를 받는 대신에, 의무적으로 일하게 하거나 관련 활동에 관여하게 하는 제도를 말한다. 워크페어의 형태에는 대상자가 일하게 하는 것 이외의 형태도 있다.
- 의존 문화는 재정적으로 의지하려고 하는 경향을 보이는 문화를 말한다. 빈곤의 함정은 빈곤층이 빈곤 상태를 벗어나려고 하지 않게 되는 것을 말한다. 빈곤과 관련된 사회정책에서는 빈곤층의 근로 의욕에 크게 주목한다.

제3절 주요 빈곤문제의 현황

1) 빈곤의 현황

선진국이나 우리나라에서 빈곤은 항상 존재해 왔다. 우리나라와 일부 선진국의 빈곤 현황을 살펴보면 다음과 같다.

(1) 우리나라의 현황

우리나라의 경우, 1990년대 전반기에는 빈곤율이 크게 낮아진 것으로 나타났다. 이 시기에 우리나라에서 빈곤율이 낮아진 주요한 이유는, 경제가 빠르게 성장하였기 때문이다. 그러나 1990년대 후반 이후에 빈곤율은 크게 높아졌다. 빈곤율이 높아진 주요한 이유는, 소득에 대한 불평등이 심해지고 경제성장이 더디었기 때문이다(구인회, 2004).

한편, 우리나라에서 2인 이상 전체 가구를 기준으로 볼 때, 절대적 빈곤율은 2003년에는 6.9%, 2006년에는 7.7%, 2009년에는 8.1%, 2010년에 7.1%였다(보건복지부 기초생활보장과, 2012).[55] 따라서 근래에 들어 우리나라의 절대적 빈곤율은 7~8%에 이르고 있다.

우리나라는 경제협력개발기구(OECD)에 소속된 국가들 중에서 2005년에 상대적 빈곤율이 높은 국가에 속하고 있었다. 구체적으로 우리나라에서 2인 이상 전체 가구를 기준으로 볼 때, 상대적 빈곤율은 2003년에는 11.1%, 2006년에는 12.1%, 2009년에는 12.2%, 2010년에 12.0%였다(OECD, 2008; 보건복지부 기초생활보장과, 2012).[56] 따라서 근래에 들어 우리나라의 상대적 빈곤율은 약 12%에 이르고 있다.

55) 우리나라의 경우, 절대적 빈곤율은 소득이 우리나라 정부에서 매년 발표하는 최저생계비 이하 수준에 있는 사람의 비율을 말한다.

56) 우리나라의 경우, 상대적 빈곤율은 소득이 중위소득 50%보다 적은 사람의 비율을 말한다. 이것은 경제협력개발기구(OECD)가 사용하고 있는 기준이다.

(2) 선진국의 현황

경제협력개발기구(OECD)에 속한 국가들의 경우, 2005년에 평균 빈곤율은 약 11%였다. 그리고 경제협력개발기구에 속한 국가들의 경우, 2008년에 평균 상대적 빈곤율은 11.1%였다(OECD, 2008; 보건복지부 기초생활보장과, 2012).

유럽연합의 경우, 2008년에 전체 인구의 25% 정도가 빈곤이나 사회적 배제 때문에 어려움을 크게 겪는 것으로 밝혀진 바 있다. 또한 이는 조사에서는 유럽연합에서 전체 인구층의 16%가 빈곤을 겪을 위험성이 있는 것으로 조사된 바 있다(Anonymous, 2010; Caritas Europa, 2010).

일부 선진국의 빈곤 현황을 살펴보면 다음과 같다(Brandwein, 2011; Rank & Hirschl, 1999; Rank, 2011; Saunders & Davidson, 2007; Reddy, 2013; 보건복지부 기초생활보장과, 2012):

① 미국의 경우, 1990년대에 처음으로 여러 시점에 걸쳐 조사한 결과, 성인들 중에서 적어도 1년 동안 빈곤 상태에 놓일 가능성이 있는 사람의 비율이 60%로 나타났다. 그리고 성인들 중에서 빈곤의 정도가 심할 것으로 보이는 사람의 비율은 약 33%로 나타났다. 또한 미국의 경우, 2000년대 초에 전체 가족들 중에서 빈곤선 아래에서 사는 가족의 비율은 10.2%인 것으로 밝혀졌다. 미국의 경우, 2008년에 상대적 빈곤율은 17.3%였다. 그리고 미국의 경우, 2011년에 전체 인구층 중에서 15%가 빈곤선 아래에서 사는 것으로 밝혀진 바 있다. 현재에도 미국의 빈곤층 중에는 심한 빈곤 상태에 있는 사람이 많다.

② 호주의 경우, 빈곤선 아래에서 살고 있는 호주인의 비율이 1980년 후반 이후에 크게 높아지고 있는 것으로 조사되었다. 이 시기는 경제가 크게 성장하고 고용이 크게 늘어난 시기였다. 그러므로 호주의 경우, 경제와 고용 여건이 매우 좋아짐에도 불구하고, 빈곤 상태에 있는 사람의 수가 크게 증가하고 있는 셈이다.

2) 빈곤층의 고용

(1) 우리나라의 현황

우리나라에서는 빈곤층이 고용되어 근로자로 일하는 비율은 상대적으로 낮은 편이다. 예를 들어 우리나라의 경우, 2005년 말에 전체 인구에서 일하는 빈곤층이 차지하는 비율은 약 13~17%인 것으로 나타난 바 있다.

구체적으로 우리나라의 경우, 2005년 말에 15세 이상의 빈곤층 중에서 정규직·임시직·일용직 근로자로 근무하는 사람의 비율은 45.1%로 나타났다. 이에 비해서, 빈곤하지 않은 층에서 정규직·임시직·일용직 근로자로 근무하는 사람의 비율은 70.0%로 나타났다.

그러나 우리나라에서 빈곤층이 정규직 근로자로 고용된 비율은 매우 낮은 편이다. 예를 들어 우리나라의 경우, 2005년 말에 15세 이상의 빈곤층 중에서 정규직 근로자로 근무하는 사람의 비율은 8.9%로 나타났다. 이는 빈곤하지 않은 층에서 정규직 근로자로 근무하는 사람의 비율이 42.8%인 것과 크게 대조된다(노대명 외, 2007).

그리고 근로 빈곤층의 빈곤율이 1966년에는 6.5%였으나, 2011년에는 8.5%로 높아졌다고 발표된 바 있다(Chosunilbo, 2012; 한국장애인고용공단 고용개발원, 2011). 따라서 우리나라에서는 근래에 들어 근로 빈곤층의 빈곤율이 높아지는 경향이 있다.

한편, 우리나라에서 자활사업에 참여하는 사람의 수는 2007년에는 58,356명, 2009년에는 77,826명, 2011년에는 83,719명이었다(통계포털, 2013). 따라서 우리나라에서 자활사업에 참여하는 사람의 수는 늘어나는 경향을 보이고 있다.

(2) 선진국의 현황

경제협력개발기구(OECD)에 속한 27개 국가의 경우, 일할 수 있는 층(20~64세)의 빈곤율은 2000년대 중반에 14.1%로 나타났다. 그리고 미국의 경우, 2011년에 빈곤층 중에서 근로 빈곤층이 차지하는 비율은 약 22.6%에 이르는 것으로 조사되었다. 미국의 경우, 2000년 전후 시기에는 근로 빈곤층의 빈곤율이 낮아지다가, 2007

년 이후에는 근로 빈곤층의 빈곤율이 높아지는 경향을 보이고 있다.

또한 모든 유럽 국가에서, 소득이 너무 적은 근로 빈곤층의 수가 증가하고 있는 것으로 알려져 있다(Reddy, 2013; Caritas Europa, 2010; 한국장애인고용공단 고용개발원, 2011).

3) 빈곤층의 근로 의욕

빈곤층은 근로 의욕이 낮다는 주장을 하고 있다. 그러나 빈곤층의 근로 의욕에 대해 실증적으로 실시한 연구는 많지 않은 편이고, 그 결과도 서로 차이가 나는 것으로 알려져 있다(정진경, 2004).

(1) 우리나라의 현황

우리나라에서 실시한 연구의 경우, 공공부조를 받는 사람들의 근로 의욕에 대해서는 일치된 결과가 나타나고 있지 않다(정진경, 2004).[57)]

(2) 선진국의 현황

외국의 어느 연구에서는, 공공부조를 받는 사람은 공공부조를 받지 않는 사람보다 일에 대한 태도가 더 소극적인 것으로 밝혀진 바 있다(정진경, 2004).

정 리

- 우리나라와 선진국에서 상대적 빈곤율은 11~12% 정도이다.
- 우리나라와 선진국에서 근로 빈곤층의 빈곤율은 높아지는 경향을 보인다.
- 빈곤층의 근로 의욕은 조사 결과마다 차이가 난다.

57) 이렇게 된 이유들 가운데 하나는 근로 의욕을 측정하는 문항이나 도구가 서로 다르기 때문이다.

제4절
빈곤문제와 관련된 관점

빈곤에 대한 관점은 빈곤을 유발하는 원인에 대한 관점인 경우가 많다(노병일, 2013).[58] 스픽커(Spicker, 2010)의 경우, 빈곤의 원인과 관련된 주요한 관점을 크게 병리적 관점(pathological explanations)과 구조적 관점(structural explanations)으로 구분하고 있다.[59]

각 관점에 대해 좀 더 살펴보면 다음과 같다.

1) 병리적 관점

병리적 관점의 경우, 빈곤층의 특성이나 행동 때문에 빈곤이 나타난다고 보고 있다. 이 경우, 병리적 관점을 다음과 같이 더 구분할 수 있다(Spicker, 2010):

① 개인주의 관점이 있다. 개인주의 관점에서는 빈곤층이 잘못된 선택을 하고, 또한 빈곤층이 자신만의 생활 방식을 선택한다고 가정하고 있다.

② 가족 관점이 있다. 가족 관점에서는 빈곤이 가족 내에 들어있다고 보고 있다. 즉, 가족 관점의 경우, 부적절한 행동은 한 세대에서 다음 세대로 전달된다고 보고 있다.[60]

③ 하위문화 관점이 있다. 하위문화 관점에서는 '빈곤문화(culture of poverty)'의 측면에서 빈곤의 원인을 설명하고 있다. 하위문화 관점의 경우, 하위문화 때문에 빈곤층은 다음과 같은 것을 배우게 된다고 주장하고 있다. ㉠ 자신은 주류 사회에 살고 있는 사람과 다르다는 것을 배운다. ㉡ 빈곤에 '적응하는'

58) 빈곤에 대한 기타 관점에 대해서는 노병일(2013: 66-91)을 참조할 것.

59) 여러 학자들이 빈곤의 원인과 관련된 관점을 다양하게 제시해 왔다. 본 장에서는 스픽커의 관점만을 제시한다. 왜냐하면 스픽커가 제시하는 두 가지 관점은 빈곤의 원인에 대한 관점을 가장 단순화시켜 제시하기 때문이다.

60) 학자들은 가족 관점에 대해서 체계적으로 연구해 왔다. 그 결과 가족 관점은 사실이 아닌 것으로 밝혀지고 있다.

것을 배운다.

2) 구조적 관점

구조적 관점에서는 빈곤이 나타나는 사회와 연관시켜 빈곤을 설명하고 있다. 구체적으로 구조적 관점에서는 빈곤의 원인이 사회 구조나 경제 구조에 있다고 보고 있다(Spicker, 2010; Spicker, Leguizamón & Gordon, 2007).

이 경우, 구조적 관점을 다음과 같이 더 구분할 수 있다(Spicker, 2010):

① 계급 중심 관점이 있다. 계급에 초점을 두는 관점의 경우, 생산 과정의 주변에 있게 되면 생활 기회가 제약되고, 그 결과로 빈곤이 나타난다고 보고 있다.

② 기관 중심 관점이 있다. 기관에 초점을 두는 관점의 경우, 공적 서비스가 제대로 제공되지 못하기 않기 때문에 빈곤이 나타난다고 보고 있다.

③ 불평등 중심 관점이 있다. 불평등에 초점을 두는 관점의 경우, 사회 구조에 불평등이 존재하기 때문에 빈곤이 나타난다고 보고 있다. 구체적으로 이런 관점에서는, 사회 구조의 불평등 때문에 기회를 갖지 못하고 취약 상태에 영구히 놓이기 때문에 빈곤이 나타난다고 보고 있다. 이런 불평등의 예로 소득에 따른 불평등, 부에 따른 불평등, 인종에 따른 불평등, 성에 따른 불평등이 있다.

정 리

- 빈곤에 대한 관점은 빈곤을 유발하는 원인에 대한 관점인 경우가 많다. 빈곤의 원인과 관련된 관점을 크게 병리적 관점과 구조적 관점으로 구분할 수 있다.
- 병리적 관점에서는 빈곤층의 특성·행동 때문에 빈곤이 나타난다고 본다. 병리적 관점에는 개인주의 관점, 가족 관점, 하위문화 관점이 있다.
- 구조적 관점에서는 빈곤이 나타나는 사회와 연관시켜 빈곤을 설명한다. 구조적 관점에는 계급 중심 관점, 기관 중심 관점, 불평등 중심 관점이 있다.

제5절 빈곤문제의 해결 방안

빈곤과 관련된 사회문제에 대해 앞에서 제시한 논의와 현황 및 관점에 근거해, 빈곤문제를 퇴치하거나 완화하기 위한 방안을 몇 가지 제시하면 다음과 같다.

1) 전반적 방안

(1) 적절한 공공부조 급여의 제공

사회보장제도는 빈곤을 완화하고 빈곤을 퇴치하기 위한 중요한 기둥이다. 사회보장의 여러 프로그램들 중에서도 공공부조는 빈곤층에게 소득을 보장해 주는 제도이다. 그러므로 빈곤문제를 해결하기 위해서는 공공부조의 급여를 적절하게 제공할 필요가 있다.[61] 무엇보다도 우리나라의 헌법에서 "모든 국민은 인간다운 생활을 할 권리를 가진다."고 언급한 만큼, 모든 빈곤층에게도 기본적인 적절한 수준의 급여를 제공할 필요가 있다.

(2) 빈곤층 고용을 위한 장기 전략의 수립

빈곤을 유발하는 가장 큰 요인들 가운데 하나는 실업이다. 유럽에서는 여러 인구층 중에서 빈곤을 겪을 가능성이 가장 큰 집단은 장기적으로 실업 상태에 있는 층이라고 분석한 바 있다(Caritas Europa, 2010). 그러므로 국가의 전반적인 복지 체계를 설계할 경우에, 빈곤층이 꾸준히 일할 수 있는 토대를 갖추는 데 장기적으로 관심을 가질 필요가 있다.

61) 사실, 사회복지정책의 사회적 가치들 가운데 하나는 적절(adequacy)인데, 적절은 공공부조 급여와 크게 관련된다(노병일, 2011).

2) 영역별 방안

(1) 빈곤층의 고용과 관련된 방안

(가) 고용 관련 기술의 교육

빈곤에 대한 구조적 관점에서는 빈곤이 제도상의 문제 때문에 생긴다고 보고 있다. 빈곤층이 자본주의 체제에서 노동시장에 참여하기 위해서는 노동시장에서 필요한 기술을 가지고 있어야 한다. 이것은 자본주의의 생산 과정에 통합되는 일이기도 하다. 그러므로 빈곤층이 고용될 수 있는 기회를 늘리기 위해서는, 빈곤층에게 사업장에서 사용할 수 있는 기술을 배우는 프로그램을 많이 제공할 필요가 있다.

(나) 창업을 위한 재정 지원

빈곤층이 정규직 근로자로 고용되기 어려운 경우에는, 빈곤층이 창업하는 것도 한 가지 방안이 될 수 있다. 창업은 자기 고용을 의미하기 때문에, 빈곤층의 창업도 당연히 빈곤층의 고용과 관련된다. 그러므로 창업할 의사가 있는 빈곤층이 사업을 운영할 수 있는 경영 기법을 배우는 기회를 제공할 필요가 있다.

그리고 빈곤층이 창업하기 위해서는 자금이 필요한데, 빈곤층은 금융제도에서 자금을 대출받기가 어려운 경우가 많다. 그러므로 빈곤층이 창업할 수 있는 기회를 늘리기 위해서는, 빈곤층이 대출받을 수 있는 조치를 취할 필요가 있다.

(2) 빈곤층의 근로 의욕과 관련된 방안

빈곤층의 근로 의욕을 높이는 것은 빈곤에 대한 개인적(병리적) 관점에 근거하는 경우가 많다. 그러나 빈곤층이 빈곤 상태에서 벗어나기 위해서는, 빈곤층이 근로에 대해 긍정적인 태도를 갖는 것도 중요한 것이 사실이다.

(가) 빈곤층의 근로에 대한 추가 보상

빈곤층이 일한 것에 대해 추가적으로 혜택을 줄 경우, 빈곤층은 일을 더 하려고 할 수 있다. 그러므로 빈곤층의 근로 의욕을 증진하기 위해서, 국가나 기관은 빈곤층이 일해서 얻은 소득에 비례해서 세금과 관련된 혜택을 주거나[62] 금전으로 추가 보상해 줄 필요가 있다.

(나) 빈곤층에 대한 인격적 대우

자신이 놓인 열악한 상황 때문에, 빈곤층은 자아존중감이 낮아지는 경우가 많다. 따라서 물질적 빈곤을 퇴치하는 것 못지않게, 빈곤층의 인격을 존중하며 대하는 것도 매우 중요하다(Caritas Europa, 2010). 그러므로 빈곤층에게 자신들이 가치가 있고 사랑스러운 존재라는 것을 확신시켜 주면서 이들의 근로 의욕을 증진시켜 줄 필요가 있다.

정 리

- 빈곤과 관련된 사회문제를 퇴치하기 위해서는 적절한 공공부조 급여를 제공하고, 빈곤층을 고용하기 위한 장기 전략을 설계할 필요가 있다.
- 빈곤층의 고용을 증진하기 위해서는 고용과 관련된 기술을 교육시키고, 창업을 위한 재정을 지원할 필요가 있다.
- 빈곤층의 근로 의욕을 증진하기 위해서는 빈곤층의 근로에 대해 추가로 보상하고, 빈곤층의 인격을 존중하며 대할 필요가 있다.

62) 많은 국가에서 실시하고 있는 근로장려세제(EITC)는 빈곤층이나 소득이 적은 층의 근로 의욕을 증진하는 방법의 하나이다(노병일, 2013).

CHAPTER 10

노숙문제

Social Problems

차 례

1. 빈곤의 도시화와 노숙문제
2. 주요 용어와 논의
3. 주요 노숙문제의 현황
4. 노숙문제와 관련된 관점
5. 노숙문제의 해결 방안

제1절 빈곤의 도시화와 노숙문제

예전에는 빈곤이 주로 농촌에서 나타나는 현상이었으나, 이제는 빈곤이 주로 도시에서 나타나는 현상으로 바뀌고 있다. 이에 따라 선진국에서 도시의 빈곤율이 높아지는 경향을 보이고 있다. 예를 들어 미국의 뉴욕(New York)에서는, 빈곤한 시민의 수가 빠른 속도로 증가할 것이라고 예측된 바 있다(Eitzen, Zinn & Smith;

2011; Economist, 2000; Mogull, 2007).

빈곤의 도시화 현상은 우리나라에서도 마찬가지이다(어인천 외, 1995). 우리나라의 경우, 도시로 인구가 집중되고 있고, 이와 더불어 도시에 사는 빈곤층의 수가 증가하고 있다. 따라서 전 세계적으로 볼 때, 과거에 비해 현재의 빈곤층은 도시적 특성을 더 지닌다고 볼 수 있다.

한편, 예전에는 도시가 성장의 원동력이었다. 따라서 예전에는 빈곤에서 벗어나 더 잘 살기 위해 도시로 간 경우가 많았다. 그러나 현재의 도시는 빈곤을 퇴치하기 위한 일자리를 충분히 제공하지 못하고 있다. 이에 따라 현재의 도시는 빈곤을 흔하게 볼 수 있는 장소가 되고 있다(Anonymous, 1997; 노병일, 2013).

실제로, 국제노동기구(ILO)가 발간한 자료에 따르면, 도시빈곤은 더 심각해져 가고 있고 또한 도시빈곤이 줄어들 가능성은 적어 보인다. 그리고 현재와 같은 경제체제와 복지체제에서는 도시빈곤이 계속 지속될 것으로 보이고 도시빈곤은 해결될 수 없는 것처럼 보이기도 한다. 그 결과 도시빈곤은 불안정을 크게 유발하는 요인이 되고 있다(Anonymous, 1997; Mingione, 1996).

현재의 도시에는 여러 형태의 빈곤이 지속되고 있고 다양한 빈곤층이 존재하고 있다. 그런데 도시에 거주하는 여러 빈곤 집단들 중에서, 도시빈곤을 극단적으로 보여 주는 집단의 하나가 노숙인(홈리스, homeless)이다. 실제로 현대 사회의 경우, 노숙(homelessness)은 전 세계의 대도시에서 자주 볼 수 있는 현상이 되고 있다. 그 결과 여러 국가에서 노숙은 사회문제가 되고 있다.

그리고 도시에 거주하는 사람들 중에는 노숙 상태에 놓일 가능성이 큰 사람이 많다. 이에 따라 도시의 노숙문제는 일시적인 사회문제가 아니라 구조적으로 나타나는 사회문제로 자리를 잡고 있다. 예를 들어 미국의 경우, 노숙은 시간이 지나면서 더 흔한 현상이 되고 있다. 어느 학자의 경우, 1980년대부터 등장하기 시작한 심각한 사회문제의 하나로 노숙인의 수가 크게 증가한 것을 꼽은 바 있다(Hahn et al., 2006; Eitzen, Zinn & Smith; 2011; 노병일, 2013).

▲ 핀란드의 노숙인: 노숙은 전 세계의 대도시에서 자주 볼 수 있는 현상이다.

사진: 핀란드 헬싱키에서 저자 찍음.

그러나 노숙은 단지 주거지가 없는 것 이상의 문제를 유발하고 있다. 구체적으로 노숙은 신체적 건강이 좋지 않은 것, 정신건강이 좋지 않은 것, 약물을 남용하는 것, 사망할 가능성이 높은 것과 관련되어 있다(Hahn et al., 2006). 이 중에서도 노숙인과 크게 관련되는 문제는 신체적 건강이 열악한 것, 정신건강이 열악한 것, 알코올을 과다하게 사용하는 것이다.

그러므로 우리나라에서 노숙과 관련된 주요한 사회문제의 예로 노숙인의 일반건강과 관련된 문제, 노숙인의 정신건강과 관련된 문제, 노숙인이 알코올을 남용하는 것과 관련된 문제를 들 수 있다.

정 리

- 현재의 도시는 빈곤을 흔하게 볼 수 있는 장소가 되고 있는데, 도시빈곤을 극단적으로 보여 주는 집단이 노숙인이다. 여러 국가에서 노숙은 사회문제가 되고 있다.
- 노숙과 관련된 주요한 사회문제의 예로 노숙인의 열악한 신체적 건강, 열악한 정신건강, 알코올 남용을 들 수 있다.

제2절 주요 용어와 논의

1) 기본 용어와 논의

(1) 노숙과 노숙인의 개념

그간의 경우, 여러 기관과 학자들은 노숙에 대해 정의를 내려 왔다(노병일·윤경아, 2004). 노숙에 대한 정의를 일부 살펴보면 다음과 같다(Barker, 2003; Spicker, Leguizamón & Gordon, 2007; Johnson, 1995; Hahn et al., 2006):[63]

① 미국의 전국사회사업가협회에서 발간한 사전의 경우, 노숙은 집이 없는 상태라고 정의하고 있다.

② 스픽커 등(Spicker, Leguizamón & Gordon)의 경우, 노숙은 거처가 없는 것을 가리키는 식으로 많이 사용된다고 보고 있다.

③ 존슨(Johnson)의 경우, 노숙은 어떤 형태의 정규적인 거주지가 없는 것이라고 정의하고 있다.

④ 한 등(Hahn et al.)의 경우, 노숙은 야외, 응급 쉼터, 주거로 적절하지 않은 장소에서 밤을 보내는 것이라고 보고 있다.

그러므로 정리하건대, 노숙은 정규적 형태의 거주지가 없는 상태를 일컫는다고 볼 수 있다. 그리고 여기에 근거할 경우, 노숙인은 정규 형태의 거주지가 없는 사람을 가리킨다고 볼 수 있다(노병일, 2013).

한편, 우리나라에서 제정된 '노숙인 등의 복지 및 자립지원에 관한 법률'에 따르면, '노숙인 등'은 다음의 하나에 해당하는 사람을 일컫는다(국가법령정보센터, 2013):[64]

63) 노숙인의 한문 표현은 露宿者이다. 그러므로 단어의 뜻만 놓고 볼 때, 노숙인은 길에서 자는 사람을 가리키는 것이 아니라 이슬을 맞으며 자는 사람을 가리킨다(노병일, 2013).

64) 우리나라의 법령에서는 '노숙인'보다는 '노숙인 등'의 용어를 사용하고 있다. 아무래도 '노숙인 등'은 '노숙인'보다 적용되는 사람의 범위가 넓을 수밖에 없다.

① 상당한 기간 동안 일정한 주거 없이 생활하는 사람이 있다.
② 노숙인시설을 이용하거나 상당한 기간 동안 노숙인시설에서 생활하는 사람이 있다.
③ 상당한 기간 동안 거주지로서 크게 적절하지 않은 곳에서 생활하는 사람이 있다.

(2) 노숙인의 형태

노숙인의 형태를 구분하는 방식에 대해서는 의견이 일치되고 있지 않다(노병일, 2013). 이런 예를 살펴보면 다음과 같다(Pierson, 2002; Johnson, 1995; 이태진, 2002):

① 피어슨(Pierson)의 경우, 노숙인 집단을 다음과 같이 크게 세 가지로 나누고 있다:
   ㉠ 주변 거주인(displaced people)이 있다. 이것은 자신이 사는 집에서 주요 거주자가 아닌 사람을 가리킨다. 예를 들어 누구의 방에 붙어사는 사람이 있다.
   ㉡ 시설(shelter) 거주인이 있다. 이것은 어떤 종류의 임시시설에서 사는 사람을 가리킨다. 임시시설의 예로 쉼터, 교회, 병원이 있다.
   ㉢ 거리 거주인이 있다. 이것은 거리에서 생활하면서, 거주 목적이 아닌 공공장소에서 사는 사람을 가리킨다. 이런 공공장소의 예로 역, 주차장, 좁은 길, 상점가, 공원이 있다. 노숙인들 중에서 거리 거주인은 가장 주변화되고 가장 취약한 층이다. 그리고 거리 거주인은 거주지뿐만 아니라 다양한 여러 형태의 원조도 필요한 경우가 많다.
② 존슨(Johnson)의 경우, 노숙인의 형태를 다음과 같이 세 가지로 구분하고 있다:
   ㉠ 실제적 노숙인(literally homeless)이 있다. 이것은 쉼터나 길거리에서 자고 있는 노숙인을 가리킨다.
   ㉡ 숨겨진 노숙인(hidden homeless)이 있다. 이것은 친척과 친구의 집에 더불어 살거나 차나 방치된 건물에서 자는 사람을 가리킨다. 개인과 가족들

중에는 숨겨진 노숙인이 많다.

㉢ 삽화적 노숙인(episodically homeless)이 있다. 이것은 노숙 상태에 놓이고 벗어나는 것을 반복하는 사람을 말한다.

③ 이태진의 경우, 우리나라 맥락에서 정책 대상으로서의 노숙인을 다음과 같이 세 가지 유형으로 구분하고 있다:

㉠ 거리 노숙인이 있다. 이것은 "글자 그대로 홈리스로 비닐하우스나 쪽방, 쉼터에도 머무르지 못하고 거리로 나와 숙식을 해결하는 계층"을 가리킨다.

㉡ 쉼터 노숙인이 있다. 이것은 "노숙인의 임시거주시설에 거주하는 계층"을 가리킨다.

㉢ 쪽방생활자가 있다.[65] 이것은 "아직 주거를 상실하지 않았으나 임시의 불안정한 쪽방에 거주하고 예비노숙인으로 간주될 수 있는 주거취약계층"을 가리킨다.[66]

그러므로 노숙인의 형태에 대한 구분은 학자마다 차이가 난다. 그러나 정리하건대, 노숙인을 거리 노숙인, 쉼터 노숙인, 기타 노숙인으로 크게 구분할 수 있다(노병일, 2013).

65) 쪽방거주자는 노숙인이 될 가능성이 있고, 또한 일부 학자는 쪽방거주자를 노숙인의 한 형태로 분류하고 있다. 따라서 본 장에서는 쪽방거주자도 노숙인에 포함시켜 논의한다.

66) 우리나라에서 쪽방이라는 용어가 어떻게 등장하였는지에 대해서는 확실하게 알려져 있지 않다. 다만 "'쪽'이라는 말이 '어떤 물건을 쪼갰을 때의 한 부분, 혹은 물건의 쪼개진 부분을 세는 단위[...]로 쓰이고 있는 것으로 미루어 쪽방은 방을 쪼개어 나눈 매우 작은 방의 일종"으로 볼 수 있다고 최지훈과 이준호(1999: 24)는 설명한 바 있다.

▲ 중국의 거리 노숙인: 거리 거주인은 취약한 층이다.

사진: 저자 찍음.

2) 노숙인의 신체적 건강과 관련된 논의

노숙인은 질병에 더 잘 걸리는 경향이 있다. 특히 길거리에서 잠을 잘 경우에는 건강이 악화될 수 있다.

일반적으로 노숙 상태에 있는 것과 건강이 좋지 않은 것 사이에는 서로 관련이 있는 것으로 알려져 있다. 즉, 질병에 걸린 사람은 노숙 상태에 놓일 가능성이 크고, 또한 노숙 상태에 놓이면 질병에 걸릴 가능성이 커진다는 것이다(Alcock, 1997; Hwang, 2002).

그리고 노숙인에게는 일반인에게 흔하게 나타나는 질병이 더 자주 나타나는 경향이 있다. 일반인에게 흔하게 나타나는 질병의 예로 혈관 관련 질병, 암, 퇴행성 질병이 있다. 또한 노숙인은 외상(trauma), 신체적 폭력, 성적 폭력, 에이즈 감염, 바이러스 간염, 결핵과 같은 것을 더 자주 경험하는 경향이 있다. 그리고 일반인에 비해서 노숙인은 뇌손상을 겪을 가능성이 상대적으로 더 크다(Turnbull & Podymow, 2002; NewsRx Health, 2013).

또한 일반적으로 노숙인은 다음과 같은 상황에 놓여 있다(NewsRx Health, 2013):

① 건강 상태가 매우 좋지 않은 경우가 많다.

② 의료 서비스를 받아야 할 때에 비용이 많이 드는 경우가 많다.

③ 병원에 입원할 때에 더 오랜 기간 동안 입원하는 경우가 많다.

④ 사망할 가능성이 더 크다.

3) 노숙인의 정신건강과 관련된 논의

노숙인에게는 신체적 건강문제보다도 정신건강문제가 더 심각하다. 실제로 성인 노숙인을 조사한 여러 연구에서는, 노숙인들 중에는 정신건강문제를 겪는 사람이 상대적으로 더 많은 것으로 나타나고 있다(Bassuk et al., 1997; 서동우, 2002).

4) 노숙인의 알코올 남용과 관련된 논의

노숙인은 알코올문제를 겪을 가능성이 크다. 실제로 노숙인들 중에는 알코올 중독자가 특히 많다(DiNitto, 2007).

정 리

- 노숙은 정규적 형태의 거주지가 없는 상태를 말하고, 노숙인은 정규 형태의 거주지가 없는 사람을 말한다. 노숙인을 거리 노숙인, 쉼터 노숙인, 기타 노숙인으로 구분할 수 있다.
- 노숙인은 질병에 더 잘 걸리는 경향이 있다.
- 노숙인은 정신건강문제에 더 취약하다.
- 노숙인은 알코올문제를 겪을 가능성이 크다.

제 3 절
주요 노숙문제의 현황

1) 노숙인의 현황

노숙인의 수는 파악하는 사람이나 기관에 따라서 크게 차이가 난다. 예를 들어 미국의 경우, 1988년에 노숙인의 수를 적게는 19만 2천 명, 많게는 220만 명으로 파악한 바 있다(원정숙, 2001). 그러므로 노숙인의 현황을 정확하게 파악하기는 어렵다.

그러나 노숙인의 수를 파악하기 어려움에도 불구하고, 그동안 각 국가에서는 노숙인의 수를 나름대로 파악해 왔다(노병일·윤경아, 2004). 이런 예를 살펴보면 다음과 같다.

(1) 우리나라의 현황

우리나라의 경우, 국제통화기금(IMF)의 관리를 받던 경제 위기 시기에 노숙인의 수가 크게 증가하였다. 우리나라에서는 일부 기관이 노숙인의 실태를 조사한 적이 있는데, 그 수치는 차이를 보이고 있다(노병일, 2013).

우리나라에서 노숙인의 수를 조사한 예를 몇 가지 살펴보면 다음과 같다(김현미, 2001; 김수현·원승욱·김소임, 2002a; 김종한, 2008; 동아일보, 2013).

① 우리나라의 보건복지부는 2000년 초에 전국적으로 노숙인의 수가 약 5천 명이고 잠재적 노숙인의 수가 1만 명을 넘는다고 추정한 바 있다.

② 서울 시정연구개발원은 2002년 7월에 서울시에 있는 노숙인의 수가 3,274명이라고 파악한 바 있다.

③ 우리나라 정부의 자료에서는, 2000년 이후에 노숙인 쉼터에 거주하는 노숙인과 거리 노숙인을 합친 수치가 5천 명 정도라고 밝힌 바 있다.

▲ 겨울에 지하철 서울역에서 자고 있는 노숙인: 우리나라의 대도시에서는 노숙인을 자주 볼 수 있다. 사진: 저자 찍음.

(2) 선진국의 현황

(가) 미국의 현황

미국 역사의 초기에는 노숙인을 지금과 다르게 분류하거나 지금과 다른 이름으로 불렀지만, 미국에서는 노숙인이 항상 존재해 왔다. 그러다가 1970년대 말 이후부터 도시 노숙인의 수가 매년 크게 증가하고 있다. 그리고 미국은 최근 들어서도 노숙 상태에서 사는 사람의 수는 증가하고 있다(Eitzen, Zinn & Smith, 2011; Johnson, 1995; Hahn et al., 2006).

미국의 노숙인은 여러 도시에서 찾아볼 수 있다. 미국에서 노숙인의 수를 조사한 예를 살펴보면 다음과 같다(Eitzen, Zinn & Smith, 2011, Pavia, 2012; Hahn et al., 2006; Johnson, 1995):

① 미국의 인구조사국은 1990년에 노숙인의 수를 공식적으로 조사하려고 처음으로 시도하였다. 이 당시에, 인구조사국의 담당자들은 쉼터와 거리를 집중적으로 살피면서 노숙인을 조사하였다. 그 결과 조사한 24시간 내에 노숙인이 쉼터에 약 18만 명이 있었고 거리에 약 5만 명이 있었다.[67]

② 미국 정부는 도시연구소(Urban Institute)가 노숙인의 수와 관련해 제공한 전국 예측치를 사용하여 노숙인의 수를 조사한 적이 있다. 이 경우, 25개 대도시에서 쉼터와 무료 급식소를 이용하는 성인 노숙인과 아동 노숙인 1,700명을 면담해서 추정한 결과, 약 56만 7천 명~60만 명의 노숙인이 있는 것으로 나타난 바 있다.

③ 미국의 경우, 2000년대 초에 노숙인이 4백만~5백만 명이 되는 것으로 추정한 바 있다. 구체적으로, 매년 노숙 상태에서 지내는 사람의 수가 뉴욕에 10만 명이 넘고, 로스앤젤레스(Los Angeles)에 9만 명이 되고 시카고(Chicago)에 7만5천명이 되는 것으로 추정된 바 있다. 그리고 캔자스시티(Kansas City)와 같은 도시 지역에도 노숙인이 약 2,060명이나 되는 것으로 조사된 바 있다.

④ 미국의 경우, 노숙문제로 어려움을 겪는 사람의 수가 약 230만~350만 명에 이르는 것으로 알려진 바 있다.

한편 미국은 현재의 노숙인이 1950년대 및 1960년대의 노숙인에 비해서 더 빈곤한 상태에 있고, 건강이 더 좋지 않고, 실내에서 생활할 가능성이 더 적은 것으로 알려져 있다(Hahn et al., 2006).

(나) 캐나다의 현황

캐나다의 경우, 노숙인의 수는 적게 잡아도 1만 명당 5명이 넘는 것으로 추정된 바 있다. 이에 따라 캐나다에서는 노숙인 문제를 전국적 위기로 인식하고 있다(Turnbull & Podymow, 2002).

(다) 일본의 현황

일본의 경우, 예전에는 노숙인을 알코올을 남용하는 부랑인으로 인식해 왔다. 그러나 근래의 경우, 경제적 어려움 때문에 노숙 생활을 하는 정상인의 수가 늘어나고 있다. 그리고 일본의 복지제도는 이런 노숙인을 보호할 채비가 되어 있지

67) 그러나 옹호집단들은 집단소송을 제기하였다고 한다. 왜냐하면 인구조사국의 담당자들은 방치된 건물에 들어가지 않았고 주차한 차를 조사하지 않았기 때문이다.

않다는 비판을 받은 바 있다(Kattoulas, 2000).

그러다가 일본에서는 2002년 7월에 '홈리스 자립지원 등에 관한 특별조치법'을 제정하였다. 이 법에 따라서 2003년에 실시한 '홈리스 실태에 관한 전국조사'에서는 일본 전체에 노숙인이 약 2만 5천 명이 있는 것으로 밝혀졌다. 이 경우, 노숙인이 가장 많은 도시는 오사카이고, 그 다음은 도쿄(동경)로 나타났다. 일본 오사카에서 1998년 8월에 실시한 조사에서는, 오사카 시내의 노숙인이 약 8,700명인 것으로 밝혀졌다.

그리고 2003년 이후에 경제 여건이 좋지 않아짐에 따라서, 오사카의 노숙인은 1만 5천 명이 넘을 것으로 추정된 바 있다(시모다이라 요시히로, 2006).

▲ 일본 고베와 도쿄의 노숙인(오른쪽): 일본의 대도시에서는 노숙인을 자주 볼 수 있다.
사진: 고베와 도쿄에서 저자 찍음.

(3) 노숙인의 삶의 질

노숙인의 전반적인 삶의 질은 낮은 편이다. 예를 들어 우리나라에서 노숙인들을 조사한 연구에서는, 노숙인의 삶의 질 수준이 낮은 것으로 밝혀진 바 있다(윤경아·노병일, 2005).

2) 노숙인의 일반 건강

(1) 우리나라의 현황

우리나라의 경우, 노숙인의 건강 상태는 열악한 것으로 나타나고 있다. 이런 예를 살펴보면 다음과 같다(서동우, 2002: 윤경아·노병일, 2005: 동아일보, 2013):

① 우리나라의 경우, 노숙인은 고혈압, 당뇨, 간염을 포함한 여러 가지 질병을 경험하는 것으로 조사되었다

② 우리나라의 노숙인들을 조사한 어느 연구에서는, 노숙인의 주관적 건강 상태가 열악한 것으로 나타났다.

③ 우리나라에서 2012년에 노숙인들을 조사한 결과, 장애나 신체적 질병이나 노인성 질환을 가지고 있는 노숙인이 전체 노숙인의 약 70%에 이르는 것으로 나타났다.

④ 우리나라의 노숙인들 중에서 상당히 많은 수는 복합적 질환을 가지고 있는 것으로 나타났다.

(2) 선진국의 현황

미국의 경우, 노숙인의 건강 상태는 열악한 것으로 밝혀지고 있다. 이런 예를 살펴보면 다음과 같다(Johnson, 1995; Hahn et al., 2006):

① 미국의 19개 도시에서 노숙인 6만 명을 조사한 결과, 노숙인이 많이 겪는 질병은 고혈압, 위장병, 말초혈관 질병, 치과 관련 질병, 신경계통 질병의 순인 것으로 나타났다.

② 미국 샌프란시스코(San Francisco)에서 노숙인을 대상으로 14년 동안의 경향을 조사한 결과, 노숙인들 중에서 신체적 건강문제로 응급실과 병실을 이용하는 사람의 비율이 높아진 것으로 나타났다.

그리고 캐나다에서도 노숙인의 건강 상태는 열악한 것으로 나타나고 있다. 이

런 예를 살펴보면 다음과 같다(Turnbull & Podymow, 2002; NewsRx Health, 2013):

① 캐나다의 경우, 노숙인이 질병에 걸리는 비율은 전국 평균치보다 훨씬 더 높은 것으로 나타난 바 있다. 그리고 캐나다에서는 노숙인이 겪는 만성적 질병이 치료되지 않거나 인정되지 않고 지나치는 경우가 많은 것으로 밝혀졌다.

② 캐나다에서 실시한 연구에서는, 노숙인의 8~53%는 뇌손상을 겪고 있는 것으로 나타났다. 이 경우, 뇌손상을 겪는 노숙인의 대부분은 남성이었다.

3) 노숙인의 정신건강

노숙인들 중에서 정신건강과 관련하여 어려움을 겪는 사람의 비율이 얼마나 되는지에 대한 추정치는 크게 차이가 나고 있다. 예를 들어 어느 경우에는 10%로 추정되고, 어느 경우에는 90%로 추정되는 식으로 크게 차이가 나고 있다(Ginzler & Cauce, 2000).

(1) 우리나라의 현황

우리나라의 경우, 노숙인의 정신건강 상태는 열악한 것으로 나타나고 있다. 이런 예를 살펴보면 다음과 같다(서동우, 2002; 동아일보, 2013).

① 우리나라의 경우, 노숙인들 중에서 정신건강문제를 크게 겪는 사람의 비율이 2000년에 약 30%로 조사된 바 있다.

② 우리나라에서 2012년에 노숙인들을 조사한 결과, 정신건강문제를 가지고 있는 노숙인이 전체 노숙인의 약 25%에 이르는 것으로 나타났다.

(2) 선진국의 현황

미국의 경우, 노숙인의 정신건강은 열악한 것으로 밝혀지고 있다. 이런 예를 살펴보면 다음과 같다(Ginzler & Cauce, 2000; Hahn et al., 2006):

① 일부 학자의 경우, 그간의 연구 결과를 토대로 하여, 노숙인들 중에서 정신건강문제를 겪는 사람의 비율이 약 33%라고 정리한 바 있다.
② 미국 샌프란시스코에서 노숙인을 대상으로 14년 동안의 경향을 조사한 결과, 노숙인들 중에서 정신건강문제로 응급실과 병실을 이용하는 사람의 비율이 높아진 것으로 나타난 바 있다.

4) 노숙인의 알코올 남용

(1) 우리나라의 현황

우리나라의 노숙인들 중에는 알코올에 의존하는 노숙인이 많은 편이다. 우리나라에서 노숙인의 알코올 남용에 대해 조사한 결과를 몇 가지 살펴보면 다음과 같다(유채영·신원우, 2000; 윤경아·노병일, 2005; 서동우, 2002; 동아일보, 2013):

① 서울의 쉼터에 있는 남성 노숙인들을 조사한 결과, 알코올을 사용한 경험이 있는 노숙인이 거의 대부분이고, 이 중에서 과음을 하고 있는 노숙인의 비율이 약 31%인 것으로 나타났다. 이 경우, 노숙인들 중에서 알코올에 의존적인 것으로 판단된 사람의 비율은 일반인 중에서 알코올에 의존적인 것으로 판단된 사람의 비율보다 약 3배가 더 높은 것으로 나타났다.
② 대전의 노숙인들을 조사한 결과, 알코올을 남용하고 있는 노숙인이 많은 것으로 조사되었다.
③ 어느 연구의 경우, 우리나라에서 알코올문제를 겪고 있는 노숙인의 비율을 30~50%로 추정한 바 있다.
④ 우리나라에서 2012년에 노숙인들을 조사한 결과, 알코올에 중독된 노숙인이 많은 것으로 나타난 바 있다.

(2) 선진국의 현황

미국의 경우, 노숙인들 중에서 알코올 중독문제를 겪는 사람의 비율이 얼마나

되는지에 대한 추정치는 조사에 따라 차이가 나고 있다. 그러나 미국의 경우, 노숙인들 중에서 알코올과 관련된 문제를 겪는 노숙자의 비율이 53~73%인 것으로 밝혀진 바 있다.

하지만 미국에서 샌프란시스코의 노숙인을 대상으로 14년 동안의 경향을 조사한 결과, 심하게 알코올을 남용하는 사례는 줄어들고 있는 것으로 나타났다(Ginzler & Cauce, 2000; Straussner & Isralowitz, 2011; Hahn et al., 2006).

정 리

- 노숙인의 수는 파악하는 사람이나 기관에 따라 크게 차이가 난다. 그러나 우리나라와 선진국의 대도시에는 수천 명에서 수만 명의 노숙인이 살고 있다.
- 우리나라와 선진국의 경우, 노숙인의 일반 건강 상태는 열악한 편이다.
- 우리나라와 선진국의 경우, 노숙인의 정신건강은 열악한 편이다.
- 우리나라와 선진국의 경우, 알코올을 사용하는 노숙인의 수는 적지 않은 편이다.

제 4 절 노숙문제와 관련된 관점

노숙 상태에 놓인 과정이 어찌되었든 간에, 노숙인이 노숙 상태에 놓이는 것에 대한 관점을 개인적 관점과 구조적 관점으로 구분할 수 있다. 각 관점에 대해 간단히 설명하면 다음과 같다.

1) 개인적 관점

개인적 관점은 노숙의 원인으로 개인적 특성을 강조하는 관점을 말한다. 개인적 관점에 따르면, 노숙 상태에 놓일 가능성을 커지게 하는 개인적 특성이 몇 가지 존재한다.

개인적 관점에서는, 노숙문제를 해결하는 것과 관련해 노숙인 개인에게 주목하고 있다. 이 경우에, 노숙인이 겪는 문제들 중에서 가장 자주 언급되는 것은 정신건강문제와 약물 남용문제이다(Ginzler & Cauce, 2000).

2) 구조적 관점

구조적 관점은 노숙의 원인으로 구조적 특성을 강조하는 관점을 말한다. 구조적 관점은 노숙인의 개인적 특성에 주목하는 관점에 반대하면서 등장한 관점이다. 구조적 관점에 따르면, 사회 속에 존재하는 구조적 문제 때문에 노숙 상태에 놓인다(Ginzler & Cauce, 2000).

그러므로 구조적 관점에서는 노숙 상태를 둘러싸고 있는 사회적 구조와 관련된 측면에 주목하고 있다. 이런 측면의 예로 빈곤 상태에 있는 것, 노숙인을 대상으로 하는 사회 서비스가 적절하지 못한 것, 주택이 부족한 것이 있다. 예를 들어 미국의 일부 학자의 경우, 노숙인이 생기는 근본적인 이유는 노숙인이 정신건강문제나 약물 남용문제를 겪기 때문이 아니라, 적절한 주택이 부족하기 때문이라고 보고 있다(Ginzler & Cauce, 2000; DiNitto, 2007).

정 리

- 개인적 관점에서는 노숙의 원인으로 개인적 특성을 강조한다. 개인적 관점에서는 노숙문제를 해결하는 데 있어 노숙인 개인에게 주목한다.
- 구조적 관점에서는 노숙의 원인으로 구조적 특성을 강조한다. 구조적 관점에서는 노숙 상태를 둘러싸고 있는 사회적 구조와 관련된 측면에 주목한다.

제5절 노숙문제의 해결 방안

노숙과 관련된 사회문제에 대해 앞에서 제시한 논의와 현황 및 관점에 근거해, 노숙문제를 퇴치하거나 완화하기 위한 방안을 몇 가지 제시하면 다음과 같다.

1) 전반적 방안

(1) 안정된 주거지의 제공

노숙인에게 무엇보다도 중요한 것은 안정된 주거 공간이다. 실제로 우리나라에서 노숙인들을 조사한 결과, 노숙인들은 안정적인 주거 서비스를 바라는 것으로 나타난 바 있다(동아일보, 2013). 그러므로 노숙인이 노숙 상태에서 벗어나게 해 주기 위해서는 노숙인에게 안정된 주거지를 제공할 필요가 있다.

(2) 고용 기술 교육 기회의 제공

노숙인이 노숙 상태를 벗어나기 위해서는 안정된 일자리를 가지는 것이 중요하다. 실제로 우리나라에서 노숙인들을 조사한 결과, 노숙인들은 일자리를 요구한 것으로 나타났다(동아일보, 2013). 그러므로 노숙인의 직업 기술을 향상시켜 노숙인이 고용될 가능성을 증가시키는 프로그램을 실시할 필요가 있다.

(3) 포괄적 프로그램의 제공

노숙인에게 효과적으로 개입하기 위해서는 노숙인의 전반적인 삶의 질(quality of life)의 측면에 주목하여야 한다(윤경아·노병일, 2005). 그러므로 노숙인을 위한 방안을 설계할 경우에는 여러 영역에서 포괄적으로 접근할 필요가 있다.

▲ 노숙인과 상담하는 사회복지사와 노숙인을 위한 무료진료소: 노숙인에게는 여러 가지 포괄적인 서비스를 제공할 필요가 있다.

사진: 저자 찍음.

(4) 지속적 관심

노숙인은 매우 열악한 상황에서 오랫동안 생활해 온 경우가 많다. 그러므로 노숙문제를 퇴치하기 위해서는 집이 없는 사람들과 주거 여건이 좋지 않은 사람들을 돕고자 하는 프로그램을 계속해서 실시할 필요가 있다.

2) 영역별 방안

(1) 노숙인의 일반 건강과 관련된 방안

(가) 의료 서비스의 제공

노숙인은 거주 여건이 열악하므로 건강 영역에서 취약할 가능성이 크다. 실제로 우리나라에서 노숙인들을 조사한 결과, 노숙인들은 의료 서비스를 요청한 것으로 나타난 바 있다(동아일보, 2013). 그러므로 노숙인에게는 적절한 의료 서비스를 제공할 필요가 있다.

이와 관련해, 노숙인이 많은 곳에 건강 진료소와 같은 것을 개설하여 노숙인이 건강 서비스를 항상 받을 수 있게 해 줄 필요가 있다.

(나) 건강·주거 통합 서비스의 제공

노숙인은 나이가 들면서 치유할 수 없는 질병에 걸려 시설이나 병원에 수용될 가능성이 크다. 그러므로 이런 상황을 방지하기 위해서는, 노숙인에게 의료 서비스와 더 안정된 주거 서비스를 통합하는 프로그램을 제공할 필요가 있다(Hahn et al., 2006).

(2) 노숙인의 정신건강과 관련된 방안

노숙인은 정신건강문제로 어려움을 겪을 가능성이 크다. 그러므로 정신건강문제를 경험하는 노숙인에게 전문적인 정신건강 서비스를 제공할 필요가 있다.

(3) 노숙인의 알코올 남용과 관련된 방안

노숙인은 알코올문제로 어려움을 겪을 가능성이 매우 크다. 그러므로 알코올문제로 어려움을 겪는 노숙인에게 알코올과 관련된 전문적인 서비스를 제공할 필요가 있다. 예를 들어 노숙인이 알코올에 덜 의존하게 하기 위해서는, 노숙인에게 알코올과 관련해 홍보 프로그램을 실시하고 상담 서비스를 제공할 필요가 있다.

정 리

- 노숙과 관련된 사회문제를 퇴치하기 위해서는 안정된 주거지를 제공하고, 고용 기술을 배울 수 있는 기회를 제공하고, 포괄적 프로그램을 제공하고, 지속적으로 관심을 가질 필요가 있다.
- 노숙인의 일반 건강을 증진하기 위해서는 의료 서비스를 제공하고, 건강과 주거를 통합한 서비스를 제공할 필요가 있다.
- 노숙인의 정신건강을 증진하기 위해서는 전문적인 정신건강 서비스를 제공할 필요가 있다.
- 노숙인의 알코올 남용을 해결하기 위해서는 알코올과 관련된 전문적인 서비스를 제공할 필요가 있다.

CHAPTER 11

여성문제

Social Problems

차 례

제1절 여성과 사회문제

전 세계에 있는 대부분의 국가에서 여성은 전체 인구의 절반 정도를 차지하고 있다. 따라서 사회의 모든 쟁점들은 남성에게 뿐만 아니라 여성에게도 관심거리가 되고 있다.

그러나 그간의 경우, 사회에서 남성과 여성이 수행하는 역할과 사회에서 남성과 여성에 대해 기대하는 바는 성에 따라 차이가 있어 왔다. 그리고 성에 따른 이런 차이는 여성에 대한 차별로 이어지는 경우가 적지 않았다(노병일, 2011).

그러므로 대부분의 국가에서 여성은 여전히 성 차별을 경험하고 있다. 그 결과 전 세계적으로 여성은 남성보다 더 불리하고 더 취약한 상황에 있는 경우가 많다. 그리고 여성이 겪는 이런 불리함과 취약함은 여러 영역에서 사회문제로 나타나고 있다.

우선, 여성은 고용 영역에서 차별을 경험하고 있다. 예전에는 사업장에서 주로 남성이 일하고 있었으나, 현대에 들어서 여성이 경제 활동에 참여하는 사례가 증가하고 있다. 앞으로도 여성이 경제 활동에 참여하는 비율은 계속해서 높아질 것으로 보인다(Eitzen, Zinn & Smith, 2011; Andersen, 2000). 하지만 여성은 고용과 관련해 불리한 상황에 있는 경우가 많다.

그리고 여성은 일반 사회, 사업장, 학교에서 성희롱(sexual harassment)을 경험하는 경우가 많다. 물론 남성도 성희롱을 당하는 사례가 있지만, 성희롱의 대상이 여성인 경우가 더 많다. 여성에 대한 성희롱은 남성과 여성 사이의 권력 관계를 보여주는 것이다. 여성에 대해 성희롱을 하는 사례는 근래에 들어서 언론에 자주 보도되고 있다. 말할 것도 없이 법에서는 사업장과 교육기관에서 성희롱을 하지 못하도록 금지하고 있다. 예를 들어 여러 국가에서는 성희롱을 법적으로 금지하고 있다. 그리고 여러 국가의 법에서는 고용주가 사업장에서 성희롱이 발생하지 않도록 조처하도록 되어 있다. 하지만 사업장과 사회에서 성희롱은 여전히 발생하고 있다. 또한 정보통신기술을 이용한 성희롱도 여전히 나타나고 있다(Fogel, 2011; Barker, 2003).

그리고 전통적으로, 여성은 경제적으로 특히 취약한 경향을 보이고 있다(Gilbert & Terrell, 2005). 따라서 남성에 비해서 여성은 빈곤 상태에서 생활하는 경우가 더 많다. 역사적으로 볼 때, 여성빈곤은 근래에 들어 갑자기 등장한 현상이 아니다. 그리고 빈곤을 겪는 남성보다 빈곤을 겪는 여성이 더 많은 상황이 최근 들어서 나타난 것은 아니다. 하지만 근래에 들어서 여성빈곤은 심각해지고 있다(노병일, 2013).

물론, 현대에 들어서 여성주의 운동과 양성 평등적인 조처 때문에, 여성에 대한 차별이 줄어들고 있고 여성의 지위가 개선되고 있다. 그러나 여성은 위에서 제시한 여러 영역에서 아직도 여전히 취약한 상황에 있는 경우가 많다.

그러므로 우리나라에서 여성복지와 관련된 주요한 사회문제의 예로 여성의 고용과 관련된 문제, 여성에 대한 성희롱과 관련된 문제, 여성이 빈곤 상태에 있는 것과 관련된 문제를 들 수 있다. 이런 여성문제들은 서로 관련되는 경우가 많다. 예를 들어 여성의 고용문제는 여성의 경제적 여건을 악화시켜 여성빈곤을 유발할 수 있다.

정 리

- 여성은 남성보다 더 불리하고 더 취약한 상황에 있는 경우가 많다.
- 여성과 관련된 주요한 사회문제의 예로 고용문제, 성희롱, 여성빈곤을 들 수 있다.

제 2 절 주요 용어와 논의

1) 기본 용어와 논의

(1) 여성 관련 유의점

'여성'은 단순한 집단이 아니다. 왜냐하면 남성과 여성 사이의 차이만큼이나, 여성 집단 내에서 사회계층에 따른 차이나 나이에 따른 차이도 중요한 의미를 지니기 때문이다(Brandwein, 2011). 그러므로 여성은 그 내부에서 다양한 집단으로 구성되어 있다.

(2) 여성 관련 법령

여러 국가에서는 남성과 여성 사이의 평등을 이루려고 노력하고 있다. 이에 따라 많은 국가에서는 여성의 평등과 복지에 관한 내용을 법에서 밝히고 있다.

예를 들어 우리나라의 헌법에서는 남성과 여성은 법 앞에 평등하다고 밝히고 있다. 또한 우리나라의 헌법에서는 국가는 여성의 복지와 권익을 향상시키기 위해 노력하여야 한다고 밝히고 있다(국가법령정보센터, 2013).

우리나라의 경우, "정치·경제·사회·문화의 모든 영역에서 남녀평등을 촉진하고 여성의 발전을" 이루고자 여성발전기본법을 제정하였다(국가법령정보센터, 2013).

(3) 유엔의 여성 관련 헌장 및 협약

많은 조직과 학자들은 여성에 대한 차별을 없앨 것을 주장해 왔다. 이 중에서 특히 유명한 것은 유엔(UN)이 채택한 헌장과 협약이다. 우선, 1945년에 제정된 유엔 헌장에서는 남성과 여성이 동등한 권리를 누릴 것을 강조하고 있다.

그리고 유엔의 경우, 여성에 대한 차별 철폐와 관련해 다음과 같은 행동을 취한 바 있다(Rubin & Bartle, 2005):

① 1979년에 유엔총회는 '여성에 대한 모든 형태의 차별 철폐에 관한 협약(Conventions on the Elimination of All Forms of Discrimination against Women)'을 채택하였다. 이 협약은 '세계 여성 권리장전(international bill of rights for women)'이라고도 불리고 있다.

② 1995년에 베이징(Beijing)에서 열린 제4차 유엔 세계여성회의(World Conference on Women)에 모인 정부 대표들은 위 협약을 지킬 것을 다시 확인하였다.

2) 여성의 고용과 관련된 논의

근래에 들어서 여성이 노동시장에 참여하는 비율은 높아지고 있다. 그러나 여성의 고용 여건은 크게 개선되지 않고 있다. 여성의 고용과 관련된 경향을 몇 가지 살펴보면 다음과 같다.

(1) 근무 직종과 형태

그간 경제 상황이 크게 변화함에 따라서, 성에 따른 직업 분포도 변화하는 것처럼 보인다. 그러나 아직까지도 남성과 여성은 서로 다른 직종에 집중되어 있어서, 이른바 '성 분절(gender segregation)' 현상이 여전히 나타나고 있다. 성 분절은 남성과 여성이 서로 다른 직종에서 일하고 있는 형태를 가리킨다. 따라서 성 분절은 여성 근로자가 근무하는 직종 또는 부서는 근무자 대부분이 여성으로 구성되어 있는 것과 관련이 있다. 정규직으로 노동시장에 참여하는 여성 근로자조차도 근무 직종이 남성 근로자의 근무 직종과 다른 경우가 많고, 또한 이런 여성 근로자의 근무 여건은 남성 근로자의 근무 여건과 다른 경우가 많다(노병일, 2008).

그간 경제가 성장함에 따라 서비스 직종과 사무직 직종에서 근로자가 더 많이 필요하게 되었는데, 이런 직종을 여성 근로자가 맡아 왔다. 그리고 전통적으로 남성이 일하는 영역이라고 인식되는 직종에서 일하는 여성 근로자의 수가 꾸준히 증가하고 있다. 하지만 전통적으로 여성이 일하는 영역이라고 인식되는 직종에서 일하는 남성 근로자의 수는 아직도 크게 증가하고 있지는 않다(Eitzen, Zinn & Smith, 2011).

남성이 여성과 관련된 직종에 참여하는 것을 꺼리는 이유로 다음과 같은 점을 제시할 수 있을 것이다(Eitzen, Zinn & Smith, 2011):

① 전통적으로 여성이 일하는 영역이라고 인식되는 일자리의 임금이 적기 때문이다.

② 전통적으로 여성이 일하는 영역이라고 인식되는 일자리는, 전통적으로 남성이 일하는 영역이라고 인식되는 직종과 관련해 편견이 있기 때문이다.

그 결과 여성이 성 분절된 직종에서 일하는 현상이 지속되고 있다. 그리고 특히 여성은 이른바 '핑크칼라(pink-collar)' 직종에서 일하는 경우가 많다. 핑크칼라 직종에는 웨이트리스(waitress), 출납원(cashier), 상점 점원과 같이 기술 수준이 낮은 일자리뿐만 아니라, 교사 및 사회복지사와 같은 전문직 일자리도 포함되어 있다 (Brandwein, 2011).

(2) 임금

여성의 임금 수준은 항상 문제가 되고 있다. 실제로 여성주의자들이 자주 거론하는 주제들 가운데 하나는, 남성 근로자와 여성 근로자 사이의 임금 격차이다 (Gilbert & Terrell, 2005).

(가) 경향과 이에 따른 결과

여성계가 남성 근로자와 여성 근로자 사이에 임금 차이가 크다는 사실에 주목하고 난 이후에도, 남성과 여성 사이의 임금 격차는 크게 개선되고 있지 않다. 더구나 여성 근로자가 남성 근로자와 비슷한 직종에서 일하고 있고 또한 교육 수준이 같은 경우에조차도, 여성 근로자가 받는 임금은 남성 근로자가 받는 임금보다 적은 경향이 있다(노병일, 2008).

남성에 비해 여성이 임금을 더 적게 받음에 따라서, 여성은 자신과 자녀의 복리에서 크게 불리할 가능성이 크다. 무엇보다도 여성과 남성 사이의 임금 차이를 여성의 전 일생에 걸쳐 계산해 보면, 그 액수는 매우 클 것이기 때문이다. 여성은 이런 자금을 자신의 노후를 대비하는 데 매우 유용하게 사용할 수도 있었을 것이다(노병일, 2008).

(나) 임금 차이의 이유

남성 근로자와 여성 근로자 사이에 임금이 불평등한 이유를 구조적으로 살펴보는 대표적인 이론으로 인적 자본 이론(human capital theory)과 이중 노동시장 이론(dual labor market theory)을 꼽을 수 있다(노병일, 2008).

인적 자본 이론은 근로자의 임금이 차이가 나는 이유는 근로자의 인적 자본에서 차이가 나기 때문이라고 보는 견해를 말한다. 이 경우에 인적 자본은 근로자의 특성을 말하는데, 여기에는 근로자의 교육 수준, 근로자가 결혼을 하였는지 여부,

근로자가 이전에 한 경험, 근로자의 훈련 정도가 포함된다. 그러나 인적 자본 이론은 남성 근로자와 여성 근로자 사이에 임금에서 차이가 나는 것을 전부 다 설명해 주지 못한다는 단점이 있다.

이중 노동시장 이론은 노동시장이 1차 영역과 2차 영역으로 구분되어 있다고 보는 견해이다. 1차 영역에서 일하는 근로자는 임금, 승진, 근무 여건, 고용 안정성의 측면에서 유리하다. 그러나 2차 영역에서 일하는 근로자는 임금, 승진, 근무 여건, 고용 안정성의 측면에서 불리하다. 이중 노동시장 이론의 경우, 일반적으로 여성은 2차 영역에서 일하는 경향이 있기 때문에 임금이 남성보다 적다고 보고 있다.

2차 근로자로서의 여성

노동시장과 관련해서 볼 때, 여성은 2차 근로자(secondary workers)로 인식되고 있다. 글렌디닝과 밀러(Glendinning & Millar)는 이렇게 되는 이유를 다음과 같이 제시한 바 있다(Spicker, Leguizam n & Gordon, 2007):

① 여성이 가정에서 수행하는 무급 노동이 일차적 노동이고, 여성이 노동시장에서 유급으로 참여하는 노동은 2차적 노동이라고 보기 때문이다.

② 일반 가구의 경우에 여성이 얻는 수입은 남성이 얻는 수입을 보조하는 것으로 인식되고 있기 때문이다.

③ 여성의 노동은 노동시장에서 주변적인 위치를 차지하는 경우가 많기 때문이다. 여성의 일자리는 파트타임이고, 단기적이고, 일시적이고, 기술 수준이 낮은 경우가 많다. 그리고 여성의 일자리는 서비스 산업과 관련된 일자리인 경우가 많다. 이에 따라서 여성은 빈곤 상태에 놓일 가능성이 크다.

(3) 승진

여성 근로자가 사업장에서 가장 좌절하는 요인이 무엇이냐고 여성에게 물어본 결과, 승진과 관련된 걸림돌과 남성이 가지고 있는 성적 편견이라는 응답이 가장 많은 것으로 밝혀진 바 있다. 이 중에서 사업장에서 여성 근로자가 승진하는 데 있어 부딪히는 걸림돌을 '유리 천장(glass ceiling)'이라고 부른다. 유리 천장이라는 용어는 미국의 신문인 월스트리트 저널(Wall Street Journal)이 1986년에 보도한 기사를 통해서 유명한 용어가 되었다. 구체적으로 유리 천장은 여성이 기업에서 높은 위치로 나가려 할 때 부딪히는 보이지 않는 걸림돌을 가리킨다. 즉, 여성이 사업장에서 승진하는 과정에서 공식적인 걸림돌은 대부분 없어지고 있지만, 그럼에도 불구하고 보이지 않는 걸림돌이 아직도 여전히 존재한다는 것을 가리키는 말이 유리 천장이다(Andersen, 2000; Glass Ceiling Commission, n.d.).

이런 상황 때문에, 남성 근로자와 여성 근로자의 자격이 같을지라도, 이들이 동등하게 승진하지 못하는 경우가 많다. 예를 들어 남성 근로자와 여성 근로자의 교육 수준과 경력이 같을지라도, 여성 근로자는 남성 근로자와 동등한 정도의 승진을 하지 못하는 경우가 많다.

3) 여성에 대한 성희롱과 관련된 용어와 논의

(1) 성희롱의 개념

성희롱(sexual harassment)이라는 용어는 팔리(Farley)가 1970년대에 처음으로 만든 용어로 알려져 있다(김정혜·소라미·윤지영, 2011). 성희롱은 여러 가지로 정의되고 있다.

성희롱이라는 용어를 만든 팔리에 따르면, 성희롱은 "여성의 근로자로서의 역할보다 여성의 성적 특성과 성역할을 강조하는 비우호적인 행동"을 말한다(김정혜·소라미·윤지영, 2011에서 재인용). 그리고 미국의 전국사회사업가협회에서 발간한 사전에 따르면, 성희롱은 성 때문에 사람을 학대하거나 불리하게 다루거나 성적으로 차별하는 것을 말한다(Barker, 2003).

일반적으로 성희롱은 권력 관계가 동등하지 않은 상황에서, 개인이 원하지 않는 성적 요구를 강요하는 것을 말한다(Andersen, 2000).

한편, 사업장에서 발생하는 성희롱을 '직장 내 성희롱'이라고 부른다. 우리나라의 '남녀고용평등과 일·가정 양립 지원에 관한 법률'에 따르면, '직장 내 성희롱'은 "사업주·상급자 또는 근로자가 직장 내의 지위를 이용하거나 업무와 관련하여 다른 근로자에게 성적 언동 등으로 성적 굴욕감 또는 혐오감을 느끼게 하거나 성적 언동 또는 그 밖의 요구 등에 따르지 아니하였다는 이유로 고용에서 불이익을 주는 것"을 말한다(국가법령정보센터, 2013).

(2) 성희롱의 방식과 형태

성희롱은 은밀하게 발생할 수도 있고 노골적으로 발생할 수도 있다. 그리고 성희롱은 공적 장소에서 발생할 수도 있고 사적 장소에서 발생할 수도 있다(Fogel, 2011).

그리고 성희롱의 형태는 다양하다. 팔리는 성희롱을 보여 주는 형태로 여성을 뚫어지게 보는 것, 여성의 신체를 만지는 것, 여성에게 일방적으로 계속해서 데이트 신청을 하는 것, 성행위를 요구하는 것, 성폭력을 하는 것을 제시한 바 있다(김정혜·소라미·윤지영, 2011).

일반적으로 성희롱에는 다음과 같은 행위가 포함되는 경우가 많다(Barker, 2003):

① 음란한 몸짓을 하고 음란한 얘기를 한다.

② 신체 접촉을 원하지 않는 사람의 신체를 만진다.

③ 취업 기회를 제공한다는 조건으로 성관계와 같은 것을 요구한다.

(3) 성희롱의 본질

성희롱을 설명하는 이론은 많다. 성희롱을 설명하는 이론으로 자주 제시되는 것에는 권력에 주목하는 이론, 조직에서의 공식·비공식적인 권력 구조에 주목하는 이론, 성과 인종과 계급 사이의 상호작용에 주목하는 이론이 있다(Fogel, 2011).

그러므로 본질적으로 볼 때, 성희롱은 권력을 잘못 사용하고 있는 것이다.[68] 남성이라고 해서 성희롱을 경험하지 말라는 법은 없지만, 여성이 성희롱을 경험하

68) 성희롱에 대한 일부 정의에는 이런 점이 포함되어 있다.

는 경우가 더 많다. 이것은 많은 사업장과 기관 등에서 남성 상사나 남성 근로자가 여성 근로자에게 권력을 행사하는 것과 밀접하게 관련된다(노병일, 2008). 실제로 일부 연구에서는 여성 근로자에 대한 성희롱은 직위 및 나이에 따른 권력 관계에서 발생하는 것으로 밝혀지고 있다(김정혜·소라미·윤지영, 2011).

성희롱의 발생 경향

성희롱은 권력 관계와 관련되기 때문에, 남성이 매우 많은 직종에서는 성희롱이 더 발생하는 경향이 있다. 이런 직종의 예로 군대, 경찰, 소방서가 있다. 또한 전문적이지 않은 행동을 묵인하는 사업장에서는 성희롱이 발생할 가능성이 크다(Fogel, 2011).

그리고 성희롱은 성에 대한 태도와 밀접한 관련을 가지고 있다. 여성에 비해 남성은 성희롱에 대해서 더 관대하다. 그리고 여성은 남성에 비해서 성적 언어, 성적 표현, 데이트 신청과 같은 것을 성희롱으로 더 잘 보는 경향이 있다(노병일, 2008).

(4) 성희롱의 영향

성희롱은 여러 영역에서 부정적인 영향을 미친다. 성희롱이 미치는 영향을 살펴보면 다음과 같다.

(가) 피해 여성에게 미치는 일반적 영향

여성이 성희롱을 경험할 경우, 다음과 같은 상황이 나타날 수 있다(Fogel, 2011):

① 외상후 스트레스 장애(PTSD)를 겪을 때 나타나는 문제와 비슷한 정서적 문제와 신체적 문제를 경험한다.

② 자아존중감이 낮아진다.

③ 두려움을 느낀다.

④ 불안해한다.

⑤ 우울한 상태에 있다.

⑥ 환멸을 느낀다.

⑦ 학습된 무기력(learned helplessness)을 느낀다.

⑧ 조건 반사적인 반응을 보인다.

⑨ 세상에 대한 인식과 사회적 관계가 바뀐다.

⑩ 업무 성과가 낮아진다.

(나) 사업장에게 미치는 영향

사업장 내에서 발생하는 성희롱은 여성이 자신을 근로자로 생각하는 것에 대해 크게 영향을 미칠 수 있다. 특히 사회적 지지망이 없을 경우에, 성희롱을 경험한 근로자는 무력감, 죄책감, 불안감, 가해자에 대한 동정심을 가질 수 있다. 또한 사업장 내에서 발생하는 성희롱은 증명하기 어려우므로, 성희롱을 경험한 근로자는 스트레스를 더 받으며 분노를 느낄 수 있다(노병일, 2008).

그리고 사업장에서 발생하는 성희롱은 기업에게도 피해를 입힌다. 이렇게 되는 이유를 몇 가지 살펴보면 다음과 같다(노병일, 2008):

① 사업장에서 성희롱을 경험한 근로자는 사업장을 떠날 수 있기 때문이다. 이렇게 되면 사업장은 유능한 인력을 잃을 수 있다.

② 성희롱을 경험한 근로자는 사업장에 크게 애착을 느끼지 못하게 되고, 이에 따라 근로자의 생산성이 줄어들 수 있기 때문이다.

4) 여성빈곤과 관련된 용어와 논의

빈곤은 남성과 여성에게 동등하게 발생하지 않는다. 어느 학자는 빈곤이 임의로 누구에게나 발생하는 것이 아니라 특정한 집단에게 자주 발생한다는 점을 지적하면서, 이런 특정 집단의 대표적인 예로 여성을 꼽은 바 있다. 무엇보다도 여성은 경제적으로 불평등한 상태에 있기 때문에 빈곤을 겪는 경우가 상대적으로 더 많다. 그러므로 빈곤은 성과 관련해 중립적이지 않다(OECD, 2001; 노병일, 2013).

(1) 노동의 성 분화와 빈곤의 여성화

여성빈곤과 관련되는 주요한 개념으로 '노동의 성 분화(gender division of labor)'와 '빈곤의 여성화(feminization of poverty)'를 꼽을 수 있다. 각 용어에 대해 좀 더 살펴보면 다음과 같다.

(가) 노동의 성 분화

노동의 성 분화는 여성의 주요한 역할은 가정에서 수행하는 역할이고, 남성의 주요한 역할은 노동시장에서 수행하는 역할이라고 보는 것을 말한다. 노동의 성 분화는 문화를 반영하는 경우가 많다. 왜냐하면 문화에는 여성에 대한 뿌리 깊은 편견과 차별이 들어가 있는 경우가 많기 때문이다. 따라서 여성은 노동의 성 분화의 결과로 빈곤을 겪는 경우가 많다(Spicker, Leguizamón & Gordon, 2007; OECD, 2001).

(나) 빈곤의 여성화

근래에 들어, 빈곤의 여성화는 중요한 관심거리를 이루어 왔다. 그러나 빈곤의 여성화 현상은 새로이 등장한 현상이 아니다. 빈곤 상태에 있는 성인들과 공공부조를 받고 있는 사람들의 대부분을 여성이 차지해 왔기 때문이다(노병일, 2011). 사실, 빈곤의 여성화라는 용어는 1970년대 말에 등장한 용어이다.

빈곤의 여성화는 여성의 경제적 어려움과 관련된 용어이다. 하지만 빈곤의 여성화라는 개념은 여러 가지 의미를 가지고 있다(Brandwein, 2011; Medeiros & Costa, 2008).

빈곤의 여성화에 대해 정의한 바를 몇 가지 살펴보면 다음과 같다(Spicker, Leguizamón & Gordon, 2007; Eitzen, Zinn & Smith, 2011):

① 스픽커(Spicker) 등의 경우, 빈곤의 여성화는 경제가 침체되고 공공 지출이 줄어듦에 따라서 전 세계의 빈곤층에서 여성이 차지하는 비율이 점점 높아지는 관점이라고 보고 있다.

② 아이첸(Eitzen) 등의 경우, 빈곤의 여성화는 모든 연령대에서 성인 여성이 빈곤 상태에서 살 가능성이 성인 남성이 빈곤 상태에서 살 가능성보다 훨씬 더 큰 현상이라고 보고 있다.

그러므로 빈곤의 여성화는 빈곤층에서 여성이나 여성 가장 가구가 차지하는 비율이 상대적으로 더 높은 것을 일컫는다고 볼 수 있다.

한편, 학문적으로 보았을 경우, 빈곤의 여성화는 다음과 같은 네 가지 차원을 의미한다(김수정, 2008):

① 여성은 남성보다 빈곤 상태에 놓일 가능성이 크다.

② 여성의 빈곤은 남성의 빈곤보다 더 심각하다.

③ 여성은 남성보다 빈곤층에서 차지하는 비율이 더 높다.

④ 시간상으로 볼 때, 가장 역할을 하는 여성의 빈곤율은 점점 높아진다.

이상의 네 가지 차원은 동시에 진행되기도 하고, 서로 시기를 달리하면서 진행되기도 한다.

(2) 여성빈곤의 원인

(가) 근본적 원인

위에서 이미 설명하였듯이, 근본적으로 볼 경우에 여성빈곤의 주요한 원인으로 노동의 성 분화를 꼽을 수 있다. 따라서 여성주의자들의 경우, 여성빈곤을 유발하는 근원적이고 직접적인 요인을 이해하는 데 있어 노동의 성 분화는 매우 중요하다고 주장해 왔다(Spicker, Leguizamón & Gordon, 2007).

(나) 구체적 원인

여성이 빈곤 상태에 놓이지 않기 위해서는, 경제적 자원을 충분히 확보하기 위한 방안을 젊었을 때에 잘 세울 수 있어야 한다. 그러나 모든 여성이 젊은 시절에 대비책을 충분히 세울 수 있는 상황에 있는 것은 아니다(Smeeding et al., 2008). 이런 상황 때문에 여성이 빈곤을 겪게 되는 구체적 원인에는 여러 가지가 있을 수 있다.

이런 다양한 원인들 중에서 돌봄과 관련된 요인, 노동시장 여건과 관련된 요인, 가족 구조의 변화와 관련된 요인은 여성에게 빈곤을 유발하는 주요한 구체적인 원인이라고 볼 수 있다. 각 요인에 대해 좀 더 살펴보면 다음과 같다(Brandwein,

2011; 노병일, 2013):

① 여성이 가족 구성원을 돌보는 것은 여성이 빈곤 상태에 놓이는 원인이 될 수 있다. 즉, 여성의 소득이 남성보다 적은 이유들 가운데 하나는, 여성은 자녀를 돌보는 데 있어 일차적으로 책임을 지고 있기 때문이다. 특히 임신한 여성은 유급 일자리에서 일할 수 없는 경우가 많다. 물론 근래의 경우, 자녀가 성장함에 따라서 여성이 노동시장으로 다시 돌아오는 사례가 많아지고 있다. 그렇지만 이런 여성은 파트타임으로 일하는 경우가 많다.

② 여성이 노동시장과 관련해 놓인 상황은 여성의 부(富)나 빈곤의 정도를 결정하는 데 중요한 요인이 되고 있다. 따라서 여성이 노동시장에 참여한다 할지라도, 여성이 노동시장에서 겪는 불리함은 여성빈곤을 유발하는 요인이 될 수 있다.

③ 가족 구조가 변하는 것은 여성의 복리에 매우 불리하게 영향을 미치고 있다. 예를 들어 이혼이나 별거 때문에 여성이 남성 배우자의 수입을 이용하지 못하는 상태에서 가장의 역할을 하는 시기는, 여성이 재정적으로 어려움을 크게 겪는 시기일 가능성이 크다. 그리고 이런 여성이 일자리를 얻는다고 할지라도, 이런 여성은 빈곤에서 벗어날 정도의 많은 임금을 제공하는 일자리를 구하기 어렵다. 이런 상황은 여성빈곤을 유발하는 요인이 될 수 있다. 이 중에서도 특히 이혼은 여성빈곤의 주요한 원인이 되고 있다. 실제로, 여성이 이혼한 후에 여성의 경제적 수준은 크게 낮아지는 것으로 밝혀진 바 있다.

(3) 여성빈곤의 영향

여성빈곤은 여성의 삶에 매우 부정적인 영향을 미친다. 여성빈곤이 부정적으로 미치는 영향은 다양한 영역에서 나타날 수 있다. 예를 들어 빈곤여성은 다음과 같은 상황에 놓일 수 있다(OECD, 2001):

① 빈곤여성은 상대적으로 덜 소비하고, 공적 서비스를 상대적으로 덜 이용할 가능성이 있다.

② 일반 여성에 비해서, 빈곤여성은 가정에서 폭력을 겪을 가능성이 더 크다.

실제로 빈곤여성은 남성으로부터 크게 폭력을 당하고 있다.

③ 빈곤남성에 비해서, 빈곤여성은 지역사회에서 정치적·사회적으로 배제될 가능성이 더 크다.

정 리

- 여성은 단순한 집단이 아니라, 다양한 집단으로 구성되어 있다. 여러 법령과 유엔의 헌장 등에서는 여성에 대한 차별 철폐를 언급하고 있다.
- 여성은 근무 직종과 형태에서 남성보다 불리하다. 이것은 성 분절과 관련되는데, 성 분절은 남성과 여성이 서로 다른 직종에서 일하는 형태를 말한다. 여성은 임금에서 남성보다 불리하다. 이것을 설명하는 이론으로 인적 자본 이론과 이중 노동시장 이론이 있다. 인적 자본 이론은 임금 차이가 나는 이유는 인적 자본에서 차이가 나기 때문이라고 보는 견해를 말하고, 이중 노동시장 이론은 여성은 2차 영역에서 일하는 경향이 있기 때문에 임금이 적다고 보는 견해를 말한다. 여성은 승진에서 남성보다 불리하다. 이것은 유리 천장과 관련되는데, 유리 천장은 여성이 높은 위치로 나가려 할 때 부딪히는 보이지 않는 걸림돌을 말한다.
- 일반적으로 성희롱은 권력 관계가 동등하지 않은 상황에서, 개인이 원하지 않는 성적 요구를 강요하는 것을 말한다. 성희롱의 형태는 다양하다. 본질적으로 볼 때, 성희롱은 권력을 잘못 사용하는 것이다. 성희롱은 피해 여성과 사업장에게 부정적인 영향을 미친다.
- 여성빈곤과 관련되는 주요한 개념은 노동의 성 분화와 빈곤의 여성화이다. 노동의 성 분화는 여성의 주요 역할은 가정에서의 역할이고, 남성의 주요 역할은 노동시장에서의 역할이라고 보는 것을 말한다. 빈곤의 여성화는 빈곤층에서 여성이나 여성 가장 가구가 차지하는 비율이 상대적으로 더 높은 것을 말한다. 여성빈곤을 유발하는 주요한 요인으로 돌봄과 관련된 요인, 노동시장 여건과 관련된 요인, 가족 구조의 변화와 관련된 요인이 있다. 여성빈곤은 여성의 삶에 매우 부정적으로 영향을 미친다.

제3절 주요 여성문제의 현황

1) 여성의 고용

(1) 우리나라의 현황

우리나라의 여성이 경제 활동에 참여한 비율은 2012년에 약 50%인 것으로 나타났다. 그러나 우리나라의 경우, 여성이 경제 활동에 참여하는 비율은 남성에 비해 낮은 편이다. 예를 들어 경제 활동에 참여하는 비율의 경우, 2012년에 남성과 여성 사이의 격차는 약 23%로 나타난 바 있다. 우리나라에서 여성이 경제 활동에 참여하는 비율은 선진국에 비해서 낮은 편이다(고용노동부 여성고용과, 2013).

한편, 우리나라의 경우, 여성 근로자들 중에는 비정규직 형태로 근무하는 여성이 많은 편이다. 그리고 우리나라에서 여성과 남성 사이에 비정규직으로 근무하는 비율의 차이는 30대 이후부터 더욱 커지는 것으로 알려져 있다. 40대 후반 연령집단의 경우, 비정규직 형태로 근무하는 비율이 여성은 약 73%이고 남성은 약 37%인 것으로 조사된 바 있다. 따라서 40대 후반의 연령집단에서는 비정규직으로 근무하는 비율이 남성과 여성 사이에 매우 크게 차이가 나고 있다(이주희 외, 2010).

또한 우리나라의 여성 근로자가 얻는 임금은 남성 근로자가 얻는 임금의 약 66%에 이르는 것으로 조사된 바 있다(이주희 외, 2010).

(2) 선진국의 현황

선진국에서 여성이 노동시장에 참여하는 비율은 우리나라에서보다 높은 편이다. 예를 들어 2000년대 초에, 모든 북유럽 국가와 일부 동유럽 국가의 25~54세 여성들 중에서 노동시장에 참여하는 비율은 약 80%에 이른 바 있다. 그리고 이 당시에 아일랜드, 일본, 룩셈부르크의 여성이 노동시장에 참여하는 비율은 약 65%에 이른 바 있다(Jaumotte, 2005).

한편, 많은 국가의 사업장에서는 성 분절 현상이 보이고 있다. 이런 예를 살펴보면 다음과 같다(Brandwein, 2011; Ginsburg, 1993):

① 미국에서 여성은 '핑크칼라 직종'에서 일하고 있는 경우가 많다. 핑크칼라 직종은 성 분절된 직종이다.

② 성 분절 현상은 복지국가의 모범이라고 불리는 스웨덴에서도 보이고 있다. 다른 국가에 비해서, 스웨덴에서는 민간 영역에서 단순 근로자로 일하는 여성의 비율은 낮은 편이고, 그 반면에 복지국가와 관련된 공공 영역에서 일하는 여성의 비율은 높은 편이다. 그러므로 스웨덴의 여성 근로자는 민간 사업장에서 하찮은 일을 하기보다는 복지국가에서 지위가 높고 급료가 좋은 직종에서 일하는 경향이 있기 때문에, 스웨덴의 여성 근로자는 고용의 질이 좋은 여건에서 일하고 있다고 볼 수 있다. 그러나 다른 한편으로, 스웨덴의 여성 근로자는 사무직 일자리와 복지와 관련된 일자리에 점점 집중되는 경향이 있다. 스웨덴의 여성 근로자는 스웨덴의 남성 근로자에 비해서 근무여건이 좋지 않은 부서에서 일하고 있고, 또한 스웨덴의 여성 근로자는 스웨덴의 남성 근로자와는 다른 직종에서 일하고 있다.

③ 성 분절 현상은 스웨덴 이외의 유럽 국가에서도 나타나고 있다.

그리고 선진국의 여성 근로자는 사업장에서 파트타임 방식으로 일하는 경우가 남성 근로자보다 더 많다. 이와 관련된 상황을 예로 들면 다음과 같다(노병일, 2008):

① 영국에서 여성이 노동시장에 더 많이 참여하게 된 이유는, 파트타임 방식으로 근무하는 일자리가 증가한 것과 크게 관련된다.

② 스웨덴에서는 파트타임으로 일하는 여성 근로자의 비율이 높아지고 있다.

또 다른 한편, 선진국에서는 여성과 남성 사이의 임금에서도 차이가 나고 있다. 예를 들어 미국의 경우, 여성 근로자의 임금은 남성 근로자의 임금보다 적다. 이런 측면을 구체적으로 살펴보면 다음과 같다(Gilbert & Terrell, 2005; Brandwein, 2011; 노병일, 2008):

① 미국의 경우, 여성 근로자가 받는 임금은 남성 근로자가 받는 임금의 64%밖에 되지 않는 것으로 조사되었다.
② 미국에서 남성과 여성이 비슷한 업종에서 근무할 경우에, 여성 근로자는 남성 근로자가 받는 임금의 75% 정도만 받는 것으로 조사되었다.
③ 미국의 경우, 2000년대 초에 정규직으로 일하는 여성의 임금은 정규직으로 일하는 남성이 받는 임금의 77%밖에 되지 않은 것으로 밝혀진 바 있다.

이런 현상은 스웨덴에서도 나타나고 있다. 다른 나라의 여성에 비해서 스웨덴에 사는 여성은 노동시장과 관련해서 좋은 조건을 가지고 있는 편이다. 하지만 스웨덴의 남성 근로자에 비해서, 스웨덴의 여성 근로자는 임금이 더 적은 편이다(노병일, 2008).

그리고 미국의 경우, 1970년대 중반 이후부터 사업장에서 성과 관련해 남성과 여성 사이에 평등을 이루려는 조치를 실시해 왔지만, 여성이 상위 관리직으로 승진하는 데에는 아직도 크게 제약이 있는 것으로 보고된 바 있다(Andersen, 2000).

2) 여성에 대한 성희롱

(1) 우리나라의 현황

우리나라의 여성가족부가 2012년에 공공기관의 직원들을 대상으로 성희롱에 대해 조사한 바에 따르면, 응답자들 중에서 우리 사회에서 성희롱하는 정도가 매우 심각하다고 인식한 응답자의 비율이 약 50%에 이르고 있었다. 이 경우, 우리 사회의 성희롱 실태가 매우 심각하다고 인식한 응답자의 비율이 남성은 약 38%였으나 여성은 약 65%에 이르고 있었다(여성가족부 권익지원과, 2012).

그리고 우리나라에서 전국민주노동조합총연맹에 가입한 전국 여성 근로자들을 대상으로 2011년에 성희롱 실태를 조사한 결과, 최근 2년 동안에 성희롱을 경험한 비율은 약 39%로 나타난 바 있다. 이 경우, 성희롱을 경험한 여성 근로자들 중에서 성희롱을 일 년에 1~2회 경험한 여성의 비율은 약 67%이고, 석 달에 1~2회 경험하는 여성의 비율은 약 18%로 나타났다(김정혜·소라미·윤지영, 2011).

한편, 여성가족부가 2012년에 공공기관의 직원들을 대상으로 성희롱에 대해 조사한 바에 따르면, 최근 1년 동안에 다른 사람이 성희롱을 겪는 것을 목격하거나 들은 경험이 있다고 응답한 직원의 비율은 7.4%였다. 그리고 이 조사에 따르면, 본인이 성희롱을 당한 경험이 있다고 응답한 직원의 비율은 3.8%였다(여성가족부 권익지원과, 2012).

그리고 전국민주노동조합총연맹에 가입한 전국 여성 근로자들을 대상으로 2011년에 성희롱 실태를 조사한 결과, 경력과 관련해서 성희롱을 경험한 비율이 가장 높은 여성근로자 집단은 3~5년의 경력을 가진 집단인 것으로 나타났다. 그러므로 성희롱은 고용된 직후보다는 남성 근로자와 어느 정도의 관계가 형성된 후에 더 자주 발생한다는 사실을 알 수 있다(김정혜·소라미·윤지영, 2011).

또한 전국민주노동조합총연맹에 가입한 전국 여성 근로자들을 대상으로 2011년에 성희롱 실태를 조사한 결과, 법에서 의무적으로 실시하도록 되어 있는 성희롱 예방교육을 고용이 안정된 정도가 낮은 직(예컨대 비정규직, 임시직, 일용직)의 여성 근로자에게는 정기적으로 실시하지 않는 경우가 많은 것으로 나타났다(김정혜·소라미·윤지영, 2011).

한편, 전국민주노동조합총연맹에 가입한 전국 여성 근로자들을 대상으로 2011년에 성희롱 실태를 조사한 결과, 성희롱은 근무 시간 이외에 발생한 비율이 근무 시간에 발생한 비율보다 더 높은 것으로 나타났다. 또한 여성가족부가 2012년에 공공기관의 직원들을 대상으로 성희롱에 대해 조사한 바에 따르면, 성희롱이 발생하는 장소는 회식 장소인 경우가 많았다(김정혜·소라미·윤지영, 2011; 여성가족부 권익지원과, 2012).

그리고 전국민주노동조합총연맹에 가입한 전국 여성 근로자들을 대상으로 2011년에 성희롱 실태를 조사한 결과, 성희롱을 하는 사람은 상급자와 사업주가 가장 많은 것으로 나타났다. 또한 여성가족부가 공공기관의 직원들을 대상으로 성희롱에 대해 조사한 결과, 성희롱을 하는 사람은 상급자가 많은 것으로 밝혀졌다(김정혜·소라미·윤지영, 2011; 여성가족부 권익지원과, 2012). 또한 성희롱의 형태는 언어적 성희롱이 가장 많았고, 그 다음으로 많은 것은 신체적 성희롱이었다(여성가족부 권익지원과, 2012).

한편, 전국민주노동조합총연맹에 가입한 전국 여성 근로자들을 대상으로 성희롱 실태를 조사한 결과, 여성 근로자는 성희롱이 발생하였을 경우에 대응을 하지 않고 피하거나 소극적으로 대응하는 것으로 나타났다. 또한 여성가족부가 공공기관의 직원들을 대상으로 성희롱에 대해 조사한 결과, 성희롱을 겪은 여성들 중에서 그냥 참고 넘어간 여성의 비율이 약 93%인 것으로 밝혀진 바 있다(김정혜·소라미·윤지영, 2011; 여성가족부 권익지원과, 2012).

(2) 선진국의 현황

미국의 경우, 사업장에서 성희롱이 얼마나 발생하는지에 대한 정확한 통계를 구하기는 어렵다. 그렇지만 사업장에서 50% 정도가 성희롱을 겪고 있는 것으로 조사된 바 있다. 또한 여성 근로자의 80~90%가 자신이 사업장에서 일하는 동안에 어느 시점에서 성희롱을 겪은 것으로 알려졌다. 그리고 미국의 경우, 초등학교부터 대학교까지의 모든 교육기관에서도 성희롱 사례가 적지 않은 것으로 밝혀진 바 있다.

한편, 인터넷을 통한 성희롱의 실태는 잘 알려져 있지 않다. 그러나 인터넷을 통해 성희롱하는 사례가 증가하고 있는 것으로 알려져 있다(Fogel, 2011; Andersen, 2000).

3) 여성빈곤

(1) 우리나라의 현황

우리나라의 경우, 1996년부터 2000년대 초 사이에 여성의 빈곤율은 약간 낮아졌으나, 남성빈곤에 비해서 여성빈곤은 더 심해진 것으로 나타났다. 그리고 우리나라의 경우, 가장 역할을 하는 여성의 빈곤 상태는 다른 선진국에 비해 매우 심각한 수준인 것으로 조사되었다. 예를 들어 우리나라에서 가장 역할을 하는 여성은 가장 역할을 하는 남성보다 빈곤 상태에 놓일 가능성이 약 3배나 더 큰 것으로 밝혀진 바 있다(홍백의·김혜연, 2007; 김수정, 2008).

(2) 선진국의 현황

선진국에서 여성은 빈곤에 취약한 집단에 속하고 있다. 예를 들면 다음과 같다(노병일, 2013):

① 미국의 경우, 1970년대 말에 남성에 비해서 여성은 빈곤을 겪을 위험성이 4배나 더 큰 것으로 밝혀진 바 있다. 그리고 미국의 빈곤층 중에는, 빈곤층을 위한 국가 프로그램에 의존하는 성인 여성이 많다. 예를 들어 미국의 경우, 공공부조를 받는 가구들 중에서 여성이 가장인 비율이 90%를 넘는다고 밝혀진 바 있다.

② 영국의 경우, 남성에 비해서 여성이 빈곤을 더 겪는 현상은 20세기 내내 나타났다. 예를 들어 20세기 초의 경우, 국가가 빈곤층에게 제공하는 도움에 의존하고 있는 성인들 중에서, 여성이 차지하는 비율은 61%였다. 그러나 1980년대에 이르러서도 이 비율은 변하지 않은 것으로 밝혀졌다.

정 리

- 우리나라 여성의 경제 활동 참여 비율은 선진국에 비해서 낮은 편이다. 우리나라의 여성은 근무 형태와 임금의 영역에서 남성보다 불리하다. 선진국에서는 성 분절 현상이 보이고 있다. 선진국의 여성은 근무 형태, 임금, 승진의 영역에서 남성보다 불리하다.
- 우리나라와 선진국에서 여성에 대한 성희롱은 심각한 편이다.
- 우리나라와 선진국에서 여성빈곤은 남성빈곤보다 더 심각하다.

제4절 여성문제와 관련된 관점

예전에 성과 관련된 주요한 관점은 남성 가장 관점(male breadwinner model)이었다. 그러다가 그 후에 이에 대한 비판으로 여성주의(feminism) 관점이 등장하였다.

1) 남성 가장 관점과 여성주의 관점

남성 가장 관점과 여성주의 관점에 대해 구체적으로 살펴보면 다음과 같다.

(1) 남성 가장 관점

남성 가장 관점은 성과 관련해 이전까지 지속적으로 유지되어 온 관점이었다. 남성 가장 관점은 결혼한 여성과 그 자녀들은 가족 임금(family wage)이라는 측면을 통해서 남성에게 의존할 것이라고 가정하는 관점을 말한다. 이 경우, 가족 임금에는 다음과 같은 가정이 담겨져 있다(Alcock, Erskine & May, 1999):

▲ 가부장제도로 희생을 당한 천재 시인 허난설헌(『홍길동전』을 지은 허균의 누나): 남성 가장 관점의 바탕에는 가부장적 인식이 깔려 있다.

사진: 강릉의 허난설헌 출생지에서 저자 찍음.

① 사람은 남성 가장이 지원하는 가족에서 생활한다.

② 남성 가장이 얻는 소득 때문에, 여성 배우자는 가정에서 무급으로 가족을 돌보고 가사 일을 할 수 있다.

당연히 남성 가장 관점의 바탕에는 가부장적인 인식이 깔려 있다(노병일, 2011).

(2) 여성주의 관점

근래에 들어서 여성의 역할을 강조하는 여성주의(페미니즘) 관점이 등장하였다. 여성주의 관점의 경우, 사회 현상을 설명하는 데 있어 성이라는 기준을 사용해 왔고, 또한 사회 현상을 분석하는 데 있어 여성을 분석의 주요한 측면으로 고려해 왔다(Sainsbury, 2001).

여성주의 관점에는 다양한 형태가 있다.[69] 이런 다양한 형태의 관점이 공통적으로 지니는 특성은, 사회정책에서 성을 중요한 쟁점으로 삼고 있다는 점이다. 구체적으로 모든 여성주의 관점에서 공통적으로 주장하는 것은, 여성은 사회에서 억압된 집단이라는 점이다(Spicker, 2010; The Canadian Encyclopedia, 2010).

여성주의 관점의 형태를 이데올로기에 따라 구분하는 경우가 많다. 그러나 이데올로기에 근거해 여성주의 관점의 형태를 분류하는 것에 대해서는 학자들 사이에 의견이 완전히 일치되어 있지 않다. 하지만 여러 학자들은 주요한 여성주의 형태로 자유주의적 여성주의(liberal feminism), 급진주의적 여성주의(radical feminism), 사회주의적 여성주의(socialist feminism)를 공통적으로 제시하는 경향이 있다(노병일, 2011). 각 형태에 대해 좀 더 살펴보면 다음과 같다.

(가) 자유주의적 여성주의

자유주의적 여성주의에서는 여성이 개인으로서 가지는 권리를 주장하고 있다. 구체적으로 자유주의적 여성주의에서는 다음과 같은 점을 주장하고 있다(Spicker, 2010):

① 여성에 대한 차별과 편견에 반대한다.

69) 이것에 대해서는 뒤에서 다시 논의한다.

② 여성을 남성과 동등하게 존경하고, 여성에게도 기회의 평등을 제공한다.

그러므로 자유주의적 여성주의자들은 다음과 같은 점을 강조하는 경향이 있다(Lewis, 1999):

① 권리가 중요하다.
② 평등하게 기회를 가지고 평등하게 대우받는 것이 중요하다.

특히 자유주의적 여성주의를 따르는 사람들은 법 앞에서 남성과 여성이 기회의 평등을 가질 것을 주장하고 있다. 또한 자유주의적 여성주의자들의 경우, 여성과 남성은 본질적으로 평등하다고 주장하고 있다. 이에 따라 자유적 여성주의자들은 여성의 평등을 위해 투쟁하고 있다. 이것은 교육 영역과 고용 영역에서 특히 그렇다. 그러므로 여성에게 기회를 제한하는 것에 대해 반대하는 것은 전통적인 자유주의적 성격을 보여 준다(Brandwein, 2011; Spicker, 2010).

그리고 자유주의적 여성주의자들의 경우, 정부는 갈등적인 사회적 이해관계를 중립적으로 중재하는 기구로 보고 있다. 따라서 자유주의적 여성주의자들은 자유, 평등, 자율, 자아 실현, 정의를 여성에게 확대하려는 활동을 하는 데 있어, 정부는 자신들의 협조자가 될 수 있다고 보고 있다. 이에 따라서 자유주의적 여성주의자들은 국가가 여성의 권리를 확대하기 위한 적절하고 합당한 제도라는 점을 당연하게 여기고 있다. 그러므로 자유주의적 여성주의에서는 성 차별적인 사회복지 프로그램에 대해 국가가 책임이 있다고 본다(Abramovitz, 2004).

(나) 급진주의적 여성주의

급진주의적 여성주의에서는 다음과 같은 것에 더 주목하는 경향이 있다(Lewis, 1999):

① 남성의 권력 측면에 더 주목한다.
② 가정폭력과 같은 쟁점에 더 주목한다.

그러므로 급진주의적 여성주의의 경우, 가부장제도가 사회를 지배한다고 주장하고 있다.[70] 예를 들어 급진주의적 여성주의자들은, 전통적인 핵가족은 가부장을 구체적으로 보여 주는 것이라고 인식하고 있다. 따라서 급진주의적 여성주의를 따르는 사람들은 가부장이라는 개념에 우선적으로 관심을 가진다. 왜냐하면 여성은 집단으로서 억압을 받고 있다고 보기 때문이다.

그리고 급진주의적 여성주의자들의 경우, 여성이 별도의 문화를 가지는 측면을 강조하고 여성 동성애자의 권리를 주장하고 있다(Spicker, 2010; Gilbert & Terrell, 2005; Brandwein, 2011).

(다) 사회주의적 여성주의

사회주의적 여성주의에서는 다음과 같은 것에 더 관심을 가지는 경향이 있다(Lewis, 1999):

① 국가복지와 자본 사이의 관계에 대해 더 관심을 가진다.

② 이런 관계가 여성의 위치에 대해 가지는 의미에 대해 더 관심을 가진다.

사회주의적 여성주의자들의 경우, 계급에 근거한 불평등한 권력 관계뿐만 아니라 성에 근거한 불평등한 권력 관계가 복지국가에서 다시 나타나고 있고, 또한 이런 불평등한 권력 관계가 더 커지게 된다고 주장하고 있다. 따라서 사회주의적 여성주의를 따르는 사람들은 계급에 따른 억압과 인종에 따른 억압을 성적 억압과 관련시키고 있다(Brandwein, 2011; Abramovitz, 2004).

그러나 사회주의적 여성주의자들은 여기에서 더 나아가서, 복지국가는 남성이 여성을 지배하기 위한 사회적 토대와 경제적 토대를 지지한다고 주장하고 있다.[71] 그러므로 사회주의적 여성주의의 경우, 사회의 경제 구조 때문에 여성이 억압을 받는다고 주장하고 있다(Spicker, 2010).

70) 가부장제도는 남성이 여성을 지배하는 권력구조를 말한다. 극단적으로 표현하자면, 가부장은 남성은 권위를 누리고 여성은 노예 상태에 있는 것을 말한다.

71) 따라서 사회주의적 여성주의는 복지국가에 대해서 가장 체계적으로 비판하고 있다.

2) 정리

남성 가장 관점은 가부장적 관점으로서, 현대 사회의 흐름과는 어울리지 않는 관점이다. 이에 비해서 여성주의 관점은 현대 사회의 흐름과 어울리는 관점이다.

정 리

- 예전에 성과 관련된 주요 관점은 남성 가장 관점이었으나, 그 후에 이에 대한 비판으로 여성주의 관점이 등장하였다.
- 남성 가장 관점은 결혼한 여성과 자녀들은 가족 임금을 통해 남성에게 의존할 것이라고 가정하는 관점을 말한다. 남성 가장 관점의 바탕에는 가부장적 인식이 깔려 있다.
- 여성주의 관점에서는 사회정책에서 성을 중요한 쟁점으로 삼는다. 여러 학자들은 주요한 여성주의 형태로 자유주의적 여성주의, 급진주의적 여성주의, 사회주의적 여성주의를 제시한다. 자유주의적 여성주의에서는 여성이 개인으로서 가지는 권리를 주장한다. 급진주의적 여성주의에서는 가부장제도가 사회를 지배한다고 주장한다. 사회주의적 여성주의에서는 계급에 근거한 권력 관계뿐만 아니라 성에 근거한 권력 관계에도 주목하며 복지국가를 분석한다.

제 5 절 여성문제의 해결 방안

여성과 관련된 사회문제에 대해 앞에서 제시한 논의와 현황 및 관점에 근거해, 여성문제를 완화하거나 퇴치하기 위한 방안을 몇 가지 제시하면 다음과 같다.

1) 전반적 방안

(1) 정부의 성 인지적 정책의 설계

많은 여성문제가 해결되기 위해서는 남성과 여성이 평등한 사회를 구축하여야 한다. 이를 위해서는 정부의 역할이 무엇보다도 중요하다. 그러므로 정부가 정책의 틀을 짤 경우에, 정부는 성에 따른 차이를 고려할 필요가 있다.

그리고 이와 관련해, 정부는 성 측면을 고려한 예산을 지향하는 방향으로 나갈 필요가 있다. 실제로 '여성에 대한 모든 형태의 차별 철폐에 관한 협약'에 서명한 사람들과 베이징(Beijing)의 세계여성회의에 참석한 사람들의 경우, 정부의 예산에서 남성과 여성을 동등하게 대우하는 것이 성 평등을 이루기 위해 중요하다는 점을 인정한 바 있다(Rubin & Bartle, 2005).

(2) 양질의 보육 서비스 제공

여성문제는 보육과 관련되는 경우가 많다. 우선, 아동양육은 여성이 노동시장에 참여하는 데 걸림돌로 작용하는 경우가 많다. 또한 여성이 아동양육 때문에 노동시장에 정규적으로 참여하지 못하는 것은 여성빈곤의 주요한 원인에 속하고 있다. 그러므로 많은 여성문제를 해결하거나 완화하기 위해서는, 국가와 사회가 좋은 질의 보육 서비스를 제공할 필요가 있다. 이 경우, 질이 좋고 쉽게 이용할 수 있는 보육제도를 여성이 권리로 이용할 수 있어야 한다(Brandwein, 2011).

2) 영역별 방안

(1) 여성의 고용과 관련된 방안

(가) 사업장에서의 여성 차별 방지 조치의 실시

여성이 노동시장에 적극적으로 참여하도록 해 주기 위해서는, 여성이 경제 활동과 관련해 차별을 받지 말아야 한다. 우리나라의 헌법에서는 "여자의 근로는 특별한 보호를 받으며, 고용·임금 및 근로조건에 있어서 부당한 차별을 받지 아니한다."고 분명히 밝히고 있다(국가법령정보센터, 2013). 그러므로 국가는 여성이 경제 활동을 하는 데 걸림돌이 없도록 법적·행정적 조치를 더 강력하게 취할 필요가 있다.

(나) 안정된 일자리의 제공

여성에게 제공되는 일자리는 장기적으로 안정된 일자리가 아닌 경우가 많다. 고용 상태가 안정되면 여성은 업무에 더 충실해지고, 이에 따라 생산성이 높아진다. 그러므로 국가와 사회는 여성에게 안정된 일자리를 제공하는 데 특히 관심을 가질 필요가 있다.

(2) 여성에 대한 성희롱과 관련된 방안

(가) 성희롱 예방 교육과 양성 평등 교육의 실시

성희롱을 방지하기 위해서는 모든 사람에게 성희롱에 대한 정보를 충분히 제공하여야 한다. 그러므로 성희롱의 개념, 형태, 부정적 영향, 대처 방법 등을 알려 주는 성희롱 예방 교육을 모든 학교와 조직에서 더 체계적으로 실시할 필요가 있다.

이 경우, 비정규직에 근무하는 여성 근로자에게는 성희롱 예방 교육을 더 적극적으로 실시하도록 감독할 필요가 있다. 왜냐하면 고용 안정성이 낮은 직종에서 근무하는 여성 근로자는 성희롱에 취약할 가능성이 더 크기 때문이다.

그리고 이보다 중요한 것은 모든 사람이 양성이 평등하다는 인식을 갖는 것이다. 그러므로 학교와 사업장과 기타 기관에서는 성희롱을 예방하는 교육 이외에 성 평등 교육도 의무적으로 실시할 필요가 있다(여성가족부 권익지원과, 2012).

(나) 신고체계와 보호체계의 확립

성희롱은 민감한 사건이라 성희롱을 겪는 여성은 성희롱을 신고하기를 꺼릴 수 있다. 그러므로 성희롱 사례를 더 적극적으로 신고하도록 하고 또한 신고자를 보호하기 위한 법적 조처를 더 취할 필요가 있다.

(다) 성희롱 피해자에 대한 치유 프로그램의 실시

성희롱을 경험한 사람은 심리적으로 어려움을 겪는다. 따라서 이들에 대한 치유 프로그램이 필요하다. 그러므로 성희롱의 피해자를 치유하여 회복시키는 프로그램을 실시할 필요가 있다. 예를 들어 성희롱의 피해자가 겪는 심리적 어려움을 치료하기 위해서, 적절한 정신건강 프로그램을 성희롱의 피해자와 그 가족에게 실시할 필요가 있다(여성가족부 권익지원과, 2012; Fogel, 2011).

(라) 성희롱 가해자에 대한 프로그램의 실시

성희롱을 가한 사람이 성희롱을 다시 하지 않도록 하기 위해서는, 법적 조치 못지않게 이들의 인식을 바꾸는 것이 중요하다. 그러므로 성희롱을 한 사람을 대상으로 성에 대한 인식을 개선하는 프로그램을 실시할 필요가 있다.

(3) 여성빈곤과 관련된 방안

(가) 노동시장 참여 기회의 확대

말할 것도 없이, 빈곤여성이 빈곤 상태에서 벗어나게 해 주기 위한 가장 좋은 방안은, 빈곤여성이 노동시장에 참여할 수 있는 길을 열어 주는 것이다. 그러므로 여성이 노동시장에 참여할 수 있는 기회를 더 많이 제공하는 조치를 취할 필요가 있다.[72)]

(나) 생산적 자원 활용 기회의 증진

여성이 빈곤에서 벗어나기 위해서는 생산적 자원에 접근할 수 있는 길을 확대하여야 한다. 예를 들어 여성이 자금을 확보하는 길을 더 열어 주어야 한다. 그러므로 국가와 사회는 여성에게 대출 기회를 더 많이 제공하고, 여성이 기타 생산적 자원을 더 잘 이용할 수 있게 해 줄 필요가 있다(OECD, 2001).

(다) 보편적 급여의 제공

보편적 급여는 빈곤 여성의 경제적 수준을 높이는 데 도움이 된다. 실제로, 모자가족에게 보편적 프로그램을 통해 급여를 제공하는 유럽과 선택적(선별적) 프로그램을 통해 급여를 제공하는 미국을 비교한 결과, 보편적 프로그램을 활용하는 것이 모자가족의 경제적 여건을 개선하는 데 도움을 주는 것으로 나타난 바 있다(Wong, Garfinkel & McLanahan, 1993). 그러므로 빈곤을 완화하거나 퇴치하기 위해서

72) 여기에 대해서는 여성의 고용과 관련된 방안에서 이미 논의한 바 있다.

는, 빈곤한 여성에게 사회보장제도를 통해서 보편적 급여를 제공할 필요가 있다.

정 리

- 여성과 관련된 사회문제를 퇴치하기 위해서는 정부는 성 인지적 방향으로 정책을 설계하고, 양질의 보육 서비스를 제공할 필요가 있다.
- 여성의 고용을 증진하기 위해서는 사업장에서 여성 차별을 방지하고, 안정된 일자리를 제공할 필요가 있다.
- 여성에 대한 성희롱을 퇴치하기 위해서는 성희롱 예방 교육과 양성 평등 교육을 실시하고, 신고·보호체계를 확립하고, 피해자와 가해자에게 관련 프로그램을 실시할 필요가 있다.
- 여성빈곤을 퇴치하기 위해서는 노동시장에 참여할 기회를 늘리고, 생산적 자원을 활용할 기회를 늘리고, 보편적 급여를 제공할 필요가 있다.

CHAPTER 12

장애인문제

Social Problems

차 례

1. 장애와 사회문제
2. 주요 용어와 논의
3. 주요 장애인문제의 현황
4. 장애인문제와 관련된 관점
5. 장애인문제의 해결 방안

제 1 절 장애와 사회문제

모든 인간은 살아가는 동안에 건강이 악화되는 상황을 겪을 수 있다. 따라서 장애는 소수의 인간에게만 발생하는 사건이 아니다. 그러므로 대부분의 인간은 살아가면서 언젠가는 장애 상태에서 지낼 수 있다.

특히 인간 모두는 삶의 어느 시점에서 적어도 신체적 장애를 겪게 된다. 실제로, 삶의 모든 기간 동안에 건강하고 활동적인 사람은 많지 않다(U.N. Department of Economic and Social Affairs, 2003-2004). 그리고 건강한 사람일지라도, 노년기에는 기능을 제대로 발휘하지 못해서 장애에 가까운 상태에서 지낼 가능성이 있다. 이런 맥락에서, '기능, 능력 장애, 건강에 대한 국제 분류(ICF)'에서는[73] 장애를 인간이 보편적으로 겪는 경험으로 인식하고 있다(WHO, 2011b).

특히 현대에 들어서 인구가 고령화되고 계속해서 건강 상태가 좋지 않은 사람의 수가 증가하기 때문에, 장애 상태에 놓이는 사람의 비율이 높아지고 있다. 실제로 장애인의 수는 빠르게 증가하고 있다. 그리고 앞으로 인간의 수명이 더 증가하고 기술이 더 빠르게 발달함에 따라서, 장애 상태에서 사는 사람의 수가 계속해서 증가할 가능성이 크다. 이에 따라 전체 인구 중에서 장애인이 차지하는 비율이 계속해서 더 높아질 것으로 보인다(Calasans, 2011; Mackelprang, 2011).

하지만 인간의 삶이 이렇게 장애와 밀접하게 관련되어 있음에도 불구하고, 장애인은 사회에서 차별을 받는 경우가 많다. 이런 차별은 어느 경우에는 노골적이고, 어느 경우에는 의도적이지 않을 수도 있다.

특히 오늘날에도 장애에 대해서는 모순적으로 대하고 있다. 즉, 오늘날의 경우, 장애에 대해서 한편으로는 장애인의 권리에 주목하고 있지만, 다른 한편으로는 장애인을 차별하고 격리하고 있다. 그 결과 현대 사회에서 장애인의 여건은 크게 개선되지 않고 있다. 그리고 이에 따라 오늘날의 사회에서 장애인은 가장 취약한 집단에 속하고 있다(Waldschmidt, 2007; Calasans, 2011). 그러므로 현대 사회에서 장애인문제는 중요한 사회문제가 되고 있다.

구체적으로, 장애인은 사회의 여러 생활 영역에서 배제되기 때문에, 여러 가지 형태의 어려움을 경험해 왔다. 우선, 장애인은 노동시장에 참여하기 어려운 경우가 많다. 선진국에서도 장애인의 고용률은 상대적으로 낮은 편이고, 장애인의 고용 여건은 열악한 편이다.

그리고 장애인의 고용 여건이 불리하기 때문에, 장애인은 경제적으로 어려운

73) '기능, 능력 장애, 건강에 대한 국제 분류(ICF)'에 대해서는 뒤에서 설명한다.

상황에서 사는 경우가 많다. 거기다 장애인에게는 추가 비용이 필요하기 때문에, 장애인의 경제적 여건은 더 어려워지는 경향이 있다. 그 결과 장애인은 빈곤 상태에서 생활하는 경우가 많다.

또한 장애인은 사회의 여러 영역에 있는 기관이나 시설에 접근하기 어려운 경우가 많다. 이에 따라 장애인은 이런 기관이나 시설에서 제공하는 서비스를 제대로 이용하지 못하는 경우가 적지 않다.

위에서 제시한 여러 문제들은 많은 장애인들이 경험하고 있는 문제들이다. 그러므로 우리나라에서 장애인과 관련된 주요한 사회문제의 예로 장애인이 노동시장에 참여하지 못하는 것과 관련된 문제, 장애인이 빈곤 상태에서 사는 것과 관련된 문제, 장애인의 접근성과 관련된 문제를 들 수 있다.

정 리

- 현대 사회에서 장애인은 가장 취약한 층에 속한다.
- 장애인과 관련된 주요한 사회문제의 예로 장애인 고용의 어려움, 장애인빈곤, 장애인의 접근성문제를 들 수 있다.

제2절 주요 용어와 논의

1) 기본 용어와 논의

(1) 장애

(가) 장애의 개념

장애는 여러 가지를 포함하는 광범위한 개념이다. 하지만 그동안 장애를 정의하려고 크게 노력하였음에도 불구하고, 장애와 관련해 전 세계적으로 받아들여지는 정의는 존재하지 않는다(WHO, 2012a; Waldschmidt, 2007).

그러나 일부 기관과 학자들은 장애에 대해 정의해 왔다. 이런 정의의 예를 몇 가지 살펴보면 다음과 같다(Barker, 2003; U.N. Department of Economic and Social Affairs, 2003-2004; 국가법령정보센터, 2013):

① 미국의 전국사회사업가협회에서 간행한 사전에 따르면, 장애는 기능이 일시적으로 또는 영구적으로 줄어드는 것을 말한다. 이 경우, 구체적으로 장애는 신체적·정신적 상태가 좋지 않거나 질병 등의 이유 때문에, 대부분의 사람들이 할 수 있는 활동을 하지 못하는 것을 가리킨다.

② 유엔의 경제사회국(Department of Economic and Social Affairs)에 따르면, 장애는 사람이 이동하고 보고 듣고 배우는 능력을 방해하는 신체적·감각적·정신적 제약을 말한다.

③ 우리나라의 '장애인차별금지 및 권리구제 등에 관한 법률'에 따르면, 장애는 "신체적·정신적 손상 또는 기능 상실이 장기간에 걸쳐 개인의 일상 또는 사회 생활에 상당한 제약을 초래하는 상태"를 말한다.

그러므로 정리하건대, 장애는 신체적·정신적 여건이 좋지 않은 탓에 일상적인 생활을 하는 데 크게 제약을 받는 상태라고 볼 수 있다.

(나) 장애의 분류

세계보건기구(World Health Organization)는 1980년에 『손상, 능력 장애, 건강에 대한 국제 분류(International Classification of Impairments, Disabilities, and Health)』를 발간하였다. 이 경우, 장애를 분류하는 데 있어 세계보건기구는 장애를 손상(impairment), 능력 장애(disability), 사회적 불리(handicap)의 측면에서 살펴보고 있다. 여기서 손상, 능력 장애, 사회적 불리는 다음과 같은 것을 의미한다(Mackelprang, 2011):

① 손상은 심리적·생리적·해부학적 구조나 기능이 없거나 정상적이지 않은 것을 말한다.

② 능력 장애는 인간에게 정상적이라고 인식되는 방식으로 활동하는 능력이 제

약되거나 부족한 것을 말한다.

③ 사회적 불리는 개인에게 정상적인 역할을 하는 것을 제약하거나 막는 불리함을 말한다. 사회적 불리는 손상이나 능력 장애 때문에 나타난다.

그 후 세계보건기구는 여러 국가와 함께 연구하였고, 이에 따라 나타난 결과가 '기능, 능력 장애, 건강에 대한 국제 분류(International Classification of Functioning, Disability and Health, ICF)'이다. 이 국제 분류에서는 능력 장애에 영향을 미치는 환경적 요인뿐만 아니라 활동과 참여의 측면도 다루고 있다. 구체적으로 기능, 능력 장애, 건강에 대한 국제 분류에서는 다음과 같은 측면에 주목하고 있다(WHO, 2012a):[74)]

① 손상(impairments)이 있다. 이것은 신체적 기능이나 신체의 구조와 관련해 문제가 있는 것을 말한다.

② 활동 제약(activity limitations)이 있다. 이것은 일하거나 행동할 경우에 개인이 부딪히는 어려움을 말한다.

③ 참여 제약(participation restrictions)이 있다. 이것은 생활에 참여할 경우에 개인이 경험하는 문제를 말한다.

그러므로 기능, 능력 장애, 건강에 대한 국제 분류의 경우, 장애의 원인에 초점을 두는 것에서 벗어나서 장애의 결과에 초점을 두는 방식을 취하고 있다.

결국, 이런 국제 분류에 따르면, 장애는 개인의 신체적 특성과 사회의 특성이 서로 상호작용하는 것을 보여 준다. 이런 국제 분류를 통해서, 장애는 복잡한 성격을 지니는 개념이라는 점을 알 수 있다(WHO, 2012a).

(2) 유엔 장애인권리 협약

현재의 경우, 장애는 인권문제로서 관심을 끌고 있다. 왜냐하면 사람들은 개인의 신체적 특성 때문이 아니라 사회 때문에 장애 상태에 놓이기 때문이다.

74) 이것은 내용 면에 있어서는 위에서 구분한 것과 거의 동일하다.

이런 점을 잘 보여 주는 것이 유엔의 장애인권리협약(Convention on the Rights of Persons with Disabilities)이다. 유엔의 장애인권리협약에서는 모든 장애인에게 인권을 보장하고 있다(Calasans, 2011).

2) 장애인 고용과 관련된 논의

(1) 장애인 고용의 중요성

장애인은 주변화와 빈곤과 사회적 배제가 연속적으로 반복되는 상황에 놓이는 경우가 많다. 이 경우, 주변화와 빈곤과 사회적 배제가 지속적으로 반복되는 상황에서 벗어나기 위한 가장 효과적인 수단은 좋은 일자리를 얻는 것이다(ILO, 2013). 그러므로 장애인이 취약한 상황에 놓이지 않기 위해서는, 장애인은 적절한 고용 상태를 유지할 필요가 있다.

(2) 장애인 고용의 걸림돌

장애인이 노동시장에 참여하고자 할 경우에, 장애인은 여러 가지 걸림돌을 만나게 된다. 장애인이 고용 영역에서 불리한 이유에는 여러 가지가 있을 수 있다. 이런 이유를 몇 가지 살펴보면 다음과 같다(노병일, 2007):

① 고용주가 장애인에 대해 직접적으로 차별하기 때문이다. 예를 들어 고용주는 장애인은 많은 종류의 일을 하기에 적절하지 않다고 생각할 수 있고, 또한 고용주는 장애인의 건강 상태 때문에 장애인에 대해서 신뢰를 가지지 못할 수 있다.

② 장애인은 일반인에 비해서 교육이나 훈련 영역에서 취약하기 때문이다.

③ 장애인 근로자가 일하는 물리적 여건은 일반 근로자가 일하는 물리적 여건보다 불리하기 때문이다. 따라서 사업장에 있는 구조적인 환경도 장애인이 노동시장에 참여하는 데 걸림돌로 작용할 수 있다.

3) 장애인빈곤과 관련된 논의

(1) 장애와 빈곤

장애는 소득이 부족한 상태를 유발하는 요인이 되는 경우가 많다. 따라서 장애가 없는 사람에 비해서, 장애인은 빈곤을 경험할 가능성이 훨씬 더 크다(Barnes & Baldwin, 1999; Calasans, 2011).

(2) 장애인빈곤의 원인

장애인에게 빈곤을 유발하는 요인에는 여러 가지가 있을 수 있다. 이런 요인을 몇 가지 제시하면 다음과 같다(Calasans, 2011; 노병일, 2013):

① 장애인은 일자리를 가질 가능성이 적고, 또한 장애인을 돌보는 사람도 일자리를 가질 가능성이 적은 것이 있다. 장애인이 노동시장에 참여하지 못할 경우에, 장애인과 그 가족은 빈곤 상태에 놓일 가능성이 매우 크다.

② 장애인에 대한 차별이 있다. 장애인에 대해 차별하는 정책과 관습이 있을 경우에, 장애인과 그 가족은 빈곤 상태에 놓일 가능성이 크다.

③ 장애인에게는 기본적 욕구를 충족하기 위해 더 많은 자원이 필요한 것이 있다. 이것은 장애인은 장애와 관련해 추가 비용이 드는 것을 말한다. 이런 비용은 장애인이 정신적 측면이나 신체적 측면에서 불리한 것과 관련이 있다. 예를 들어 장애인에게는 의료 서비스가 필요하고, 보조기구나 도와주는 사람이 필요하다. 장애인의 소득이 적은 상황에서 비용이 추가로 지출될 경우에, 장애인과 그 가족이 빈곤 상태에 놓일 가능성은 더 커진다.

④ 장애인에 대한 소득보장이 없거나 소득보장이 부족한 것이 있다. 장애인이 일할 수 없을 때에 적절한 소득이 보장되지 않을 경우에, 장애인과 그 가족은 빈곤 상태에 놓일 가능성이 크다.

⑤ 장애인이 지역사회에서 서비스를 받지 못하거나, 지역사회 활동에 참여하지 못하거나, 이런 활동에서 배제되는 것이 있다. 장애인이 지역사회 활동을 통

해 사회 서비스와 사회적 지지를 받지 못할 경우에, 장애인과 그 가족이 빈곤 상태에 놓일 가능성은 더 커진다.

▲ 장애인을 위한 보조기구: 장애인의 소득이 적은 상황에서 보조기구 구입 등과 같은 비용이 추가로 지출될 경우에, 장애인이 빈곤 상태에서 살 가능성은 커진다.

사진: 장애인복지관에서 저자 찍음.

그러므로 정리하건대, 장애인빈곤을 유발하는 주요한 원인으로 노동시장에 참여하는 데 있어서의 불리함, 추가 비용의 지출, 소득보장제도의 취약, 차별과 지지체계의 부족을 들 수 있다(노병일, 2013).

4) 장애인의 접근성과 관련된 용어와 논의

(1) 접근성의 개념과 장애인

접근성(accessibility)은 물품, 기구, 서비스, 시설 등을 가능한 많은 사람이 이용할 수 있는 정도를 말한다. 접근성이라는 개념에서는 장애인에 대해 주목하는 경우가 많다. 그리고 이에 따라 접근성에서는 장애인이 접근할 수 있는 권리에 주목하는 경우가 많다(Wikipedia, 2013a).

(2) 접근성에 대한 걸림돌

접근성에 대한 걸림돌을 따질 때에는 물리적 걸림돌을 생각하는 경우가 많다. 예를 들어 접근성에 대한 걸림돌을 논의할 경우에는, 휠체어를 사용하는 사람이 경사로가 없기 때문에 공공건물에 들어갈 수 없는 상황을 생각하는 경향이 있다.

그러나 접근성을 가로막는 걸림돌에는 여러 가지 종류가 있다. 이 경우, 어떤 걸림돌은 겉으로 드러나 보인다. 하지만 어떤 걸림돌은 겉으로 보이지 않는다.

접근성에 대한 걸림돌이 있을 경우, 장애인은 대부분의 사람들이 당연하게 할 수 있다고 여기는 것을 하기 어렵거나 할 수 없게 된다(Ontario Minister of Community and Social Services, 2008). 이 경우, 대부분의 사람들이 당연히 할 수 있다고 여기는 활동의 예로 쇼핑하는 것, 노동시장에 참여하는 것, 대중교통을 이용하는 것이 있다.

(3) 접근성의 형태

접근성에는 여러 가지 형태가 있을 수 있다. 그러나 접근성의 형태를 직접적(보편적) 접근성(direct access)과 간접적 접근성(indirect access)으로 크게 구분할 수 있다. 각 형태에 대해 간단히 살펴보면 다음과 같다(Wikipedia, 2013a; Mackelprang, 2011):

① 직접적 접근성은 물품, 기구, 서비스, 시설 등을 모든 사람이 이용할 수 있게 하는 것을 말한다. 즉, 직접적 접근성은 장애 상태에 있는지 여부에 상관없이 모든 사람이 접근할 수 있게 하는 것을 말한다. 따라서 직접적 접근성은 보편적 설계와 밀접하게 관련되어 있다. 그러나 직접적 접근성은 장애인과 더 밀접하게 관련되어 있다. 왜냐하면 직접적 접근성은 장애인의 접근성을 개선하기 위한 방안으로 시작되었기 때문이다. 그리고 직접적 접근성은 장애인 권리에 주목하는 운동에서 중요한 주제가 되고 있다.

② 간접적 접근성은 보조 기술을 사용하여 물품, 기구, 서비스, 시설 등을 이용할 수 있게 하는 것을 말한다.

정 리

- 장애는 신체적·정신적 여건이 좋지 않은 탓에 일상생활을 하는 데 크게 제약을 받는 상태를 말한다. 세계보건기구의 경우, 처음에는 장애를 손상, 능력 장애, 사회적 불리의 측면에서 살펴보았으나, 그 후에는 손상, 활동 제약, 참여 제약의 측면에 주목하고 있다. 유엔 장애인권리협약은 모든 장애인에게 인권을 보장하는 협약이다.
- 장애인이 취약 상태를 벗어나기 위해서는 적절한 고용 기회가 필요하다. 그러나 장애인은 고용주의 차별, 교육·훈련의 부족, 사업장의 구조적 환경 등의 요인 때문에 고용에 있어 불리하다.
- 장애인빈곤의 주요한 원인으로 노동시장 참여의 불리함, 추가 비용 지출, 소득보장제도의 취약, 차별과 지지 체계의 부족이 있다.
- 접근성은 물품, 기구, 서비스, 시설 등을 가능한 많은 사람이 이용할 수 있는 정도를 말한다. 접근성이라는 개념에서는 장애인에 대해 주목하는 경우가 많은데, 접근성을 가로막는 걸림돌에는 여러 가지가 있다. 접근성의 형태에는 직접적(보편적) 접근성과 간접적 접근성이 있다.

제 3 절 주요 장애인문제의 현황

1) 일반적 현황

유엔의 경우, 오늘날 전 세계에 거주하는 장애인의 수를 약 6억 명으로 추정한 바 있다(Mackelprang, 2011).

(1) 우리나라의 현황

우리나라의 경우, 일할 수 있는 인구층(20~64세) 중에서 장애인이 차지하는 비율은 6% 정도인 것으로 조사된 바 있다. 이것은 경제협력개발기구(OECD)에 속한 국가들에서의 비율보다 낮은 수치이다. 그러나 우리나라에서는 장애인이 나타나는 비율을 등록된 장애인 인구를 통해 파악하였기 때문에, 장애인이 나타나는 비율이 선진국보다 낮게 나오고 있다(보건복지부 장애인정책과, 2012). 그러므로 우리나라에서 실제로 장애인이 차지하는 비율은 보고된 수치보다 더 높을 가능성이 있다.

(2) 선진국의 현황

경제협력개발기구에 속한 국가들의 경우, 일할 수 있는 인구층(20~64세) 중에서 일상생활을 하는 데 어려움을 유발하는 만성질환이나 장애를 갖고 있는 사람의 비율은 14.3%인 것으로 밝혀진 바 있다. 그리고 미국의 경우, 성인들 중에서 장애상태에서 사는 사람의 비율은 약 20%인 것으로 조사된 바 있다(Mackelprang, 2011; 보건복지부 장애인정책과, 2012).

2) 주요 장애인문제의 현황

(1) 장애인 고용

(가) 우리나라의 현황

우리나라의 경우, 2010년에 장애인의 고용률은 전체 인구의 고용률의 60%밖에 되지 않는 것으로 나타났다. 또한 2010년에 장애인의 실업률은 전체 인구의 실업률보다 두 배가 더 높은 것으로 조사되었다(한국장애인고용공단 고용개발원, 2011).

그리고 일할 수 있는 층의 경우, 우리나라에서 일반인의 실업률은 3.6%였으나, 장애인의 실업률은 11.3%인 것으로 나타난 바 있다. 따라서 우리나라에서는 일반인과 장애인 사이에 실업률 격차가 경제협력개발기구에 속한 27개 국가 전체의 평균치보다 다소 더 큰 셈이다(한국장애인고용공단 고용개발원, 2011).

(나) 선진국의 현황

선진국에서 장애인을 고용하는 비율을 살펴보면 다음과 같다(Calasans, 2011; 한국장애인고용공단 고용개발원, 2011):

① 경제협력개발기구(OECD)에 속한 국가들의 경우, 장애인이 고용 상태에 있는 비율은 일반인이 고용 상태에 있는 비율의 반 정도밖에 되지 않는 것으로 나타났다.

② 경제협력개발기구에서 2000년대 중반에 회원 국가에 대해 일할 수 있는 층을 대상으로 조사한 결과, 일반인의 고용률은 약 75%였으나 장애인의 고용률은 약 44%로 나타난 바 있다.

그리고 선진국의 경우, 장애인은 보수를 받는 일자리에서 일하고 있는 비율이 낮은 것으로 밝혀지고 있다(노병일, 2007). 이런 예를 살펴보면 다음과 같다(Mackelprang, 2011; Elwan, 1999; 한국장애인고용공단 고용개발원, 2011):

① 선진국에서 장애인은 일반인보다 실업 상태에 놓이는 비율이 2~3배 더 높다고 국제노동기구(ILO)는 지적하고 있다.

② 경제협력개발기구에서 2000년대 중반에 회원 국가에 대해 일할 수 있는 층을 대상으로 조사한 결과, 일반인의 실업률은 약 7%였으나 장애인의 실업률은 약 14%로 밝혀진 바 있다.

③ 미국의 경우, 장애인의 실업률은 일반인의 실업률보다 두 배 더 높은 것으로 나타났다.

한편, 선진국의 경우, 고용된 장애인들 중에서 전문직이나 관리직에서 일하는 장애인이 차지하는 비율은 매우 낮은 경향이 있다. 예를 들어 영국에서 조사한 결과, 일반 근로자에 비해서 장애인 근로자는 관리직이나 전문직에서 일하는 비율이 훨씬 더 낮은 것으로 나타났다(노병일, 2007).

그리고 선진국의 경우, 장애인 근로자가 사업장에서 일하는 직종은 기술 수준이 낮은 편이다. 따라서 장애인 근로자는 자신이 가진 능력보다 수준이 낮은 능력이 필요한 일자리에서 근무하는 경향이 있다. 예를 들어 영국에서 조사한 결과, 일반 근로자에 비해서 장애인 근로자는 기술 수준이 낮은 직종에 고용된 경우가 훨씬 더 많은 것으로 나타났다. 또한 장애인이 근로자로서 사업장에서 일할 기회를 가질 경우에, 장애인 근로자는 자신의 교육 수준에 비해서 열악한 일자리에서 일하는 사례가 많은 것으로 지적된 바 있다(노병일, 2007).

(2) 장애인빈곤

(가) 우리나라의 현황

우리나라의 경우, 공공부조를 받는 가구들 중에서 장애인 세대가 차지하는 비율이 약 20%로 나타난 바 있다. 우리나라에서 이런 비율은 매년 증가하는 경향을 보이고 있다. 그리고 우리나라의 경우, 장애인들 중에서 빈곤 가구(국민기초생활보장제도를 통해 급여를 받는 가구)의 비율은 2008년에 약 18%였다(한국장애인고용공단 고용개발원, 2011).

한편, 일할 수 있는 층의 경우, 우리나라에서 일반인의 빈곤율은 약 15%였으나 장애인의 빈곤율은 약 36%인 것으로 나타났다(한국장애인고용공단 고용개발원, 2011). 따라서 우리나라에서는 일반인과 장애인 사이에 빈곤율 격차가 경제협력개발기구(OECD)에 속한 27개 국가 전체의 평균치보다 더 큰 셈이다.

(나) 선진국의 현황

선진국의 경우, 일반인의 소득에 비해서 장애인의 소득은 적은 것으로 밝혀지고 있다(노병일, 2013). 이런 예를 살펴보면 다음과 같다(She & Livermore, 2007; 노병일, 2013; 한국장애인고용공단 고용개발원, 2011):

① 경제협력개발기구(OECD)에서 2000년대 중반에 회원 국가에 대해 일할 수 있는 층을 대상으로 조사한 결과, 일반인의 빈곤율은 약 14%였으나 장애인의 빈곤율은 약 22%로 나타났다.

② 미국의 경우, 일할 나이에 있는 장애인은 장애가 없는 사람에 비해서 빈곤 상태에 있을 가능성이 2~5배 더 큰 것으로 밝혀진 바 있다. 또한 미국에서 조사한 결과, 단기적으로 또는 장기적으로 빈곤 상태에 있는 사람들 중에는 장애인이 매우 많은 것으로 나타났다.

③ 영국에서 1990년대 중반에 조사한 결과, 장애인들 중에서 빈곤 상태에서 사

는 장애인의 비율은 약 17%인 것으로 나타났다. 그러나 장애와 관련된 추가 비용을 고려할 경우에, 장애인들 중에서 빈곤 상태에서 사는 장애인의 비율은 약 50%에 이르는 것으로 조사되었다. 즉, 영국의 경우, 장애인의 빈곤율은 일반인의 빈곤율보다 더 높은 셈이다.

(3) 장애인의 접근성

(가) 우리나라의 현황

우리나라에서 장애인의 접근성은 개선되고 있다. 예를 들어 우리나라의 경우, 편의시설을 설치한 비율은 2008년에 약 78%로 나타났다. 이 경우, 장애인 편의시설 중에서 설치율이 가장 높은 시설은 내부 시설이고, 그 다음으로는 복도, 경사로, 승강기의 순으로 나타났다(통계포털, 2013; 한국장애인고용공단 고용개발원, 2011).

그리고 우리나라에서 조사한 결과, 장애인 편의시설이 가장 잘 설치된 곳은 대피소로서 설치 비율은 약 88% 정도였다. 그러나 이 경우, 장애인 편의시설이 가장 잘 설치되지 않은 곳은 기숙사로서 설치 비율은 약 63%로 나타났다(통계포털, 2013).

하지만 우리나라에서 장애인에 대한 접근성은 아직도 완벽하지 못한 편이다. 예를 들어 우리나라에서 안내시설의 설치율은 상대적으로 매우 낮은 것으로 조사된 바 있다(한국장애인고용공단 고용개발원, 2011).

(나) 선진국의 현황

일반적으로 선진국에서는 장애인에 대한 접근성이 잘 보장되어 있는 편이다. 예를 들어 미국의 경우, 놀이동산에 대한 장애인 접근성은 놀라운 것으로 평가된다(정봉근, 2010).

정 리

- 우리나라와 선진국에서 장애인의 고용 여건은 상대적으로 열악한 편이다
- 우리나라와 선진국에서 장애인의 빈곤율은 상대적으로 높은 편이다.
- 우리나라에서 장애인에 대한 접근성은 아직도 완벽하지 못한 편이다.

제4절

장애인문제와 관련된 관점

장애와 관련된 관점을 분류하는 방식에는 여러 가지가 있다. 이 중에서 가장 많이 사용되는 방식은 장애에 대한 관점(모델)을 의료적 관점, 경제적 관점, 사회적 관점으로 구분하는 것이다.

그러나 이런 세 가지 관점을 명확히 구분할 수 있는지에 대해서는, 모든 학자들의 의견이 일치하고 있지는 않다. 각 관점에 대해 살펴보면 다음과 같다.

1) 의료적 관점

장애와 관련된 전통적인 관점은 의료적(medical) 관점이다. 장애에 대한 의료적 관점을 개인적 관점이라고도 부른다. 장애에 대한 의료적 관점에서는, 장애는 유전적 요인이나 사고나 질병 때문에 생리적으로 일부 어려운 상태에 있는 것이라고 보고 있다. 그러므로 장애에 대한 의료적 관점의 경우, 장애를 의료적 현상으로 이해하는 경향이 있다(Eitzen, Zinn & Smith, 2011; Spicker, Leguizamón & Gordon, 2007).

2) 경제적 관점

장애에 대한 경제적 관점은 전문적인 의료 지식을 가지고는 장애의 실태를 제대로 알 수 없다는 인식에 근거하고 있다(Spicker, Leguizamón & Gordon, 2007).

3) 사회적 관점

장애에 대한 사회적 관점을 사회정치적(socio-political) 관점이라고도 부른다. 장애에 대한 사회적 관점에서는 대부분의 장애인이 겪는 사회적 걸림돌에 주목하고 있다. 따라서 장애에 대한 사회적 관점에서는 장애를 개인의 능력과 연관시키지 않고 있다.

구체적으로 장애에 대한 사회적 관점의 경우, 장애는 사회가 조직되는 방식 때문에 장애인이 겪는 사회적 배제의 한 형태라고 보고 있다. 그러므로 장애에 대한 사회적 관점에 따르면, 장애는 물리적 장벽과 사회적 장벽 때문에, 다른 사람과 동등하게 지역사회의 정상적인 생활에 참여하는 기회를 잃거나 또는 이런 기회가 제약되는 것을 가리킨다.

이에 따라 장애에 대한 사회적 관점에서는, 장애는 어떤 상태가 아니라 사회적·정치적 범주라고 보고 있다. 즉, 장애는 사회 환경이 일부 시민의 욕구와 바람을 충족시켜 주지 못하기 때문에 나타난다는 것이다. 이런 상황에서는, 공평하지 않고 정의롭지 않은 과정을 통해서 장애인의 권리가 부정되는 방향으로 나가게 된다(Spicker, Leguizamón & Gordon, 2007; Eitzen, Zinn & Smith, 2011).

장애와 사회적 측면

장애는 사회적 측면과 크게 관련되고 있다. 이렇게 되는 이유를 몇 가지 제시하면 다음과 같다(Eitzen, Zinn & Smith, 2011):

① 누구는 장애인이 아니고 누구는 장애인인지는 사회적으로 정해지기 때문이다.
② 장애인에 대한 편견과 두려움은 사회적으로 만들어진 것이기 때문이다.
③ 사회는 장애인에 대해 경제적·물리적으로 장벽을 쌓고 있고, 또한 사회는 장애인을 차별하기 때문이다.

한편, 장애에 대한 사회적 관점을 따르는 예로 다음과 같은 것을 들 수 있다(WHO, 2011b):

① 기능, 능력 장애, 건강에 대한 국제 분류(ICF)가 있다. 이 국제 분류는 장애의 사회적 측면을 고려하고 있다. 따라서 기능, 능력 장애, 건강에 대한 국제 분

류에서는 장애를 의학적으로 기능하지 못하거나 생물학적으로 기능하지 못하는 측면에서만 보지 않는다.

② 유엔의 장애인권리협약이 있다.

정 리

- 장애와 관련된 관점을 의료적(개인적) 관점, 경제적 관점, 사회적(사회정치적) 관점으로 구분하는 경우가 많다.
- 의료적 관점에서는 장애를 의료적 현상으로 이해하는 경향이 있다.
- 경제적 관점에서는 전문적 의료 지식을 가지고는 장애의 실태를 제대로 알 수 없다고 본다.
- 사회적 관점에서는 장애는 사회가 조직되는 방식 때문에 장애인이 겪는 사회적 배제의 한 형태라고 본다.

제 5 절 장애인문제의 해결 방안

장애인과 관련된 사회문제에 대해 앞에서 제시한 논의와 현황 및 관점에 근거해, 장애인문제를 퇴치하거나 완화하기 위한 방안을 몇 가지 제시하면 다음과 같다.

1) 전반적 방안

재활은 장애인이 가능한 제대로 기능하고 독자적인 생활을 하는 데 도움을 준다(Calasans, 2011). 따라서 재활 서비스는 장애인이 노동시장에 참여하고 소득을 얻고 사회의 여러 영역에 참여하는 데 도움을 준다. 결국, 재활 서비스는 장애인이 가진 많은 문제를 해결하는 데 유리하게 작용한다. 그러므로 장애인문제를 해결하기 위해서는, 장애인에게 양질의 재활 서비스를 지속적으로 제공할 필요가 있다.

2) 영역별 방안

(1) 장애인 고용과 관련된 방안

(가) 일자리의 제공

장애인은 일자리를 찾는 데 있어 일반인보다 불리할 가능성이 크다. 그러므로 장애인에게 적절한 일자리를 찾아 주거나 장애인이 일자리를 찾는 것을 제도적으로 도와줄 필요가 있다. 이 경우, 사회적 기업이나 자영업을 통해 일자리를 제공하는 방안도 고려할 필요가 있다.

(나) 고용 능력의 증진

장애인이 고용될 가능성을 높이기 위해서는 교육과 직업 훈련이 필요하다. 그러므로 사업장에서 필요한 교육과 직업 훈련을 받을 수 있는 기회를 장애인에게 제공할 필요가 있다(이선우 외, 2001).

▲ 여성장애인의 작품: 장애인이 고용될 가능성을 높이기 위해서는 교육·직업훈련이 필요하다. 사진: 복지관에서 저자 찍음.

(다) 사업장에서의 구조적 걸림돌의 제거

장애인이 사업장에서 일하기 위해서는 사업장에 구조적인 걸림돌이 없어야 한다. 이것은 능력이 있는 장애인의 경우에 특히 그렇다. 그러므로 장애인이 근로자로서 일하는 것과 관련해서 사업장에 존재하는 구조적인 걸림돌을 파악하여 제거하는 데 관심을 가질 필요가 있다(노병일, 2007). 예를 들어 장애인에게 작업 환경을 조정해 주고 근무 형태나 근무 시간 등에서 배려해 줄 필요가 있다.

(2) 장애인빈곤과 관련된 방안[75)]

(가) 장애수당의 제공

사회보장제도의 중요한 목적들 가운데 하나는 빈곤을 완화하거나 퇴치하는 것이다. 따라서 장애인의 빈곤을 줄이는 방안들 중의 하나는, 사회보장제도에서 장애인에게 급여를 제공하는 것이다(노병일, 2010; 노병일, 2013). 이런 사회보장급여들 중의 하나가 장애수당이다. 실제로 우리나라에서 장애인을 대상으로 조사한 결과, 장애인은 정부에서 우선적으로 확대하여 실시하여야 할 장애인 복지사업으로 장애수당의 지급을 꼽은 바 있다(한국장애인고용공단 고용개발원, 2011).

그리고 이 경우, 장애인이 생활하기에 충분한 양의 급여를 주는 것이 중요하다. 그러므로 장애인의 빈곤을 줄이거나 퇴치하기 위해서는, 장애인과 그 가족에게 적절한 수준의 장애수당을 제공할 필요가 있다.

(나) 근로 증진을 위한 수당의 제공

장애인이 노동시장에 참여해서 얻는 소득이 적을 경우에는, 장애인이 노동시장에 참여하기를 꺼리게 되어 계속해서 빈곤 상태에 놓일 수 있다. 그러므로 일할 능력이 있는 장애인에게 일하는 동기를 제공하기 위해서는, 장애인에게 일자리 참여와 관련된 급여를 제공할 필요가 있다.

75) 말할 것도 없이, 장애인의 빈곤을 해결하는 또 하나의 방안은 장애인이 일자리를 갖는 것이다. 장애인의 고용에 대해서는 위에서 이미 설명한 바 있다.

(3) 장애인의 접근성과 관련된 방안

(가) 보편적 접근성의 보장

모든 공공 시설과 편의 시설은 장애인이 접근하는 데 불편을 주지 말아야 한다. 그러므로 모든 구조물은 장애인이 접근하는 데 걸림돌이 없도록 설계될 필요가 있다(U.N. Department of Economic and Social Affairs, 2003-2004). 이 경우, 이를 위해서는 법령을 통해서 장애인의 보편적 접근성을 보장할 필요가 있다.

그리고 이와 더불어, 장애인을 위해 적절한 보조기구를 더 개발하고 장애인이 이런 보조기구를 더 쉽게 이용할 수 있도록 할 필요가 있다(WHO, 2012b).

(나) 장애인의 접근성에 대한 인식의 개선

보편적 접근성은 모든 사람에게 적용될 수 있다. 즉, 보편적 접근성은 장애인에게 뿐만 아니라 일반인에게도 적용될 수 있다. 왜냐하면 장애인의 기본적인 욕구는 일반인의 욕구와 같기 때문이다(Mackelprang, 2011; U.N. Department of Economic and Social Affairs, 2003-2004). 따라서 건물과 같은 구조물을 장애인이 이용할 수 있게 설계하는 것은 일반인도 이용할 수 있게 설계하는 셈이다.

그러므로 접근성과 관련해, 사회는 일반인뿐만 아니라 장애인도 포용하는 방식으로 조직되어야 한다는 점을 일반인에게 인식시킬 필요가 있다. 이렇게 될 경우, 장애인이 사회의 모든 시설과 구조에 접근하는 데 어려움이 없는 길이 더 쉽게 열릴 수 있다.

정 리

- 장애인과 관련된 사회문제를 퇴치하기 위해서는 장애인에게 양질의 재활 서비스를 지속적으로 제공할 필요가 있다.
- 장애인 고용을 증진하기 위해서는 일자리를 제공하고, 고용 능력을 키우고, 사업장의 구조적 걸림돌을 제거할 필요가 있다.
- 장애인빈곤을 퇴치하기 위해서는 장애수당과 근로 증진을 위한 수당을 제공할 필요가 있다.
- 장애인의 접근성을 증진하기 위해서는 보편적 접근성을 보장하고, 장애인의 접근성에 대한 인식을 개선할 필요가 있다.

CHAPTER 13

인종문제

Social Problems

차 례

1. 다문화사회와 인종문제
2. 주요 용어와 논의
3. 주요 인종문제의 현황
4. 인종문제와 관련된 관점
5. 인종문제의 해결 방안

제1절 다문화사회와 인종문제

최근 들어서 전 세계에 걸쳐 근로자와 일반 인구층이 다른 국가로 이주하는 현상이 두드러지게 나타나고 있다(Schwartz, Montgomery & Briones, 2006). 여러 인종집단의 사람들이 국경을 넘어 이주하고 정착하는 사례가 늘어남에 따라서, 많은 국가는 다문화사회가 되고 있다. 그리고 이미 다문화사회에 들어선 국가에서도 주류 인종집단이 아닌 인종집단에 속하는 사람의 수가 많아지고 있다.

그러나 다문화사회는 인종과 관련해 여러 가지 어려움을 겪을 가능성이 크다. 우선, 소수민족 인종집단에 속하는 사람들이 주류 사회에 적응하여야 한다. 하지만 이 경우에, 이들은 소수민족 인종집단의 정체성도 계속 유지하여야 한다. 따라서 이들은 두 개의 문화를 조화롭게 융합하여야 한다. 그러나 이것은 쉬운 일이 아니다. 그러므로 소수민족 인종집단은 주류 문화에 적응하는 과정에서 어려움을 겪을 수 있다.

또한 소수민족 인종집단은 주류 사회에 살면서 인종차별을 경험할 가능성이 크다. 소수민족이라는 표현 자체에서 나타나듯이, 주류 인종집단은 소수민족 인종집단을 자신보다 수준이 낮은 인종집단으로 인식할 가능성이 있다. 따라서 주류 인종집단은 소수민족 인종집단을 알지 모르게 차별할 수 있다. 이런 경우에, 인종차별은 사회에서 매우 민감한 쟁점이 될 가능성이 있다.

그리고 소수민족 인종집단에 속하는 사람들은 주류 사회에 살면서 가족을 구성하게 된다. 그러나 자녀가 두 문화 사이에서 잘 적응하지 못할 경우에, 자녀는 정서적으로 크게 어려움을 겪을 수 있다. 이렇게 되면, 소수민족 인종집단과 관련된 문제가 다음 세대에까지 되풀이되는 상황이 나타날 수도 있다.

이와 같은 여러 가지 형태의 어려움을 겪는 소수민족 인종집단의 수가 많아질 경우, 이런 어려움은 소수민족 인종집단에 속하는 개인·가족뿐만 아니라 주류 인종집단이나 전체 사회에도 엄청난 영향을 미치는 사회문제가 된다. 사실, 사회에 두 가지 이상의 인종집단이 있는 국가는 인종과 관련된 사회문제를 겪어 왔다 (Zastrow, 2008).

근래에 들어서 우리나라에 거주하는 외국인의 수가 꾸준히 증가하고 있다(Cho, 2012). 그 결과 우리나라는 빠르게 다문화사회로 변해 가고 있다. 이에 따라서 우리나라에서도 위에서 제시한 형태의 문제가 심각한 사회문제로 등장할 가능성이 커지고 있다.

그러므로 우리나라에서 인종과 관련된 주요한 사회문제의 예로 소수민족 인종집단에 속하는 사람이 주류 문화에 적응하지 못하는 것과 관련된 문제, 소수민족 인종집단에 대해 차별하는 것과 관련된 문제, 다문화가족의 아동이 정서적으로 안정된 상태를 유지하지 못하는 것과 관련된 문제를 들 수 있다.

정 리

- 우리나라는 빠르게 다문화사회로 변해 가고 있고, 이에 따라 우리나라에서도 인종과 관련된 문제가 사회문제로 등장할 가능성이 있다.
- 인종과 관련된 주요한 사회문제의 예로 소수민족 인종집단이 주류 문화에 적응하지 못하는 문제, 소수민족 인종집단에 대한 차별, 다문화가족 아동의 정서적 불안정을 들 수 있다.

제2절 주요 용어와 논의

1) 기본 용어와 논의

(1) 인종집단

그간의 경우, 일부 기관과 학자들은 인종집단에 대해 정의를 내려 왔다. 인종집단(ethnic group)에 대해 정의한 것을 몇 가지 살펴보면 다음과 같다(Barker, 2003; Encyclopædia Britannica, 2013c):

① 미국의 전국사회사업가협회에서 간행한 사전에 따르면, 인종집단은 공통적인 언어, 관습, 역사, 문화, 종교, 종족 등을 가진 사람들의 모임을 말한다.

② 브리태니커(Britannica) 백과사전에 따르면, 인종집단은 종족, 언어, 국적, 문화라는 공통의 끈으로 함께 묶여진 사회 집단이나 사회 범주를 말한다.

그러므로 정리하건대, 인종집단은 공통적인 언어·관습·문화를 가진 사회 집단이라고 볼 수 있다.

일반적으로 인종집단은 공통의 문화를 가지고 있다고 믿는 경우가 많고, 또한 공통의 조상에서 나왔다고 믿는 경우가 많다. 그러므로 인종집단은 '함께'라는 의식을 가지고 있다. 이에 따라 인종집단은 공동의 정체성을 가지고 있다(Zagefka, 2009; Zastrow, 2008).

▲ 어느 인종집단의 깃발: 인종집단은 공동의 정체성을 가진다.
사진: 중국 구채구(九寨溝) 풍경구에서 저자 찍음.

(2) 다문화주의

다문화주의는 문화적 다양성과 종교적 다양성에 적절히 대응하는 방식과 관련된 정치철학을 말한다. 그러므로 다문화주의는 여러 가지 문화를 포함하는 사회와 관련된다. 특히 다문화주의라는 용어는 다양한 취약집단(예컨대 소수민족 인종집단, 여성, 동성애자, 장애인)의 도덕적 주장과 정치적 주장과 관련이 있는 광범위한 용어로 사용되어 왔다.

하지만 다문화주의를 연구하는 많은 학자들은, 소수민족 이주자나 원주민과 같은 인종집단에 주목하는 경향이 있다. 따라서 다문화주의는 인종의 다양성과 밀접하게 연관되는 경우가 많다(Song, 2010; Wikipedia, 2013e).

(3) 이주(이민)[76)]

일반적으로 이주는 한 지역에서 다른 지역으로 이동하는 것을 일컫는다. 인간은 여러 가지의 복잡한 이유 때문에 자발적으로 또는 비자발적으로 이주한다. 이 경우, 국내에서 다른 지역으로 이주하기도 하고, 또는 한 국가에서 다른 국가로 이주하기도 한다. 그러나 우리나라에서 사회문제가 되고 있는 형태는 한 국가에서 우리나라로 이주하는 경우이다.

인간이 이주하는 이유로 다음과 같은 것을 들 수 있다(Spicker, Leguizamón & Gordon, 2007):

① 더 나은 기회를 찾고자 하기 때문이다.

② 정치적 위기, 경제적 위기, 전쟁, 자연 재해로부터 벗어나고자 하기 때문이다.

2) 문화적응문제와 관련된 용어와 논의

(1) 문화적응

문화적응(acculturation)은 어느 문화에 속하는 사람이 다른 문화와 접촉한 결과로 자신의 태도와 행동이 변화되는 과정을 말한다. 일반적으로 문화적응은 두 가지 문화 속에 있는 요소가 서로 섞여서 합쳐지는 방식으로 서로 영향을 미치는 것을 의미한다(Maxwell, 2002).

그러나 국제 이주의 측면을 고려할 경우, 문화적응은 다음과 같은 두 가지 차원에 대해 적응하는 과정을 일컫는다(Schwartz, Montgomery & Briones, 2006):

---

76) '이주'나 '이민'에 대한 영어 표현은 같다. 그러나 본 장의 경우, 관습적으로 '이민'이라는 표현을 사용하는 사례가 많을 때에는 '이주'라는 표현 대신에 '이민'이라는 표현을 사용한다. 예를 들어 우리나라에서는 결혼'이주' 여성보다는 결혼'이민' 여성이라고 표현하는 경우가 많기 때문에, 본 장에서는 결혼'이민' 여성이라는 표현을 사용한다.

① 이주를 가는 국가의 문화 속에 들어 있는 이상, 가치, 믿음을 받아들인다.
② 이주자가 태어난 국가의 문화 속에 들어 있는 이상, 가치, 믿음을 유지한다.

일반적으로 자신이 태어난 국가를 떠나서 다른 국가로 이주하면, 다음과 같은 상황에 부닥치는 경우가 많다(Schwartz, Montgomery & Briones, 2006):

① 자신이 잘 알던 사회제도와 관계를 맺지 못하고, 자신의 문화적 관습을 온전히 유지하지 못한다.
② 가족 구성원과 헤어진다.
③ 그동안 자신에게 사회적으로 지지해 주던 곳과의 관계가 끊어지거나 크게 약화된다.

그러므로 다른 국가로 이주하면 문화적응문제를 경험하는 경우가 많다. 이때, 소수민족 인종집단은 주류 문화에 적응하는 데 특히 어려움을 겪는 경우가 많다. 소수민족 인종집단이 주류 인종집단의 문화에 제대로 적응하지 못할 경우에는 사회에서 갈등이 더 심각해질 수 있다.

(2) 동화

동화(assimilation)는 소수민족 인종집단이 주류 인종집단의 문화에 문화적으로 흡수되는 과정을 말한다. 즉, 동화는 소수민족 인종집단에 속하는 개인이나 집단이 사회의 주류 문화에 흡수되는 과정을 말한다. 그러므로 어떤 면에서, 동화는 가장 극단적인 형태의 문화적응이라고 볼 수도 있다(Maxwell, 2002; Pauls, 2013).

일반적으로 동화에는 다음과 같은 두 가지 형태가 있다(Pauls, 2013):

① 강제적 동화(forced assimilation)가 있다. 강제적 동화는 소수민족 인종집단을 주류 인종집단의 문화에 강제로 동화시키는 것을 말한다. 소수민족 인종집단을 강제로 동화시키려고 한 사례는 세계 역사에서 많이 찾아볼 수 있다.
② 자발적 동화(voluntary assimilation)가 있다. 자발적 동화는 소수민족 인종집단이 주류 인종집단의 문화에 자발적으로 동화하는 것을 말한다. 그러나 자발적

동화도 주류 인종집단의 문화가 압력을 가하기 때문에 나타나는 경우가 많다. 소수민족 인종집단이 자발적으로 동화한 사례도 세계 역사에서 많이 찾아볼 수 있다. 우리나라에서 소수민족 인종집단이 동화하는 것은 자발적 동화의 측면이 더 강하다고 볼 수 있다.

소수민족 인종집단은 강제적으로 동화될 수도 있고 또는 자발적으로 동화될 수도 있다. 하지만 소수민족 인종집단이 자신이 예전에 가지던 문화적 관습을 주류 문화의 관습으로 완전히 대체하는 경우는 드물다(Pauls, 2013). 예를 들어 소수민족 인종집단이 동화된다 할지라도, 이들의 종교나 음식과 관련된 취향은 변하지 않는 경향이 있다. 그러므로 동화에 인종적으로 합쳐지는 경우가 있을 수는 있지만, 일반적으로 동화는 인종적으로 합쳐지는 것까지를 의미하지는 않는다.

3) 인종차별문제와 관련된 용어와 논의

(1) 인종차별

(가) 인종차별의 개념과 내용

문자 그대로, 인종차별(racial or ethnic discrimination)은 인종에 대해 차별하는 것을 말한다. 인종차별에는 소수민족 인종집단에 속하는 사람들에게 기회를 공평하게 제공하지 않는 것, 주거 지역을 제약하는 것, 종교조직과 사회조직에 참여하는 것을 제약하는 것, 정치 활동에 참여하는 것을 제약하는 것, 지역사회 서비스를 이용할 수 없게 하는 것과 같은 것이 포함된다(Zastrow, 2008).

(나) 인종차별의 형태

인종차별은 다음과 같이 구분될 수 있다(Barker, 2003; Eitzen, Zinn & Smith, 2011; Zastrow, 2008):

① 개인적 인종차별(individual racism)이 있다. 미국의 전국사회사업가협회에서 간행한 사전에 따르면, 개인적 인종차별은 어느 개인이 특정한 인종집단의 모

든 구성원에 대해 가지고 있는 부정적인 태도를 말한다. 특히 개인적 인종차별은 다른 인종집단에 속하는 사람이나 이들의 재산에 해를 끼치는 개인적 행동을 말한다. 일반적으로 개인적 인종차별은 개인이 특정 인종집단의 사람들에게 노골적으로 해를 끼치는 행위를 말한다. 따라서 개인적 인종차별은 특정 인종집단의 구성원을 조롱하거나 사회적으로 배제시키거나 폭력을 휘두르는 것과 같은 행위로 나타나는 경우가 많다. 그리고 개인적 인종차별은 편견과 관련되어 있다.

② 제도적 인종차별(institutional racism)이 있다. 미국의 전국사회사업가협회에서 간행한 사전에 따르면, 제도적 인종차별은 관료적 구조 속에 들어 있는 것으로서, 특정 인종집단에게 불평등한 결과를 체계적으로 유발하는 정책이나 관행이나 절차를 말한다. 구체적으로 제도적 인종차별은 사회의 주요 제도에 널리 퍼져 있는 인종차별 행위와 정책을 말한다. 이런 주요 제도에는 법제도, 정치제도, 경제제도, 교육제도가 포함된다. 따라서 제도적 인종차별은 구조적 특성을 지니고 있다. 그러므로 제도적 인종차별은 주류 인종집단에게 유리한 방식으로 사회 구조 속에 복잡하게 들어 있는 차별이다. 이런 사회 구조는 주류 인종집단이 소수민족 인종집단을 지배하는 것을 보장하는 사회적 환경으로 이루어져 있다. 그 결과 이런 사회 구조에서 주류 인종집단은 권력과 특권을 가지고 소수민족 인종집단보다 유리한 위치를 차지한다.

(2) 인종에 대한 편견

인종차별은 편견(prejudice)과 관련되는 경우가 많다. 미국의 전국사회사업가협회에서 간행한 사전에 따르면, 편견은 개인이나 집단이나 현상에 대해 일반적인 증거나 체계적인 증거가 없이 제시되는 의견을 말한다(Barker, 2003). 일반적으로 편견은 고정관념(stereotypes)에 근거한 믿음과 부정적 태도가 합쳐진 것이다(Zastrow, 2008).[77] 그리고 편견은 사회의 법령이나 관습의 형태로 제도화될 수 있다.

77) 고정관념은 개인이나 집단이나 사회적 지위에 대해서 미리 판단하는 고정된 생각을 말한다(Barker,

인종과 관련시켜 볼 때, 편견은 인종집단에 대해 부정적으로 미리 판단하는 것을 일컫는다(Zastrow, 2008). 인종에 대해 편견을 가진 사람들의 경우, 다른 인종집단의 모든 구성원이나 거의 모든 구성원에 대해서 미리 정해진 인식에 근거한 고정관념을 적용하고 있다. 인종과 관련된 고정관념에는 인종집단에 대해 고정되고 부정확하고 호의적이지 않은 인식이 포함되어 있다. 일반적으로 인종과 관련된 고정관념을 가진 사람은 인간을 피부색이나 기타 신체적 특징에 따라 구분하는 경향이 있다.

(3) 인종중심주의

인종차별이 나타나는 배경에 인종중심주의(ethnocentrism)가 자리를 잡고 있는 경우가 많다. 인종중심주의는 자신의 문화, 인종집단, 국가가 다른 문화, 인종집단, 국가보다 우월하다고 보는 믿음체계를 말한다. 사실상, 모든 인종집단은 인종중심주의적 의식을 많이 지니고 있다(Barker, 2003; Zastrow, 2008).

4) 다문화가족 아동의 정서문제와 관련된 용어와 논의

(1) 다문화가족

다문화가족 아동의 정서문제와 관련된 주요한 개념으로 다문화가족(multicultural family)을 들 수 있다. 다문화가족은 두 가지 이상의 문화권에서 성장한 가족 구성원을 가진 가족을 말한다.

우리나라의 경우, 다문화가족은 국제결혼을 통해서 형성된 가족을 일컫는다. 우리나라의 다문화가족지원법에 따르면, 다문화가족은 재한외국인 처우 기본법이나 국적법의 규정에 따라 우리나라 국적을 얻은 사람으로 이루어진 가족을 말한다(국가법령정보센터, 2013).

2003). 고정관념은 겉으로 드러난 표면상의 특성에 근거하거나 또는 집단의 일부 구성원에서 보이는 특성을 과도하게 일반화시킨 것에 근거하는 경우가 많다.

▲ 한국민속촌에 대한 설명을 듣는 다문화가족: 다문화가족은 국제결혼을 통해서 형성된 가족을 말한다. 사진: 한국민속촌에서 저자 찍음(자원봉사자로 따라감).

(2) 다문화가족에서 사는 아동의 정서

다문화가족에서 생활하는 아동은 정서적으로 잘 적응하지 못하는 경우가 많다. 다문화가족에서 사는 아동이 정서적으로 잘 적응하지 못하는 원인에는 여러 가지가 있을 수 있다(박주희·남지숙, 2010). 예를 들어 다문화가족의 엄마가 새롭게 이주한 국가의 생활에 적응하는 데 어려움을 겪기 때문에, 일반 가족의 엄마에 비해서 다문화가족의 엄마는 스트레스를 더 많이 경험할 수 있다. 이런 경우에, 다문화가족에서 엄마와 아동 사이의 애착관계가 약해질 수 있는데, 이것은 다문화가족의 아동이 정서적으로 적응하는 데 불리하게 작용할 수 있다.

정 리

- 인종집단은 공통적인 언어·관습·문화를 가진 사회 집단을 말한다. 다문화주의는 문화적·종교적 다양성에 적절히 대응하는 방식과 관련된 정치철학을 말한다. 이주는 한 지역에서 다른 지역으로 이동하는 것을 말한다.
- 문화적응은 어느 문화에 속하는 사람이 다른 문화와 접촉한 결과로 자신의 태도·행동이 변화되는 과정을 말한다. 소수민족 인종집단이 다른 국가로 이주하면 문화적응문제를 겪는다. 동화는 소수민족 인종집단이 주류 인종집단의 문화에 문화적으로 흡수되는 과정을 말하는데, 동화에는 강제적 동화와 자발적 동화가 있다.

- 인종차별은 인종에 대해 차별하는 것을 말하는데, 인종차별에는 개인적 인종차별과 제도적 인종차별이 있다. 인종과 관련시켜 볼 때, 편견은 인종집단에 대해 부정적으로 미리 판단하는 것을 말한다. 인종중심주의는 자신의 문화, 인종집단, 국가가 더 우월하다고 보는 믿음체계를 말한다.
- 다문화가족은 두 가지 이상의 문화권에서 성장한 가족 구성원을 가진 가족을 말하는데, 우리나라에서는 국제결혼을 통해 형성된 가족을 일컫는다. 다문화가족의 아동은 정서적 적응을 잘 하지 못하는 경우가 많다.

제3절 주요 인종문제의 현황

1) 소수민족 인종집단의 문화적응

다른 지역이나 국가로 이주하는 소수민족 인종집단은 새로운 문화에 적응하는 데 어려움을 겪는 경우가 많다. 그러나 인종과 관련된 여러 집단들 중에서 결혼이민 여성은 문화적응문제를 겪을 가능성이 매우 크다.[78] 왜냐하면 다문화가족에서는 서로 다른 문화권에서 살던 사람들이 함께 지내기 때문이다. 특히 우리나라에는 가부장적 문화가 널리 퍼져 있기 때문에, 결혼이민 여성은 가정에서 문화적으로 적응하는 데 어려움을 겪을 수 있다(노병일, 2012).

무엇보다도 결혼이민 여성은 의사소통문제를 겪는 경우가 많으므로, 문화적응문제를 경험할 가능성이 크다. 실제로, 우리나라에 거주하는 결혼이민 여성은 한국어로 의사소통을 할 수 있는 수준이 높지 않은 것으로 조사된 바 있다(김승권 외, 2010).

우리나라에 거주하는 결혼이민 여성이 문화적응문제로 어려움을 겪는 예를 몇 가지 제시하면 다음과 같다(김승권 외, 2010; 장종원, 2013):

78) 우리나라에 거주하는 결혼이민 여성이 겪는 문화적응문제는 '자발적 동화'와 관련된 어려움이라고 볼 수 있다.

① 우리나라에서 결혼이민 여성들을 대상으로 조사한 결과, 우리나라에서 가장 힘든 점으로 꼽은 것은 언어문제, 경제문제, 자녀문제, 문화 차이의 순으로 나타난 바 있다. 언어문제도 문화적응의 중요한 요소임을 고려할 때, 많은 결혼이민 여성이 우리나라에서 생활하는 데 있어 가장 힘든 점으로 문화적응문제를 꼽았음을 알 수 있다.

② 우리나라의 지방에 거주하는 결혼이민 여성들을 대상으로 조사한 결과, 결혼이민 여성들 가운데 약 30%는 우울증을 겪고 있는 것으로 나타났다. 이 경우, 결혼이민 여성에게 우울증을 크게 유발하는 요인은 새로운 문화에 적응하는 것과 관련된 문화적 스트레스로 밝혀진 바 있다.

2) 소수민족 인종집단에 대한 차별

(1) 일반적 현황

(가) 우리나라의 현황

우리나라는 단일민족임을 자랑하는 국가이다. 그러나 이런 자부심은 우리나라에 거주하는 소수민족 인종집단에 대해 인종차별을 유발하는 요인으로 작용하고 있다. 특히 국적이 한국으로 되어 있는데도 외모가 제3세계에서 온 것처럼 보일 때에는, 인종차별을 하는 경우가 많다(Cho, 2012).

실제로 우리나라에서 결혼이민자가 차별을 받았다고 응답한 비율은 낮지 않은 것으로 알려져 있다. 이런 예를 들면 다음과 같다(김승권 외, 2010):

① 우리나라에서 결혼이민 여성들을 대상으로 조사한 결과, 우리나라에서 차별을 받은 경험이 있다고 응답한 여성의 비율은 약 35%로 나타났다.

② 우리나라에서 결혼이민 남성들을 대상으로 조사한 결과, 우리나라에서 차별을 받은 경험이 있다고 응답한 남성의 비율은 약 53%로 나타났다.

(나) 선진국의 현황

선진국의 경우, 소수민족 인종집단에 대한 차별은 과거부터 있어 왔다. 예를 들어 영국의 엘리자베스(Elizabeth) 1세 여왕은 오직 백인만이 국가가 제공하는 복지를 이용할 수 있게 하기 위해서, 흑인을 영국에서 내쫓아 원래의 출신 국가로 강제로 보내라고 명령한 바 있다(Ahmad & Craig, 1999).

그리고 현내의 경우, 인종집단이 많아짐에 따라, 여러 형태의 인종차별을 통해 소수민족 인종집단을 통제하고 있다. 이것은 경제가 발달한 국가에서도 마찬가지이다. 예를 들어 미국의 독립선언문과 미국의 헌법에서는 모든 사람이 평등, 정의, 자유를 누릴 수 있다고 주장하고 있다. 그러나 실제로는, 미국 사회에서 소수민족 인종집단은 항상 차별을 받아 왔다. 그리고 미국의 경우, 인종을 차별하는 관행이 없어졌다고 주장함에도 불구하고, 모든 생활 영역에서 인종차별은 계속되고 있다(Eitzen, Zinn & Smith, 2011; Zastrow, 2008).

(2) 고용 영역에서의 차별

(가) 우리나라의 현황

우리나라에서 소수민족 인종집단은 고용 영역에서 차별을 경험하는 경우가 특히 많다. 우리나라에서 소수민족 인종집단이 고용 영역에서 차별을 경험하는 예를 살펴보면 다음과 같다(Cho, 2012; 김승권 외, 2010):

① 이주 근로자들이 우리나라의 산업에서 중요함에도 불구하고, 이주 근로자에 대한 대우는 좋은 편이 아니다. 실제로, 이주 근로자를 도와주는 기관에 따르면, 이주 근로자에게 임금을 늦게 지불하거나 이주 근로자의 문화를 차별하는 사례가 적지 않은 편이다.

② 우리나라에서 결혼이민 여성들과 결혼이민 남성들을 조사한 결과, 결혼이민 여성과 남성 모두의 경우에 우리나라에서 차별을 가장 크게 받는 장소는 직장과 일터로 나타난 바 있다.

(나) 선진국의 현황

선진국에서도 소수민족 인종집단이 고용 영역에서 차별을 경험하고 있다. 예를 들어 미국의 경우, 백인에 비해서 흑인은 다음과 같은 상황에 있는 것으로 나타나고 있다(Eitzen, Zinn & Smith, 2011):

① 기술 수준이 낮은 일자리에서 일할 가능성이 더 크다.
② 관리직이나 전문직에서 일할 가능성이 더 적다.

또한 주류 인종집단에 비해서 소수민족 인종집단은 노동시장에 참여하지 못하는 경우가 더 많다. 예를 들어 미국의 경우, 백인에 비해서 흑인은 실업 상태에 있을 가능성이 더 크다(Eitzen, Zinn & Smith, 2011).

(3) 기타 영역에서의 차별

소수민족 인종집단은 사업장이나 노동시장 이외의 영역에서도 차별을 경험하는 경우가 많다. 이런 예로 동네와 학교에서 소수민족 인종집단에 속하는 사람들을 받아들이지 않는 것이 있다(Eitzen, Zinn & Smith, 2011). 예를 들어 우리나라에서 결혼이민 여성들과 결혼이민 남성들을 조사한 결과, 결혼이민 여성과 남성 모두는 직장이나 일터 다음으로 차별을 크게 받는 장소가 거리나 동네라고 응답한 바 있다(김승권 외, 2010).

3) 다문화가족 아동의 정서 상태

(1) 다문화가족 아동의 현황

우리나라에 들어오는 결혼이민 여성의 수는 증가하고 있다. 그리고 우리나라에 들어오는 결혼이민 여성은 거의 모두가 우리나라에 정착해서 다문화가족을 구성하고 있다. 그러므로 우리나라에서 다문화가족의 수는 매년 증가하고 있다(설동훈 외, 2009; 황선영·노병일·서은주, 2011). 이에 따라 우리나라에서 다문화가족에서 생활하는 아동의 수도 꾸준히 증가하고 있다.

(2) 다문화가족 아동의 정서 상태

다문화가족의 아동은 차별을 겪는 경우가 많다. 실제로 우리나라의 다문화가족에서 사는 아동들 중에는, 국적이 한국으로 되어 있음에도 외모가 외국인처럼 보이기 때문에 차별을 받는 아동이 많다. 특히 우리나라에서는 민족주의 성향이 강하기 때문에, 다문화가족의 아동을 차별할 가능성이 크다(Cho, 2012; 박주희·남지숙, 2010).

이런 차별은 아동에게 정서문제를 유발할 가능성이 크다. 이런 예를 몇 가지 살펴보면 다음과 같다(Zastrow, 2008; 박주희·남지숙, 2010; 황선영·노병일·서은주, 2011):

① 인종차별을 겪는 아동은 어린 나이부터 자아존중감이나 자기 정체성이 낮아질 가능성이 크다. 실제로 미국에서 인종차별을 겪어 온 흑인 아동은 흑인 인형보다는 백인 인형을 더 좋아하고, 놀이 친구로 흑인보다는 백인을 더 좋아하는 것으로 밝혀졌다.

② 우리나라의 다문화가족에서 사는 아동은 심리적으로 적응하지 못하고 사회적으로 적응하지 못하는 경우가 많다. 실제로 우리나라의 경우, 다문화가족에서 사는 일부 아동은 집단 따돌림을 경험하고, 외모 때문에 놀림을 받고, 대인관계가 소극적이고, 정체성에서 혼란을 겪는 것으로 나타났다.

③ 우리나라의 다문화가족에서 사는 아동은 심리적으로 위축될 가능성이 있다. 예를 들어 서울에서 다문화가족이 많이 사는 구를 대상으로 조사한 결과, 일반 아동에 비해서 다문화가족의 아동은 심리적으로 더 위축되어 있는 것으로 나타났다.

정 리

- 우리나라에서 결혼이민 여성은 문화적응문제를 겪는 편이다.
- 우리나라와 선진국에서 소수민족 인종집단은 여러 영역에서 차별을 받는 편이다.
- 우리나라의 다문화가족 아동은 차별을 경험하는 경우가 많기 때문에, 정서문제를 겪을 가능성이 크다.

제4절 인종문제와 관련된 관점

1) 관점의 구분

그간의 경우, 일부 인종집단이 취약한 상태에 있는 이유를 설명하는 관점으로 결핍(deficiency) 관점, 편견(bias) 관점, 구조적 차별(structural discrimination) 관점이 제시되어 왔다. 각 관점에 대해 좀 더 살펴보면 다음과 같다(Eitzen, Zinn & Smith, 2011).

(1) 결핍 관점

결핍 관점의 경우, 소수민족 인종집단에 속하는 사람들은 일부 중요한 특성이 부족하기 때문에 불평등한 상태에 있다고 보고 있다. 구체적으로 결핍 관점에서는, 소수민족 인종집단에 속하는 사람의 행동과 문화적 특성 때문에 소수민족 인종집단이 취약한 상태에 있다고 보고 있다. 그러므로 결핍 관점에서는 소수민족 인종집단이 어려움을 겪는 원인이 소수민족 인종집단 자신에게 있다고 보고 있다(Eitzen, Zinn & Smith, 2011).

결핍 관점은 다음과 같이 두 가지 형태로 더 구분될 수 있다(Eitzen, Zinn & Smith, 2011):

① 생물학적(biological) 결핍 관점이 있다. 생물학적 결핍 관점은 일부 인종이 열등하다는 점을 예전부터 설명한 관점이다. 생물학적 결핍 관점의 경우, 일부 인종집단은 유전적 특성에 문제가 있기 때문에 열등하다고 주장하고 있다. 따라서 생물학적 결핍 관점에서는, 일부 인종집단은 태어나면서부터 문제가 있기 때문에 열등하다고 본다. 그러므로 생물학적 결핍 관점에서는 지적 능력이 인종집단에 따라 차이가 있다고 보고 있다. 그러나 이런 것이 옳은지에 대해서는 확실한 증거가 나타나고 있지 않다. 실제로 인간 유전자를 과학적으로 연구한 결과, 인종집단들 사이에는 유전적으로 차이가 없는 것으로 나타나고 있다.[79] 따라서 일반 학자들은 생물학적 결핍 관점을 인정하지 않는

경우가 많다.

② 문화적(cultural) 결핍 관점이 있다. 인종집단이 지배를 받는 이유를 설명하는 데 있어, 한 세대에서 다음 세대로 전달되는 특정한 문화적 특성에 주목하는 경우가 많다. 이런 맥락에서 등장한 관점이 문화적 결핍 관점이다. 문화적 결핍 관점의 경우, 소수민족 인종집단은 해당 인종집단이 가진 전통과 관습 때문에 취약한 상태에 있나고 보고 있다. 문화적 결핍 관점에서 주장하는 바를 몇 가지 살펴보면 다음과 같다: ㉠ 주류 인종집단의 문화 및 행동과 비교해 볼 때, 소수민족 인종집단의 문화와 행동은 제대로 기능하지 못한다. ㉡ 소수민족 인종집단은 사회에 있는 기회를 자신에게 유리하게 이용하지 못하기 때문에, 계층 구조에서 하층에 있다.

그러나 문화적 결핍 관점에서는 집단에 서로 다른 방식으로 영향을 미치는 기회의 측면을 무시하고 있다. 그러므로 사회과학자들 중에는 문화적 결핍 관점을 오랫동안 반대한 사람이 많다. 하지만 그럼에도 불구하고, 일부 학자들은 문화적 결핍 관점을 학문적으로 적용하고 있다. 그리고 일반인들도 문화적 결핍 관점에서 인종문제를 바라보는 경우가 있다.

(2) 편견 관점

편견 관점의 경우, 주류 인종집단에 속하는 사람들이 가진 편견적 태도 때문에 소수민족 인종집단이 취약한 상태에 있다고 보고 있다. 따라서 편견 관점에서는, 소수민족 인종집단이 취약한 상태에 있는 이유는 주류 인종집단의 구성원 때문이라고 보고 있다. 구체적으로 편견 관점에서는, 인종차별은 주류 인종집단에 속하는 사람이 '편견을 가진' 행동을 하기 때문에 나타난다고 보고 있다(Eitzen, Zinn & Smith, 2011).

79) 그러므로 생물학적으로 볼 경우, 인종과 같은 것은 존재하지 않는다고 볼 수 있다. 그렇지만 인종을 사회적으로 정의할 경우, 인종은 현실적으로 존재한다.

(3) 구조적 차별 관점

구조적 차별 관점의 경우, 인종에 따른 불평등은 소수민족 인종집단의 문화적 특성 때문에 나타나는 것이 아니라, 사회의 외부에 있는 요인이 제약하기 때문에 나타난다고 보고 있다. 무엇보다도 구조적 차별 관점에서는, 소수민족 인종집단의 취약한 상태는 차별이 제도화되어 있기 때문에 나타난다고 보고 있다.

구체적으로 구조적 차별 관점의 경우, 인종에 따른 불평등이 생기는 근본적인 원인은 인종차별을 유발하거나 유지하게 하는 공적 제도와 관행에 있다고 보고 있다. 따라서 구조적 차별 관점에 따르면, 인종에 따른 불평등은 사람들의 인식 때문에 생기는 것도 아니고, 또한 사람들의 개인적 의도 때문에 생기는 것도 아니다(Eitzen, Zinn & Smith, 2011).[80)]

구조적 차별 관점에 따르면, 인종은 모든 생활 영역에 영향을 미치는 구조적 요인으로 작용하고 있다. 그러므로 구조적 차별 관점에서는, 개인의 '머릿속에 들어있는 인종차별(racism-in-the-head)'에 주목하는 것에서 벗어나서 '세상에 들어 있는 인종차별(racism-in-the-world)'에 주목하는 방향으로 나가고 있다(Eitzen, Zinn & Smith, 2011).

2) 정리

위에서 이미 설명하였듯이, 인종차별에 대한 관점들 중에서 결핍 관점은 현대 사회에서 과학적으로 인정되지 않고 있다. 결핍 관점은 전형적인 '개인(피해자) 비난하기' 관점이다. 그리고 아직도 많은 사람들은 편견 관점에 근거해 인종들 사이의 관계를 바라보고 있다. 그러나 결핍 관점과 마찬가지로, 편견 관점은 구조나 제도에 주목하지 않는 관점이다.

이런 측면에서 볼 때, 현대 사회의 인종문제를 가장 잘 설명하는 것은 구조적

80) 당연히 구조적 차별 관점에서는 결핍 관점과 편견 관점을 비판하고 있다. 왜냐하면 구조적 차별 관점에 따르면, 결핍 관점과 편견 관점 모두는 소수민족을 억압하는 사회제도에 주목하지 않고 있기 때문이다.

차별 관점이다. 그러므로 인종에 대한 편견도 어찌 보면 인종들 사이에 불평등이 실제로 제도적으로 존재하기 때문에 나타난다고 볼 수 있다. 구조적 차별 관점은 '제도 비난하기' 관점을 취한다고 볼 수 있다.

정 리

- 결핍 관점은 소수민족 인종집단에 속하는 사람들은 일부 중요한 특성이 부족하기 때문에 불평등한 상태에 있다고 보는 관점을 말한다. 편견 관점은 주류 인종집단에 속하는 사람들이 가진 편견적 태도 때문에 소수민족 인종집단이 취약한 상태에 있다고 보는 관점을 말한다. 구조적 차별 관점은 인종에 따른 불평등은 사회의 외부 요인이 제약하기 때문에 나타난다고 보는 관점을 말한다.
- 결핍 관점은 개인 비난하기 관점을 보여 주고, 구조적 차별 관점은 제도 비난하기 관점을 보여 준다.

제5절 인종문제의 해결 방안

인종과 관련된 사회문제에 대해 앞에서 제시한 논의와 현황 및 관점에 근거해, 인종문제를 퇴치하거나 완화하기 위한 방안을 몇 가지 제시하면 다음과 같다.

1) 전반적 방안

(1) 사회 구성원에 대한 다문화주의 인식 개선

인종차별은 다문화주의를 받아들이지 않기 때문에 발생하는 경우가 많다. 우리나라에서는 문화의 차이를 인정하려는 의식이 약하고 제3세계 출신의 사람들을 꺼리기 때문에, 우리나라에서는 다문화주의를 받아들이는 것이 어려운 경향이 있다. 그러나 다문화주의는 우리나라에 주어진 엄연한 현실이다. 그러므로 사회의 모든 구성원에게 다문화주의를 더 잘 이해하고 받아들이도록 조처를 취할 필요가 있다.

그리고 이와 더불어, 다문화사회에 제대로 대처하기 위해서, 다른 인종과 문화를 존중하여야 하는 이유와 존중하는 방법을 아동기부터 가르칠 필요가 있다(Cho, 2012). 이것은 인종에 대한 편견이나 이에 따른 차별을 근본적으로 예방하는 방안이기도 하다.

(2) 인종 인지적 실천의 실시

인종 인지적 실천(ethnic-sensitive practice)은 여러 인종집단이 지닌 특별한 능력, 특유의 문화적 역사, 독특한 욕구를 강조하고, 이런 능력·역사·욕구를 존중하는 전문적인 사회복지 실천을 말한다(Barker, 2003). 따라서 인종 인지적 실천의 경우, 다양한 인종집단, 문화집단, 기타 소수집단에 대한 지식을 사회사업 실천을 제공하는 데 지침이 되는 이론과 원칙에 통합시키고자 한다(Zastrow, 2008).

그 결과 인종 인지적 실천을 하는 사회복지사나 전문가는 인종차별에 따른 억압이 인종집단에게 미치는 영향을 철저하게 이해하면서 서비스를 제공한다. 그러므로 다문화사회에서 서비스를 제공하는 데 있어, 인종에 주목하는 인종 인지적 실천을 실시할 필요가 있다.

2) 영역별 방안

(1) 문화적응과 관련된 방안

소수민족 인종집단에 속하는 사람들이 빠르게 문화에 적응하기 위해서는 언어를 포함한 주류 문화를 이해하여야 한다. 그러므로 소수민족 인종집단의 구성원들에게 주류 언어와 문화를 교육하는 프로그램을 실시할 필요가 있다.

물론 우리나라에서도 다문화가족의 여성(결혼이민 여성)이 우리나라 사회에 빨리 적응하고 다문화가족이 안정적으로 생활하게 해 주기 위해서 가족교육, 상담 서비스, 문화 프로그램 등을 제공하고 있다(여성가족부, 2012). 그러나 이런 프로그램을 좀 더 통합적이고 체계적이고 지속적으로 제공할 필요가 있다. 그리고 이 경우에, 소수민족 인종집단의 문화를 존중할 필요가 있다.

(2) 인종차별과 관련된 방안

(가) 소수민족 인종과 관련된 시민권 법령의 제정

인종차별을 막는 중요한 방법은 소수민족 인종집단에 대한 차별을 법적으로 금지하는 것이다. 이렇게 되면 소수민족 인종집단에 대한 차별적 행동이 크게 줄어들 수 있기 때문이다. 그러므로 인종의 측면에 주목하는 정책을 법령에 반영해, 인종과 관련된 차별을 금지하는 법령을 제정할 필요가 있다. 이 경우에, 무엇보다도 소수민족 인종집단과 관련된 시민권 법령을 제정할 필요가 있다.

말할 것도 없이, 시민권 법령을 제정하고 실행한다고 해서 인종에 대해 편견을 가지는 태도가 반드시 바뀌는 것은 아니다. 그러나 이런 법령은 자신과는 다른 인종집단에게 신체적으로 해를 끼치는 것을 방지하거나 망설이게 하는 효과가 있을 수 있기 때문에, 시민권 관련 법령은 중요한 의미를 지닌다(Zastrow, 2008).

(나) 인종차별에 따른 불리함의 보상

사회제도에 존재하는 구조적인 인종차별은 소수민족 인종집단의 기회를 크게 가로막는 걸림돌로 작용한다. 더욱이 이런 걸림돌은 소수민족 인종집단의 다음 세대에까지 영향을 미치는 경우가 많다. 그러므로 소수민족 인종집단이 기회를 얻는 측면에서 불리한 것을 보상하는 조치를 제도적으로 취할 필요가 있다. 이런 조치의 하나로 소수민족 인종집단의 구성원을 더 배려하는 방안이 있다.

■■■ 차별철폐 프로그램 ■■■

소수민족 인종집단의 불리함을 보완하고자 하는 방안의 하나가 미국의 '차별철폐 프로그램(affirmative action program)'이다. 차별철폐 프로그램은 고용 등의 영역에서 소수민족을 더 우대하는 제도를 말한다(Zastrow, 2008).

차별철폐 프로그램을 찬성하는 사람들의 경우, 인종차별이 그대로 있는 사회에서는 차별철폐 프로그램이 필요하다고 주장하고 있다. 즉, 이런 사회에서는 소수민족 인종집단의 구성원이 높은 교육 수준을 이루고 임금이 많은 일자리를 얻을 수 있는 기회를 공정하게 주기 위해 차별철폐 프로그램이 필요하다는 것이다.

(3) 다문화가족 아동의 정서와 관련된 방안

다문화가족에서 생활하는 아동은 정서적 어려움을 경험할 가능성이 크다. 그러므로 정서적으로 어려움을 겪는 다문화가족 아동에게는 상담 서비스를 포함한 전문 서비스를 지속적으로 제공할 필요가 있다. 특히 학교의 담당 교사나 사회복지사는 다문화가족의 아동이 가진 특별한 욕구에 주목하면서 맞춤식 서비스를 제공할 필요가 있다.

정 리 ■■■

- 인종과 관련된 사회문제를 퇴치하기 위해서는 사회 구성원에 대해 다문화주의를 더 잘 이해시키고, 인종 인지적 실천을 실시할 필요가 있다.
- 소수민족 인종집단의 문화적응을 증진하기 위해서는 주류 언어·문화를 교육하는 프로그램을 실시할 필요가 있다.
- 인종차별을 퇴치하기 위해서는 소수민족 인종과 관련된 시민권 법령을 제정하고, 인종차별에 따른 불리함을 보상할 필요가 있다.
- 다문화가족 아동의 정서적 안정을 증진하기 위해서는 맞춤형 전문 서비스를 지속적으로 제공할 필요가 있다.

참고문헌

강희숙·김근조(2000). "일부지역 노인들의 신체적 건강과 우울과의 관련성." 대한보건협회학술지, 26(4): 451-459.

건강보험정책연구원(2011). "최근 5년간 노인우울증 길환지 1.7배 증가." 국민건강보험 보도자료(3월 14일).

고용노동부 여성고용과(2013). "여성 고용동향." http://www.index.go.kr/egams/stts/jsp/potal/stts/PO_STTS_IdxMain.jsp?idx_cd=1497.

구인회(2004). "한국의 빈곤, 왜 감소하지 않는가?: 1990년대 이후 빈곤 추이의 분석." 한국사회복지학, 56(4): 57-78.

국가법령정보센터(2013). http://www.law.go.kr/main.html.

김미숙(2011). "OECD 국가 아동복지수준 비교." 보건·복지 Issue & Focus, 제06호: 1-8.

김수영·이강훈(2009). "이전 소득의 독거노인가구 빈곤경감 효과 비교." 한국노년학, 29(4): 1559-1575.

김수정(2008). "비교 국가적 관점에서 본 한국 여성가구주의 빈곤." 보건사회연구, 28(2): 33-52.

김수현·원승욱·김소임(2002). 서울시 중장기 노숙자 정책 연구. 서울: 서울시정개발연구원.

김승권·김유경·조애저·김혜련·이혜경·설동훈·정기선·심인선(2010). 2009년 전국 다문화가족실태조사 연구. 서울: 보건복지가족부·법무부·여성부·한국보건사회연구원.

김정혜·소라미·윤지영(2011). 여성노동자 직장 내 성희롱 실태조사 및 대안 연구. 서울: 전국민주노동조합총연맹.

김종한(2008). "연도별 노숙인 현황." 보건복지가족부 통계포털.

김현미(2001). "해결중심 집단상담 프로그램이 노숙자의 자기효능, 자아존중감, 우울과 희망에 미치는 효과." 정신간호학회지, 10(4): 629-644.

김혜영·변화순·윤홍식(2008). "여성의 이혼과 빈곤 - 직업과 소득의 변화를 중심으로." 가족과 문화, 20(2): 37-63.

김혜영·석말숙(2002). "아동기 학대적 경험이 자녀 학대에 미치는 영향력에 대한 연구: 개인특성 및 가족관계의 매개효과를 중심으로." 한국아동복지학, 16권: 71-97.

김형수(2002). "경제와 노인고용." 유성호·모선희·김형수·윤경아. 2002. 노인복지론(제2판). 서울: 아시아미디어 리서치. 7장.

노대명·황덕순·원일·이은혜(2007). 근로빈곤층 국제비교 연구: 실태와 정책을 중심으로. 서울: 한국보건사회연구원.

노병일(2008). 현대 산업복지론. 경기: 공동체.

______(2012). 아동복지론(제2판). 경기: 공동체.

______(2013). "문학을 통한 사회문제 이해(2): 아더 밀러의 『세일즈맨의 죽음』에 나타난 불안정한 고용과 직무 스트레스." 호서문학, 51호: 72-94.

______(2013). 빈곤론. 경기: 양서원.

노병일 · 김은이(2007). "노인의 사회적 배제와 이에 따른 케어복지적 함의." 대한케어복지학회, 7호: 5-19.

노병일 · 모선희(2007). "사회적 지지의 수준과 차원이 노인 우울에 미치는 영향." 한국노년학, 27(1): 53-69.

노병일 · 심희숙(2009). "사회자본 구축을 통한 노인케어 증진 방안으로서의 세대통합 프로그램에 관한 탐색적 연구." 대한케어복지학, 11: 65-85.

노병일 · 오영선(2005). 지역 노인의 사회적 지지와 우울. 서울: 도서출판 다운샘.

노병일 · 윤경아(2004). 주거 빈곤층의 삶과 터전. 서울: 도서출판 다운샘.

동아일보(2013). "노숙인 90% 이상 각종 질환에 시달려." 동아일보 5월 1일.

마약류대책협의회(2013a). "마약류 소개." http://team.mw.go.kr/drug/contents/contents _view.jsp?content=whatis/whatis01_01&menu_cd=D_02_01_01.

______________(2013b). "실태와 역사." http://team.mw.go.kr/drug/contents/contents_view.jsp?content=history/history01_01&menu_cd=D_03_01.

______________(2013c). "약물남용." http://team.mw.go.kr/drug/contents/contents_view.jsp?content=whatis/whatis02_01&menu_cd=D_02_02.

______________(2013d). "청소년코너." http://team.mw.go.kr/drug/contents/contents_ view.jsp?content=prevent/prevent05_01&menu_cd=D_05_05.

모선희(2003). "노화에 관한 제반 이론 연구." 공주대학교 대학원 노인복지학 자료집.

박주희 · 남지숙(2010). "다문화아동의 언어발달과 심리사회적 적응." 한국청소년연구, 21(2): 129-152.

배진희(2011). "노인 자살에 대한 심리사회적 자원의 완충효과에 관한 연구." 사회연구, 21(1): 39-67.

보건복지부(2012). "어린이집 시설수 및 아동수 현황." http://www.index.go.kr/egams/stts/jsp/potal/stts/PO_STTS_IdxMain.jsp?idx_cd=1583.

보건복지부 건강영양조사과(2013). "월간 음주율과 현재 흡연율." http://www.index.go.kr/egams/stts/jsp/potal/stts/PO_STTS_IdxMain.jsp?idx_cd=2771.

보건복지부 기초생활보장과(2012). "최저생계비 및 빈곤율 추이." http://www.index.go.kr/egams/stts/jsp/potal/stts/PO_STTS_IdxMain.jsp?idx_cd=2762&bbs=INDX_001.

보건복지부 노인정책과(2010). "노인 13.8%, 학대받은 적 있다." 보건복지부 보도자료(6월 15일).

보건복지부 장애인정책과(2012). "장애인 현황." http://index.go.kr/egams/stts/jsp/potal/stts/PO_STTS

_IdxMain.jsp?idx_cd=2768.

서동우(2002). "노숙자 의료지원 정책방안." 보건복지포럼, 11월: 51-64.

설동훈 · 서문희 · 이삼식 · 김명아(2009). 다문화가족의 중장기 전망 및 대책 연구: 다문화가족의 장래인구추계 및 사회 · 경제적 효과분석을 중심으로. 보건복지가족부.

시모다이라 요시히로(下平好博)(2006). "일본 노동시장의 서비스화와 세계화 - 오사카 사례를 중심으로." 이혜경 · 다케가와 쇼고 편. 한국과 일본의 복지국가레짐 비교: 사회보장 · 젠더 · 노동시장을 중심으로. 서울: 연세대학교 출판부. pp. 221-258).

엘파소한인신문(2010). "한국자살률, OECD중 최고." 엘파소한인신문, 5월: 9.

여성가족부(2012). "다문화가족 지원." http://www.mogef.go.kr/korea/view/policyGuide/policyGuide06_04_01.jsp.

여성가족부 가족지원과(2012). "한부모가구 비율." http://www.index.go.kr/egams/stts/jsp/potal/stts/PO_STTS_IdxMain.jsp?idx_cd=1578&bbs=INDX_001.

__________________(2013). "한부모가족, 고립된 양육과 생계의 어려움으로 이중고." 여성가족부.

여성가족부 권익지원과(2012). "공공기관의 여성 성희롱 피해자, 92.9%가 그냥 참아." 여성가족부 보도자료.

여성가족부 여성정책과(2011). 2010년도 여성정책 연차보고서. 여성가족부.

원정숙(2001). "쉼터노숙자와 무거주노숙자의 가족지지, 자존감 및 삶의 만족도에 관한 연구." 정신간호학회지, 10(1): 12-30.

유수정 · 김현숙 · 한규량(2002). "재가노인의 신체적 건강, 자아존중감, 사회적지지 및 보건복지욕구 조사: 치매 및 우울의심노인과 정상노인의 비교를 중심으로." 한국노년학, 22(3): 115-133.

유채영 · 신원우(2000). "알코올의존 노숙자와 일반 노숙자의 사회심리적 특성 및 서비스 욕구에 관한 비교 연구." 정신보건과 사회사업, 10집: 113-142.

유엔아동권리협약 한국NPO연대(2010). 제3 · 4차 유엔아동권리협약 민간보고서. 서울: 유엔아동권리협약 한국NPO연대.

윤경아 · 노병일(2005). "도시 노숙자의 삶의 질 예측 요인." 한국사회복지학, 57(1): 219-243.

이선우 · 김성희 · 임정기 · 권선진 · 유동철 · 이계재(2001). 장애유형별 고용현황과 직업재활방안. 서울: 한국보건사회연구원.

이승출(2012). "청소년의 가정폭력 노출경험과 학교폭력에 관한 연구." 청소년문화포럼, 29권: 116-135.

이시경(2013). "OECD 국가 중 노인 복지 지출 비중 · 빈곤율 순위 - 유럽 국가들 '와우'…한국은 열악." 한경BUSINESS, 901호(3월13일): 16.

이일표(2011). "약물 오남용 사망자 교통사고보다 많다." 미주한국일보. 9월 18일.

이주희 · 김영미 · 우명숙 · 전병유 · 최은영 · 소마나오코(2010). 여성 고용률 제고를 위한 선진국 시간제 근로자 실태 연구. 서울: 노사발전재단.

이진희 · 권영은(2012). "가출 청소년 20만 명, 경찰 통계엔 3만 명뿐." 한국일보. 11월 19일.

이창식 · 정미나 · 김윤정(2012). "중 · 고등학생 학교급에 따른 청소년 자살생각의 예측요인: 의사결정나무분석의 적용." 한국청소년연구, 23(1): 31-55.

이창욱(2013). "노인의 우울증." http://www.kagp.or.kr/caller/intro_tab02.html.

이평숙 · 이용미 · 임지영 · 황라일 · 박은영(2004). "노인의 스트레스, 사회적 지지와 우울간의 관계." 대한간호학회지, 34(3): 477-484.

이태진(2002). "노숙자 지원정책의 구조와 방향." 보건복지포럼, 11월: 6-18.

장종원(2013). "결혼이주여성 10명 중 3명은 우울증..일반인의 4배." 이데일리. 1월 14일.

정봉근(2010). "미국 놀이동산 장애인 접근성 놀라워." 에이블뉴스. 10월 24일.

정윤경 · 원경림 · 최지현(2012). "가정폭력이 청소년 가출에 미치는 영향과 유해업소 출입의 매개효과." 청소년학연구, 19권 12호: 159-179.

정진경(2004). "공공부조수급자의 「일에 대한 태도」 척도 개발." 한국사회복지학, 56(3): 207-225.

조동찬(2012). "마약중독자 30만 명…인터넷 구매 여전히 무방비." SBS 뉴스 6월 2일.

중앙노인보호전문기관(2013). "노인학대." http://noinboho.or.kr/index.html.

중앙아동보호전문기관(2007). "아동학대." http://korea1391.org.

진달래(2012). "흡연율 39.7% 세계 1위 '골초' 국가는?" FoxMoney. 2월 10일.

최지훈 · 이준호(1999). "서울도심주변 쪽방지역 연구: 쪽방지역의 토지이용 · 건축물관리 현황을 중심으로." 도시연구. 5호: 20-36.

통계청 사회통계국(2012). "2011년 혼인 · 이혼통계." http://kostat.go.kr.

통계청 · 여성가족부(2013). "2013 청소년 통계." 5월 2일(보도자료).

통계포털(2013). "주요지표 100선." http://stat.mw.go.kr/front/statData/majorIdctList.jsp?menuId=17.

한겨레(2012). "한국, 자살률 8년째 1위… 10년 새 141% 증가." 한겨레. 9월 9일,

한국장애인고용공단 고용개발원(2011). 2011 장애인통계. 경기도 성남: 한국장애인고용공단.

한국정보진흥원(2012). 2011년 인터넷중독 실태조사. 서울: 한국정보진흥원.

홍진표(2011). 대한민국 자살현황 연간보고서. 서울: 자살예방협회.

황선영 · 노병일 · 서은주(2011). 2010년 강서구 다문화가족 실태 심층조사 연구. 서울: 강서구청.

홍백의 · 김혜연(2007). "빈곤의 여성화(feminization of poverty): 경향 및 원인." 한국사회복지학, 59(3): 125-146.

Abramovitz, Mimi(2004). "Ideological Perspectives and Conflicts.". In *The Dynamics of Social Welfare Policy*, authored by Joel Blau. New York: Oxford University Press.

Alcock, Pete(1997). *Understanding Poverty* (2nd ed). Hampshire, UK: MacMillan.

Alcock, Pete, A. Erskine, and M. May. eds.(1999). *The Student's Companion to Social Policy*. Oxford, UK: Blackwell.

American Association of Suicidology(2011). "Survival after Suicide Fact Sheet." http://www.suicidology.org/c/document_library/get_file?folderId=262&name=DLFE-533.pdf.

American Association of Suicidology(2010a). "Elderly Suicide Fact Sheet Based on 2010 Data." http://www.suicidology.org/c/document_library/get_file?folderId=262&name=DLFE-624.pdf.

American Association of Suicidology(2010b). "Facts about Suicide and Depression Based on 2010 Data." http://www.suicidology.org/c/document_library/get_file?folderId=262&name=DLFE-622.pdf.

American Civil Liberties Union(2007). "Domestic Violence and Homelessness." www.aclu.org.

American Psychological Association(2013). "Single Parenting and Today's Family." http://www.apa.org/helpcenter/single-parent.aspx.

Andersen, Kirsten(2013). "The Number of US Children Living in Single-Parent Homes Has Nearly Doubled in 50 Years." *LifeSiteNews*, January 4.

Andersen, M. L.(2000). *Thinking about Women: Sociological Perspectives on Sex and Gender* (5th ed). Needam Heights, MA: Allyn and Bacon.

Anonymous (2010). "Un Quart des Européens Menacés de Pauvreté ou d'Exclusion Sociale." *Les Echos*, December 14: 18.

Anonymous(1997). "The Growth of the World's Urban Poor." *Challenge*, 40(1): 69-71.

Atchley, Robert C.(2000). *Social Forces and Aging: An Introduction to Social Gerontology* (9th ed). Belmont, CA: Wadsworth.

Auster, C. J.(1996). *The Sociology of Work: Concepts and Cases*. Thousand Oaks, CA: Pine Forge.

Ayalon, O. and A. Flasher(1993). *Chain Reaction: Children and Divorce*. London: Jessica Kingsley.

Barker, Robert L.(2003). *Social Work Dictionary* (5th ed). Washington D.C.: NASW Press.

Barnard, Helen and Claire Turner(2011). *Poverty and Ethnicity: A Review of Evidence*. York, UK: Joseph Rowntree Foundation.

Barnes, C.(1999). "Institutional Discrimination against Disabled People and the Campaign for Anti-discrimination Legislation." In *Critical Social Policy: Social Policy and Social Relations*, edited by D. Taylor. London: Sage.

Barnes, H. and S. Baldwin(1999). "Social Security, Poverty, and Disability." In *Introduction to Social Security*, edited by J. Ditch. London: Routledge.

Bassuk, Ellen L., John C. Buckner, Linda F. Weinreb, Angela Browne, Shari S. Bassuk, Ree Darson, and Jeniffer N. Perloff(1997). "Homelessness in Female-Headed Families: Childhood and Adult Risk and Protective Factors." *American Journal of Public Health*, 87(2): 241-248.

Bastos, Amélia(2008). "Child Poverty - A Multidimensional Measurement." Paper presented at the International Workshop on Impact of Poverty and Social Exclusion on Children's Lives and their

Well-being. Bratislava, Slovakia.

Brandwein, Ruth A.(2011). "Women: Overview." In Volume 4 of *Encyclopedia of Social Work* (20th ed). Washington D.C. and New York: NASW Press and Oxford University Press.

Bridgeland, John M., John J. DiIulio, Jr., and Karen Burke Morison.(2006). *The Silent Epidemic: Perspectives of High School Dropouts*. Washington, D.C.: Civic Enterprises.

Brooks-Gunn, J.(1995). "Strategies for Altering the Outcomes of Poor Children and Their Families." In *Escape from Poverty: What Makes a Difference for Children?*, edited by P. L. Chase-Lansdale and J. Brooks-Gunn. Cambridge, UK: Cambridge University Press.

Brody, Simeon(2007). "Life Getting Worse for Third of Old People, Report Finds." *Community Care*, June 14: 9.

Calasans, Arthur(2011). "10 Facts on Disability." http://www.who.int/features/factfiles/disability/en/index.html.

Garcia, Manuel B.(1994). *Social Problems in the Philippine Context*. Manila, Philippines: National Book Store Inc.

Caritas Europa(2010). "Poverty in Europe: Background Information and Methods for Youth." http://www.caritas-europa.org/module/FileLib/ZeroPovertyPartCENv19.pdf.

Carr, Deborah(2010). "Golden Years?: Poverty Among Older Americans." *Contexts*, Winter: 62-63.

Cawthorne, Alexandra(2008). "Elderly Poverty: The Challenge Before Us." Center for American Progress. http://www.americanprogress.org/issues/2008/07/elderly_poverty.html.

Centers for Disease Control and Prevention(U.S.)(2013a). "Marriage and Divorce." http://www.cdc.gov/nchs/fastats/divorce.htm.

Centers for Disease Control and Prevention(U.S.)(2013b). "National Marriage and Divorce Rate Trends." http://www.cdc.gov/nchs/nvss/marriage_divorce_tables.htm.

Chafel, Judith A. and Kathryn Gold Hadley(2001). "Poverty and the Well-Being of Children and Families." In *Handbook of Clinical Child Psychology*, edited by C. Eugene Walker and Michael C. Roberts. New York: John Wiley & Sons.

Cheal, D.(1999). *New Poverty: Families in Postmodern Society*. Westport, CT: Praeger.

Children and Teens First(2011). "Effects of Family Violence on Children." http://www.chatfirst.com.au/parents/04_4_effectsoffv.php.

Cho, May(2012). "Discrimination Against Multicultural Families, Bi-Ethnic Children and Foreign Immigrant Workers." *Human Rights Monitor - Korea* July 19.

Chosunilbo(2012). "Proportion of Working Poor on the Rise." *Chosunilbo* (English Edition) June 14.

Click, P. M.(1998). *Caring for School-Age Children* (2nd ed). Albany, NY: Delmar Press.

Cohen, Neil A. and Carlos Sosa(2000). "The Year 2000 and Beyond: Summary and Future Directions." In *Child Welfare: A Multicultural Focus*, edited by Neil A. Cohen. Needham Heights, MA: Allyn and Bacon.

Coleman, James William and Donald R. Cressey(1999). *Social Problems* (7th ed). New York: Longman.

Corcoran, M., G. J. Duncan, and M. S. Hill(1986). "The Economic Fortunes of Women and Children: Lessons from the Panel Study of Income Dynamics." In *Women and Poverty*, edited by B. C. Gelpi, N. C. M. Hartsock, C. C. Novak, and M. H. Strober. Chicago, IL: University of Chicago Press.

Cortese, Anthony J.(2004). *Walls and Bridges: Social Justice and Public Policy*. Albany, NY: State University of New York Press.

Cousins, C.(1999). *Society, Work and Welfare in Europe*. London: MacMillan.

Crisp, Richard and Del Roy Fletcher(2008). *A Comparative Review of Workfare Programmes in the United States, Canada and Australia*. Department for Work and Pensions Research Report No 533.

Crosson-Tower, Cynthia(2004). *Exploring Child Welfare: A Practical Perspective* (3rd ed). Boston, MA: Allyn and Bacon.

Curran, Daniel J. and Claire M. Renzetti(2000). *Social Problems: Society in Crisis* (5th ed). Needham Heights, MA: Allyn and Bacon.

Daly, Gerald(1996). *Homeless: Policies, Strategies, and Lives on the Street*. London: Routledge.

Danziger, Sandra K. and Karen M. Staller(2011). "Social Problems." In Volume 4 of *Encyclopedia of Social Work* (20th ed). Washington DC. and New York: NASW Press and Oxford University Press.

Davidson, Tish(2006). "Single-Parent Families." *Gale Encyclopedia of Children's Health* (on-line). http://www.answers.com/topic/single-parent-families.

Day, Phyllis. J.(2009). *A New History of Social Welfare* (6th ed). Boston, MA: Pearson Education Inc.

De Anda, Diane and Todd Franke(2011). "Adolescents: Overview." In Volume 1 of *Encyclopedia of Social Work* (20th ed). Washington D.C. and New York: NASW Press and Oxford University Press.

Deleeck, H., K. Bosch, and L. Lathouwer(1992). *Poverty and the Adequacy of Social Security in the EC*. Hampshire, UK: Avebury.

Dex, S. and C. Phillipson(1986). "Social Policy and the Older Worker." In *Ageing and Social Policy: A Critical Assessment*, edited by C. Phillipson and A. Walker. London: Gower.

DiNitto, Daina M.(2007). *Social Welfare: Politics and Public Policy* (6th ed). Boston, MA: Pearson.

Downs, S. W., E. Moore, E. J. McFadden, and L. B. Costin(2000). *Child Welfare and Family Services: Policies and Practice* (6th ed). Boston, MA: Allyn and Bacon.

Drenth, A. V., K. Trudie, and J. Lewis(1999). "Sources of Income for Lone Mother Families: Policy

Changes in Britain and The Netherlands and the Experiences of Divorced Women." *Journal of Social Policy*, 28(4): 619-641.

Durkheim, Emile. (Translated by J. A. Spaulding and G Simpson).(1951). *Suicide: A Study in Sociology*. New York: The Free Press.

Eardley, Tony, Jonathan Bradshaw, John Ditch, Ian Gough, and Peter Whiteford(1996). *Social Assistance in OECD Countries: Synthesis Report*. Paris: HMSO.

Economist(2000). "Poverty in America." *Economist* (May, 20): 27-29.

Eitzen, D. S., Maxine B. Zinn, and Kelly E. Smith(2011). *Social Problems* (12th ed). Boston, MA: Allyn and Bacon.

Elsberry, Richard B.(2006). "Creating a Drug- and Alcohol-free Workplace." *Electrical Apparatus*, 59(7): 34-35.

Elwan, A.(1999). *Poverty and Disability: A Survey of the Literature*. Washington D.C.: World Bank.

Encyclopædia Britannica(2013a). "Alcoholic Beverage." http://global.britannica.com/EBchecked/topic/13435/alcoholic-beverage.

Encyclopædia Britannica(2013b). "Chemical Dependency." http://www.britannica.com/EBchecked/topic/108632/chemical-dependency.

Encyclopædia Britannica(2013c). "Ethnic Group." http://www.britannica.com/EBchecked/topic/194248/ethnic-group.

Encyclopædia Britannica(2013d). "Divorce." http://global.britannica.com/EBchecked/topic/166749/divorce.

Encyclopædia Britannica(2013e). "Smoking." http://global.britannica.com/EBchecked/topic/550049/smoking.

Fogel, Sondra J.(2011). "Sexual Harassment." In Volume 4 of *Encyclopedia of Social Work* (20th ed). Washington D.C. and New York: NASW Press and Oxford University Press.

Franke, Todd and Diane de Anda(2011). "Adolescents: Demographics and Social Issues." In Volume 1 of *Encyclopedia of Social Work* (20th ed). Washington D.C. and New York: NASW Press and Oxford University Press.

Freedenthal, Stacey(2011). "Suicide." In Volume 4 *of Encyclopedia of Social Work* (20th ed). Washington DC. and New York: NASW Press and Oxford University Press.

Garner, Steve and Gargi Bhattacharyya(2011). *Poverty, Ethnicity and Place*. York, UK: Joseph Rowntree Foundation.

Gilbert, Neil and Paul Terrell(2005). *Dimensions of Social Welfare Policy* (6th ed). Boston, MA: Pearson Education.

Ginsburg, M.(1993). "Sweden: The Social-Democratic Case." In *Comparing the Welfare States: Britain in International Context*, edited by A. Cochrane and J. Clarke. London: Sage.

Ginzler, Joshua Aaron and Ana Mari Cauce(2000). "Homelessness." In Volume 4 of *Encyclopedia of Psychology*, edited by A. E. Kazdin, New York: American Psychological Association and Oxford University Press.

Glass Ceiling Commission(n.d.). *Good for Business: Making Full Use of the Nation's Human Capital.* Washington, D.C.: Federal Glass Ceiling Commission.

Gordon, M.(1994). *Social Security Policies in Industrial Countries*. New York: Cambridge University Press.

Gustavsson, N. S. and E. A. Segal(1994). *Critical Issues in Child Welfare*. Thousands Oaks, CA: Sage.

Hagger-Johnson, Gareth, Steven Bell, Annie Britton, Noriko Cable, Mark Conner, Darren Shickle, Nicola Shelton, and Bridgette M. Bewick(2013). "Cigarette Smoking and Alcohol Drinking in a Representative Sample of English School Pupils: Cross-Sectional and Longitudinal Associations." *Preventive Medicine*, 56: 304–308.

Hahn, Judith A., Margot B. Kushel, David R. Bangsberg, Elise Riley, and Andrew R. Moss(2006). "The Aging of the Homeless Population: Fourteen-Year Trends in San Francisco." *Journal of General Internal Medicine*, 21(7): 775-778.

Hammond, Cathy, Dan Linton, Jay Smink, and Sam Drew(2007). *Dropout Risk Factors and Exemplary Programs: A Technical Report*. Clemson, SC and Alexandria, VA: National Dropout Prevention Center/Network and Communities In Schools, Inc.

Hasenfeld, Y.(1996). "The Administration of Human Services - What Lies Ahead?" In *Future Issues for Social Work Practice*, edited by P. R. Raffoul and C. A. McNeece. Needam Heights, MA: Allyn and Bacon.

Hawton, Keith, Kate E. Saunders, and Rory C. O'Connor(2012). "Suicide 1: Self-Harm and Suicide in Adolescents." *The Lancet* Vol. 379 No. 9834: 2373-2382.

Hawton, Keith and Kees van Heeringen(2009). "Suicide." *The Lancet* Vol. 373 No. 9672: 1372-1381.

Henslin, James M.(2008). *Social Problems: A Down-to-Earth Approach* (8th ed). Needham Heights, MA: Allyn and Bacon.

Hill, M. and K. Tisdall(1997). *Children and Society*. London: Longman.

Hussey, David L.(2011). "Adolescents: Practice Interventions." In Volume 1 of *Encyclopedia of Social Work* (20th ed). Washington D.C. and New York: NASW Press and Oxford University Press.

Hwang, Stephen W.(2002). "Is Homelessness Hazardous to Your Health?: Obstacles to the Demonstration of a Casual Relationship." *Canadian Journal of Public Health*, 93(6): 407-410.

International Labor Organization(ILO)(2013). "Disability and Work." http://www.ilo.org/global/topics

/skills-knowledge-and-employability/disability-and-work/lang--en/index.htm.

Jaumotte, Florence(2005). "Women and Work: Resolving the Riddle." *The OECD Observer* Issue 248: 12-14.

Johnson, Alice K.(1995). "Homelessness." In Volume 2 of *Encyclopedia of Social Work* (19th ed), edited by R. L. Edwards et al. Washington D.C.: NASW Press.

Johnson, Harold E.(1988). "Older Workers Help Meet Employment Needs." *Workforce*, 67(5): 100-105.

Kasper, Judith D., Margaret E. Ensminger, Kerry M. Green, Kate E. Fothergill, Hee-Soon Juon, Judith Robertson, and Roland J. Thrope(2008). "Effects of Poverty and Family Stress over Three decades on the Functional Status of Older African American Women." *The Journals of Gerontology: Series B: Psychological Sciences and Social Sciences*, 63B(4): 201-210.

Kattoulas, Vwlisarios(2000). "Social Safety Net: Through the Crack." *Far Eastern Economic Review* (March 23): 40-42.

Ketteringham, Kristin(2007). "Single Parent Households - How Does it Affect the Children?" http://voices.yahoo.com/single-parent-households-does-affect-children-422927.html.

Kim, Yoo-Ra, Kyoung Ho Choi, Youngmin Oh, Hae-Kook Lee, and Yong-Sil Kweon(2011). "Elderly Suicide Attempters by Self-Poisoning in Korea." *International Psychogeriatrics*, 23(6): 979-985.

Korea Times(2012). "Suicide Leading Cause of Korean Youth Deaths: Report." *Korea Times*, May 2.

Kutcher, Stan, Mary Jane Hampton, and Jeffrey Wilson(2010). "Child and Adolescent Mental Health Policy and Plans in Canada: An Analytical Review." *Canadian Journal of Psychiatry*, 55(2): 100-107.

Kymlicka, Will(2012). *Multiculturalism: Success, Failure, and the Future*. Washington, D.C.: Migration Policy Institute.

Lanez, Émile(2001). "Divorce: Comment Épargner les Enfants?" *Le Point*, 1507 (3 Août): 38-44.

Lasch, L.(1972). "Toward a Theory of Post-industrial Society." In *Politics in the Post-Welfare State*, edited by M. Hancock and G. Sjoberg. New York: Columbia University Press.

Lewis, Jane(1999). "Feminist Perspectives." In *The Student's Companion to Social Policy*, edited by P. Alcock, A. Erskine, and M. May. Oxford, UK: Blackwell.

Logan, Sadye L. M.(2011). "Family." In Volume 2 of *Encyclopedia of Social Work* (20th ed). Washington D.C. and New York: NASW Press and Oxford University Press.

Loughlin, Agnes(2004). "Depression and Social Support: Effective Treatments for Homebound Elderly Adults." *Journal of Gerontological Nursing*, 30(5): 11-15.

Lustig, Dan and Dave Strauser(2004). "Poverty and Disability." *Journal of Rehabilitation*, 70(3): 3-4.

Mackelprang, Romel W.(2011). "Disability: Overview." In Volume 2 of *Encyclopedia of Social Work* (20th ed). Washington D.C. and New York: NASW Press and Oxford University Press.

Magill, R. S.(1989). "United States of America." In *Social Welfare in Developed Market Countries*, edited by J. Dixon and R. P. Scheurell. London: Routledge.

Maxwell, Annette E.(2002). "Acculturation." In *Encyclopedia of Public Health*, www.enotes.com/acculturation-reference/acculturation-172816.

McLoyd, V. C.(2000). "Childhood Poverty." In Volume 6 of *Encyclopedia of Psychology*, edited by A. E. Kazdin. Washington D.C. and New York: American Psychological Association and Oxford University Press.

Medeiros, Marcelo and Joana Costa(2008). "Is There a Feminization of Poverty in Latin America?" *World Development*, 36(1): 115-127.

Miller, Arthur(1949). *Death of a Salesman*. YBM Si-sa 역. 2007. 『세일즈맨의 죽음』. 서울: YBM Si-sa.

Mingione, E.(1996). "Urban Poverty in the Advanced Industrial World: Concepts, Analysis and Debates." In *Urban Poverty and the Underclass*, edited by E. Mingione. Oxford, UK: Blackwell.

Mogull, Robert G.(2007). "Metropolitan Poverty: The Case of New York City." *American Economist*, 51(1): 85-96.

Mooney, Linda A., David Knox, and Caroline Schacht(2000). *Understanding Social Problems* (2nd ed). Belmont, CA: Wadsworth.

Morrow, V.(1999). "Conceptualising Social Capital in Relation to the Well-Being of Children and Young People: A Critical Review." *Sociological Review*, 47(4): 744-765.

NASP(National Association of School Psychologists)(2013). "Preventing Youth Suicide - Tips for Parents and Educators." NASP Resources. http://www.nasponline.org/resources/crisis_safety/suicideprevention.aspx.

National Center for Injury Prevention and Control(2013). *Essentials for Childhood: Steps to Create Safe, Stable, and Nurturing Relationships*. Atlanta, GA: Centers for Disease Control and Prevention.

National Coalition Against Domestic Violence(NCADV)(2007). "Domestic Violence Facts." http://www.ncadv.org/files/DomesticViolenceFactSheet(National).pdf.

National Coalition for the Homeless(NCH)(2003). "People Need Livable Incomes." www.nationalhomeless.org/facts/income.pdf.

New York Times(NYT)(2012). "Suicide and Suicidal Behavior." *New York Times*, December 26.

Nisbet, Robert(1971). "The Study of Social Problems." In *Contemporary Social Problems* (3rd ed), edited by R. K. Merton and R. Nisbet. New York: Harcourt Brace Jovanovich.

NewsRx Health(2013). "St. Michael's Hospital: Exploring the Link between Traumatic Brain Injury and People Who Are Homeless." *NewsRx Health*, April 7: 37.

OECD(Organisation for Economic Co-operation and Development)(2008). *Are We Growing Unequal?*

Paris, France: OECD Publishing.

OECD(Organisation for Economic Co-operation and Development)(2001). *The DAC Guidelines: Poverty Reduction*. Paris, France: OECD Publishing.

Ontario Minister of Community and Social Services(2008). "Understanding Barriers to Accessibility." http://www.mcss.gov.on.ca/en/mcss/programs/accessibility/understanding_accessibility/understanding_barriers.aspx.

Orshansky, M.(1993). "Measuring Poverty." *Public Welfare,* Winter: 27-28.

Palmer, Rohan H. C., Valerie S. Knopik, Soo Hyun Rhee, Christian J. Hopfer, Robin C. Corley, Susan E. Young, Michael C. Stallings, and John K. Hewitt(2013). "Prospective Effects of Adolescent Indicators of Behavioral Disinhibition on DSM-IV Alcohol, Tobacco, and Illicit Drug Dependence in Young Adulthood." *Addictive Behaviors*, 38: 2415–2421.

Paul, Jane Scott(2012). "Why Do Women Still Have to Choose between Careers and Families?" *The Guardian*, December 2.

Pavia, Will(2013). "Success Story of Vagrant Who Gave Back Precious Ring Beggars Belief." *The Times*, March 26: 33.

Payne, Maxwell(2007). "The Most Frequent Cause of Divorce." http://voices.yahoo.com/the-most-frequent-cause-divorce-444501.html.

Pauls, Elizabeth Prine(2013). "Assimilation." In *Encyclopaedia of Britannica*, http://www.britannica.com/EBchecked/topic/39328/assimilation.

Perkins, K.(1992). "Psychosocial Implications of Women and Retirement." *Social Work*, 37(6): 526-532.

Pierson, John.(2002). *Tacking Social Exclusion*. London: Routledge.

Pieters, Danny.(2006). *Social Security: An Introduction to the Basic Principles* (2nd ed). Hague, The Netherlands: Kluwer Law International.

Rae, Helen, Karen McKenzie, and George Murray(2010). "Health Care Workers' Knowledge of Current Child Protection Legislation and Child Discipline Practices." *Child Abuse Review*, 19: 259-272.

Rank, Mark R.(2008)(2011). "Poverty." In Volume 3 of *Encyclopedia of Social Work* (20th ed). Washington DC. and New York: NASW Press and Oxford University Press.

Rector, Robert E. and Kirk A. Johnson (2004). *Understanding Poverty in America*. Washington, D.C.: The Heritage Foundation.

Redden, Geri(2013). "Violence in the Family." http://www.nacoa.net/famviol.htm.

Reddy, Sudeep(2013). "Who Makes Up the 'Working Poor' in America?" *The Wall Street Journal*, April 11.

Rejda, George. E.(1999). *Social Insurance and Economic Security* (6th ed). Uppler Saddle River, NJ: Prentice-Hall.

Robinson, N. C.(1985). "Supplemental Services for Families and Children." In *A Handbook of Child Welfare: Context, Knowledge, and Practice*, edited by J. Laird and A. Hartman. New York: Free Press.

Robson, William A.(1976). *Welfare State and Welfare Society: Illusion and Reality*. London: George Allen and Unwin.

Rose, Steven R. and Marian F. Fatout.(2003). *Social Work Practice with Children and Adolescents*. Boston, MA: Allyn and Bacon.

Ross, Catherine E.(2000). "Neighborhood Disadvantage and Adult Depression." *Journal of Health and Social Behavior*, 41(2): 177-187.

Rubin, Marilyn Marks and John R. Bartle.(2005). "Integrating Gender into Government Budgets: A New Perspective." *Public Administration Review*, 65(3): 259-272.

Rubington, Earl and Martin S. Weinberg(1995). *The Study of Social Problems: Seven Perspectives* (5th ed). New York: Oxford University Press.

Sainsbury, Diane(2001). "Gendering Dimensions of Welfare States." In *Rethinking European Welfare: Transformations of Europe and Social Policy*, edited by Janet Fink, Gail Lewis, and John Clarke. London: Sage.

Saulny, Susan.(2012). "After Recession, More Young Adults Are Living on Street." *New York Times*, December 19: A16.

Saunders, Peter and Peter Davidson(2007). "Rising Poverty Is Bad for Our Health." *Medical Journal of Australia*, 187(9): 530-531.

Sarri, R. C.(1996). "An Agenda for Child and Youth Well-Being." In *Future Issues for Social Work Practice*, edited by P. R. Raffoul and C. A. McNeece. Boston, MA: Allyn and Bacon

Schwartz, Seth J., Marilyn J. Montgomery, and Ervin Briones(2006). "The Role of Identity in Acculturation among Immigrant People: Theoretical Propositions, Empirical Questions, and Applied Recommendations." *Human Development*, 49: 1–30.

Shah, Ajit.(2011). "Elderly Suicide Rates: A Replication of Cross-National Comparisons and Association with Sex and Elderly Age-Bands Using Five Year Suicide Data." *Journal of Injury and Violence Research*, 3(2): 80-84.

Shah, Ajit, Ravi Bhat, Sheena MacKenzie, and Chris Koen(2008). "Elderly Suicide Rates: Cross-National Comparisons of Trends over a 10-year Period." *International Psychogeriatrics*, 20(4): 673-686.

She, Peiyun and Gina A. Livermore(2007). "Material Hardship, Poverty, and Disability Among Working-Age Adults." *Social Science Quarterly*, 88(4): 970-989.

Sicker, Martin(1997). "Age Discrimination in Employment." *Modern Maturity*, 40(2): 77-78.

Smeeding, T., Q. Gao, P. Saunders, and C. Wing(2008). *Elder Poverty in an Ageing World: Conditions of*

Social Vulnerability and Low Income for Women in Rich and Middle-Income Nations. Luxembourg Income Study Working Paper No. 497.

Snyder, Susan M. and Rose Anne Medeiros(2013). "Typologies of Substance Use and Illegal Behaviors: A Comparison of Emerging Adults with Histories of Foster Care and the General Population." *Children and Youth Services Review*, 35: 753–761.

Social Exclusion Unit(2004a). *Tackling Social Exclusion: Taking Stock and Looking to the Future*. London: Office of the Deputy Prime Minister.

Social Exclusion Unit(2004b). *The Drivers of Social Exclusion: A Review of the Literature for the Social Exclusion Unit in the Breaking the Cycle Series* [Summary]. London: SEU.

Soloman, B. B.(1985). "Community Social Work Practice in Oppressed Minority Communities." In *Theory and Practice of Community Social Work*, edited by S. H. Taylor and R. W. Roberts. New York: Columbia University Press.

Song, Sarah(2010). "Multiculturalism." In *The Stanford Encyclopedia of Philosophy*, http://plato.stanford.edu/archives/win2010/entries/multiculturalism/.

Spicker, Paul, Sonia A. Leguizamón, and David Gordon. ed.(2007). *Poverty: An International Glossary* (2nd ed). London and New York: Zed Books.

Spicker, Paul. n.d.(2010)(2013). "An Introduction to Social Policy." http://www2.rgu.ac.uk/publicpolicy/introduction/socpolf.htm.

Spicker, Paul.(2007). "Definitions of Poverty: Twelve Clusters of Meaning." In *Poverty: An International Glossary* (2nd ed), edited by P. Spicker, S. A. Leguizamón, and D. Gordon. London & New York: Zed Books.

Staller, Karen M.(2011). "Children's Rights." In Volume 1 of *Encyclopedia of Social Work* (20th ed). Washington D.C. and New York: NASW Press and Oxford University Press.

Straussner, Shulamith Lala Ashenberg and Richard Isralowitz(2011). "Alcohol and Drug Problems: Overview." In Volume 1 of *Encyclopedia of Social Work* (20th ed). Washington D.C. and New York: NASW Press and Oxford University Press.

Stretch, John J.(2003). "Are Governmental Policies Solving the Problem of Homelessness?: NO." In *Controversial Issues in Social Policy* (2nd ed), edited by H. J. Karger, J. Midgley, and C. B. Brown. Boston, MA: Allyn and Bacon.

Strohschein, Lisa(2005). "Parental Divorce and Child Mental Health Trajectories." *Journal of Marriage and Family*, 67(5): 1286-1300.

Swett, Elizabeth A. and Malachy Bishop(2003). "Mental Health and the Aging Population: Implications for Rehabilitation Counselors." *Journal of Rehabilitation*, 69(2): 13-18.

The Canadian Encyclopedia(2010). "Welfare State." http://www.thecanadianencyclopedia.com/index.cfm?PgNm=TCE&Params=A1ARTA0008518.

Turnbull, Jeff and Tiina Podymow(2002). "The Health Consequences of Poverty in Canada." *Canadian Journal of Public Health*, 93(1): 405-405.

U.N. Department of Economic and Social Affairs(2003-2004). *Accessibility for the Disabled: A Design Manual for a Barrier Free Environment*. United Nations. http://www.un.org/esa/socdev/enable/designm/

UNICEF(2007). "What Are Children's Rights?" http://www.unicef.org/videoaudio.

UNICEF(2006). *Child Protection Information Sheets*. New York: UNICEF.

USA Today(2007). "Elderly at Highest Risk for Suicide." *USA Today* November 18.

Wakabayashi, Chizuko and Katharine M. Donato(2006). "Does Caregiving Increase Poverty among Women in Later Life?: Evidence from the Health and Retirement Survey." *Journal of Health and Social Behavior*, 47(3): 258-274.

Waldschmidt, Anne(2007). "Disability as Social Problem." In *Blackwell Encyclopedia of Sociology*, edited by George Ritzer: Blackwell Reference Online.

Wakabayashi, Chizuko and Katharine M. Donato(2006). "Does Caregiving Increase Poverty among Women in Later Life?: Evidence from the Health and Retirement Survey." *Journal of Health and Social Behavior*, 47(3): 258-274.

WHO(World Health Organization)(2013a). "Definition of an Older or Elderly Person." http://www.who.int/healthinfo/survey/ageingdefnolder/en/.

WHO(World Health Organization)(2013b). "Elder Abuse." http://www.who.int/ageing/projects/elder_abuse/en/.

WHO(World Health Organization)(2012a). "Disabilities." http://www.who.int/topics/disabilities/en/.

WHO(World Health Organization)(2012b). "What Is Being Done to Improve the Daily Lives of People with Disabilities?" http://www.who.int/features/qa/16/en/index.html.

WHO(World Health Organization)(2011a). "Elder Maltreatment." http://www.who.int/mediacentre/factsheets/fs357/en/index.html.

WHO(World Health Organization)(2011b). "International Classification of Functioning, Disability and Health (ICF)." www.who.int/classifications/icf/en/.

Wicks-Lim, Jeannette(2012). "The Working Poor: A Booming Demographic." *New Labor Forum*, 21(3): 17-25.

Wikipedia(2013a). "Accessibility." http://en.wikipedia.org/wiki/Accessibility.

Wikipedia(2013b). "Children's Rights." http://en.wikipedia.org/wiki/Children's_rights.

Wikipedia(2013c). "Deviance." http://en.wikipedia.org/wiki/Deviance_(sociology).

Wikipedia(2013d). "Dropping Out." http://en.wikipedia.org/wiki/Dropping_out.

Wikipedia(2013e). "Multiculturalism." http://en.wikipedia.org/wiki/Multiculturalism.

Wise, S.(2001). "Creating 'Child-Friendly' Communities: A Strategy to Reclaim Children from Risk." *Australian Journal of Social Issues*, 36(2): 153-167.

Wong, Y-L. I., I, Garfinkel, and S. McLanahan(1993). "Single-Mother Families in Eight Countries: Economic Status and Social Policy." *Social Service Review*, 67(2): 177-197.

Workfare Watch(1996). "Workfare in Ontario: A Statement by the Workfare Watch Project." http://worldchat.com/public/tab/wrkfrw.

Wright, James D.(2010). "Poverty among the U.S. Elderly under "Old" and "New" Poverty Definitions." *Care Management Journals*, 11(3): 200-203.

Yuryev, Andriy, Lauri Leppik, Liina-Mai Tooding, Merike Sisask, and Peeter Värnik(2010). "Social Inclusion Affects Elderly Suicide Mortality." *International Psychogeriatrics*, 22(8): 1337-1343.

Zagefka, Hanna(2009). "The Concept of Ethnicity in Social Psychological Research: Definitional Issues." *International Journal of Intercultural Relations*, 33: 228–241.

Zastrow, Charles(2008). *Introduction to Social Work and Social Welfare: Empowering People* (9th ed). Belmont, CA: Thomson Brooks/Cole.

찾아보기

ㄱ

ㄴ

ㅅ

ㅇ

ㅈ

저자소개

노 병 일(盧炳一)

대전 출생
서울대학교 졸업(학사)
공주대학교 대학원 졸업(사회복지학 석사)
미국 뉴욕주립대학교 대학원 졸업(사회학 박사)
대전대학교 지역협력연구원장 역임
중앙공무원 사회복지학 시험문제 출제위원, 문제 선정위원 역임
사회복지공동모금회 대전광역시 지부 배분위원 역임
대전광역시 사회복지위원, 건강가정위원 역임
현 대전대학교 사회복지학과 교수

주요 저서 『빈곤론』(2013)
『아동복지론』(2012, 2008, 2002, 2000)
『사회복지관련 지역·예술자원의 활용과 취약집단』(편저, 2011)
『사회복지정책론』(2011)
『사회보장론』(2010, 2009, 2002, 1999)
『사회복지조사론』(공저, 2010)
『현대 산업복지론』(2008)
『지역사회정신보건정책 및 서비스』(공저, 2007)
『사회복지법제론』(공저, 2011, 2006)
『취약지역의 사회적 배제』(2006)
『East Asian Cooperation in the Glocal Era』(영문공저, 2006)
『지역 노인의 사회적 지지와 우울』(공저, 2005)
『주거빈곤층의 삶과 터전』(공저, 2004)
『장애인복지론』(공저, 2002)
『여성복지론』(공저, 2001)

주요 논문 "비정규직 근로자의 사회적 배제가 정신건강에 미치는 영향"
"사회적 지지와 지역사회 사회자본이 미취학 아동의 자기효능감에 미치는 영향에 관한 탐색적 연구"
"지역사회빈곤과 사회적 유대가 도시주민의 우울증에 미치는 영향에 대한 다수준 분석"
"도시노숙자의 삶의 질 예측 요인"
"사회적 지지의 수준과 차원이 노인 우울에 미치는 영향"
"자원봉사가 정부역량에 미치는 영향"
"The Development and Prospect of East Asian Welfare Systems"

카 페 '병일세상'(cafe.daum.net/bisesang)

사회문제론

초판 1쇄 발행 2013년 9월 6일
초판 3쇄 발행 2017년 7월 7일

지은이 | 노병일
펴낸이 | 김기섭
편집인 | 최명인
펴낸곳 | 창지사 www.changjisa.com
08589 서울시 금천구 가산디지털 1로 83 파트너스타워 1차 9층
전화 (02) 719-2211~3
팩스 (02) 701-9386
등 록 | 1977년 4월 28일 · 제1-421호

ISBN 978-89-426-2561-1 (93330)

값 18,000원